Kohlhammer

Einführung in das
Geschichtsstudium an Pädagogischen Hochschulen

Band 1: Fachwissenschaft Geschichte

Band 2: Geschichte und Fachdidaktik

Gerhard Fritz (Hg.)

Fachwissenschaft Geschichte

Ein Studienbuch für Studierende Grund-, Haupt- und
Realschule

Mit Beiträgen von
Sabine Bietenhader, Markus Daumüller,
Frank Meier, Gerhard Fritz, Waldemar Grosch,
Sandra Triepke und Eva Luise Wittneben

Verlag W. Kohlhammer

1. Auflage 2011

Alle Rechte vorbehalten
© 2011 W. Kohlhammer GmbH Stuttgart
Gesamtherstellung:
W. Kohlhammer Druckerei GmbH + Co. KG, Stuttgart
Printed in Germany

ISBN 978-3-17-021355-5

Inhaltsverzeichnis

Vorwort

Die meisten Studierenden des Fachs Geschichte gehen nach ihrem Studium in den Schuldienst. Im Studium erfahren sie ein hoch differenziertes Angebot, das sich in eine unüberschaubare Menge von Spezialwissenschaften aufspaltet. Für diejenigen, die später in den gymnasialen Schuldienst wechseln, soll sich das Studium im Prinzip nicht von den Studiengängen unterscheiden, die bisher zum Magister, neuerdings zum Master führen. Diejenigen allerdings, die ein nichtgymnasiales Lehramt anstreben – also die Studierenden der Lehrämter Grund-, Haupt-, Real- und Sonderschule (Primarstufe und Sekundarstufe I) – werden an den Universitäten nicht selten marginalisiert, dann und wann geradezu abschätzig behandelt. Im Grunde sind die diversen Einführungen in die Geschichtswissenschaft auf diese Klientel auch gar nicht zugeschnitten.

Nur im deutschen Bundesland Baden-Württemberg, in Österreich und in der Schweiz hat man die früher überall vorhandenen Pädagogischen Hochschulen beibehalten, die sich ausschließlich mit den genannten Lehrämtern beschäftigen. Auch hier hat es im Geschichtsstudium an einer passenden Einführung bisher gefehlt. Man musste sich mit den unterschiedlichsten universitären Einführungen behelfen, die allenfalls mehr oder weniger genau das anboten, was künftige Lehrende der Primarstufe und der Sekundarstufe I benötigen.

Diesem Defizit will das hier vorgelegte Studienbuch abhelfen. Es ist zweibändig konzipiert. Der hier vorgelegte Band 1 führt in vier großen Kapiteln in die fachwissenschaftlichen Aspekte des Studiums ein. Das Kapitel „Geschichte als Wissenschaft" stellt Grundfragen der Geschichtswissenschaft zusammen und vermittelt einen Überblick über die einschlägigen Wege der Forschung zu diesen Fragen. Außerdem wird vorgestellt, wie sich diese Grundfragen im Lichte der seit geraumer Zeit aktuellen Debatte um die Geschichts- und Erinnerungskultur einordnen und was es heißt, wenn das auf den ersten Blick nur vergangenheitsorientiert scheinende Fachgeschichte sich bei näherem Hinsehen als Erfahrungs- und Zukunftswissenschaft erweist. Um die eingangs erwähnte Spezialisierung der Geschichtswissenschaft in viele Zweigwissenschaftler werden auch Studierende der Lehrämter der Primarstufe und der Sekundarstufe I nicht herumkommen und im Abschnitt über die historischen Zweigwissenschaften alles Nötige finden.

Das Kapitel „Geschichte und Darstellung" geht zunächst einmal auf die diversen Formen der Geschichtsschreibung seit der Antike bis zur Gegenwart ein, stellt dann dar, welche komplexen Re- und Dekonstruktionsprozesse Historiker und Historikerinnen zu beachten haben, um dann die wesentlichen Schritte von der Sachanalyse zum historischen Werturteil durchführen zu können.

Ganz praxisorientiert und auf die Vermittlung handwerklichen Historikerwissens hin ausgerichtet ist das Kapitel über „Geschichte und Forschung", in dem Grundlagen geschichtswissenschaftlichen Arbeitens, der Umgang mit den wesentlichen Nachschlagewerken, Handbücher und Bibliographien sowie der Umgang mit Quellen und Fachliteratur einschließlich des Internet vermittelt wird.

Das Kapitel „Geschichte und Grund- bzw. Hilfswissenschaften" zeigt, dass – genau wie z. B. die Physik oder die Astronomie nicht ohne die Grundwissenschaft der Mathematik auskommen – auch die Geschichtswissenschaft sich einer ganzen Reihe von Grundwissenschaften bedienen muss, um überhaupt handlungs- und arbeitsfähig zu werden.

Grundsätzlich wurde in allen Kapiteln – auch wenn es sich um einführende Überlegungen in die Fachwissenschaft handelt – Wert darauf gelegt, Bezüge zur späteren Schulrealität aufzuzeigen. Der Band 2, der 2011 erscheint, wird sich primär fachdidaktischen Aspekten widmen: Der Geschichte in der Gesellschaft und in der Schule, der Methodik und schließlich Fragen des Studienmanagements.

Alle Autorinnen und Autoren des Werkes sind an Pädagogischen Hochschulen Baden-Württembergs, Österreichs oder der Schweiz tätig: Sabine Bietenhader an der PH Graubünden in Chur, Markus Daumüller an der PH Heidelberg, Sabine Hofmann (Bd. 2) an der PH Wien, Frank Meier und Sandra Triepke an der PH Karlsruhe, Gerhard Fritz und Eva Luise Wittneben an der PH Schwäbisch Gmünd, Waldemar Grosch an der PH Weingarten.

Schwäbisch Gmünd, im Dezember 2010
Gerhard Fritz

1. Geschichte als Wissenschaft

1.1 Was ist Geschichte?
Geschichte als Wissenschaft vom Geschehen

1.1.1 Zweck der Geschichtswissenschaft

Droysen

„Natur und Geschichte sind die weitesten Begriffe, unter denen der menschliche Geist die Welt der Erscheinungen fasst. Und er fasst sie so den Anschauungen Raum und Zeit gemäß, die sich ihm ergeben, wenn er sich die rastlose Bewegung der wechselnden Erscheinungen nach seiner Art zerlegt, um sie zu erfassen",schreibt Johann Gustav Droysen (1808-1884) in seinem „Grundriss der Historik".

Huizinga, Bloch

Geschichte ist demnach die von der Zeit und dem Raum des Betrachters abhängige, d. h. standortgebundene Wissenschaft vom vergangenen Geschehen und seine Darstellung. Droysen stellte den Menschen in den Mittelpunkt der historischen Betrachtung, indem er erklärte: „Die Geschichte ist das Wissen der Menschheit von sich, ihre Selbstgewissheit" (Systematik § 86). Der niederländische Kulturhistoriker Johan Huizinga (1872-1945) verstand Geschichte als „geistige Form, in der sich eine Kultur über ihre Vergangenheit Rechenschaft gibt". Der französische Historiker Marc Bloch (1886-1944) definierte als Gegenstandsbereich der Geschichte die Aktivitäten der Menschen, und zwar ausdrücklich der Menschen im Plural; der Plural entspreche eher „einer Wissenschaft, die es mit Unterschiedlichem zu tun hat": Der gute Historiker suche „stets die Menschen zu erfassen", er gleiche sozusagen „dem Menschenfresser der Legende. Wo er menschliches Fleisch wittert, weiß er seine Beute nicht weit."

Der Begriff und
seine Herleitung

Geschichte hat mit Erinnern und Vergessen zu tun. Das Vergessene zu heben, um zur reflektierten Erinnerung beizutragen, ist die Aufgabe des Historikers. Der Begriff „Geschichte" leitet sich ab vom althochdeutschen *scehan* (geschehen) und bezeichnet im Mittelhochdeutschen als *gisciht* bzw. im Frühneuhochdeutschen *geschicht* (Singular Neutrum) bzw. *geschichte* ursprünglich „Ereignis", „Begebenheit", „Tat" oder „Werk" bzw. eine „Folge von Ereignissen" oder die „Erzählung von Geschehnissen". Das Lehnwort „Historie" lässt sich auf das lateinische Wort *historia* zurückführen. Bis in das 18. Jahrhundert hatten „Geschichte" und „Historie" unterschiedliche Bedeutungen. Während man unter „Geschichte" den Ereignis- und Handlungsbereich verstand, meinte „Historie" die Kunde bzw. die Erzählung von Ereignissen oder Handlungen. Seit dem 16. Jahrhundert wurde die Bedeutung von „Historie" zunehmend auf „Geschichte" übertragen, das nun Ereigniszusammenhang wie Erzählung bedeuten kann. In der zweiten Hälfte des 18. Jahrhunderts verdrängte der Begriff „Geschichte" den Begriff „Historie" und schließt die Geschichtswissenschaft mit ein. Der moderne Kollektivsingular „Geschichte" bezeichnet mehrere Sachverhalte oder Ebenen, die zwar in enger Beziehung zueinander stehen, aber nicht deckungsgleich sind. Mit dem „gewesen Geschehen" ist der Ereignis- und Handlungsbereich als Gegenstand der wissenschaftlichen Betrachtung gemeint. Dagegen ist die „Wissenschaft vom Geschehen als Beschäftigung oder Umgang mit dem gewesen Geschehen" ein theoretischer, formaler Begriff. Als „Darstellung vom Geschehen" ist die Geschichte das rekonstruierte und vielfältige Produkt der Beschäftigung mit dem gewesen Geschehen.

Dabei erhellt die Rekonstruktion der Vergangenheit zugleich die aus ihr gewordene Gegenwart und ermöglicht einen Blick in die dann nur noch bedingt offene Zukunft. Geschichte wird damit zur Erfahrungswissenschaft. Dieser Ansatz ist insbesondere für die gesellschaftliche Bedeutung des historischen Lernens wichtig. Historisches Lernen hat somit eine Sozialisationsfunktion, indem es jeweils die nachwachsende Generation befähigen soll, sich in der gegenwärtigen und künftigen Gesellschaft zurechtzufinden.

Geschichte als Erfahrungswissenschaft

Geschichte als Geisteswissenschaft unterscheidet sich vom Ansatz her grundlegend von den Naturwissenschaften, wie der Philosoph Wilhelm Windelband (1848-1915) betonte. Denn während die Naturwissenschaften ihre Erkenntnisse aus Gesetzen ableiten, also „nomothetisch" verfahren, arbeiten die Geisteswissenschaften „idiographisch", indem sie einzelne Phänomene beschreiben. Grundlage ist die hermeneutische Methode, die ausgehend von einer historischen Frage durch das Auffinden und die Interpretation von Quellen zu Erkenntnissen gelangt, um so Aussagen über die Geschichte machen zu können (quellenkritischer Ansatz). Diese ureigene geisteswissenschaftliche Methode wurde in Deutschland von den Historikern Leopold von Ranke (1795-1886), Johann Gustav Droysen (1808-1884, s. auch oben), Theodor Mommsen (1817-1903) und in der Schweiz von Jacob Burckhardt (1818-1897) entwickelt.

Geschichte als Geisteswisseschaft

Nach Leopold von Ranke (1795-1886) hat der Historiker die Aufgabe, die Geschichte wahrheitsgemäß zu rekonstruieren:

Ranke

„Man hat der Historie das Amt, die Vergangenheit zu richten, die Mitwelt zum Nutzen zukünftiger Jahre zu belehren, beigemessen: so hoher Aemter unterwindet sich gegenwärtiger Versuch nicht: er will blos zeigen, wie es eigentlich gewesen." Rankes Geschichtsbild ruhte auf einem religiösen, lutherisch und neuhumanistisch geprägten Fundament. Dieses zeichnete sich dadurch aus, dass sich alle menschlichen Handlungen in einen göttlichen Kosmos einfügten, der „sinnerfüllt" sei und letztlich von Gott gelenkt werde. Dass Geschichte einen Sinn habe, unterscheidet Rankes Geschichtsbild von Vorstellungen, die den Geschichtsablauf als ein sinnloses, chaotisches Nach- und Nebeneinander verstehen. Aus der Sinnhaftigkeit der Geschichte folgte Rankes „methodologischer Kerngedanke": Da jede Epoche „unmittelbar zu Gott" sei, herrsche letztlich „historische Gerechtigkeit". Zugleich war Rankes Vorstellung von Geschichte eindeutig auf das Abendland fixiert. Rankes „Geschichtstheologie begründete das abendländische Ideal der Objektivität, das er erstmals in der Vorrede zu den ‚Geschichten der romanischen und germanischen Völker' klassisch formulierte."

Ranke gab von 1883 bis 1886 die bis heute erscheinende Historische Zeitschrift heraus (HZ, vgl. auch Kap. 3.2.4). Er zählt zu den „Klassikern der deutschen Geschichtsschreibung" und hat bedeutende Schüler hervorgebracht (Heinrich von Sybel, Jacob Burckhardt, Carl von Noorden, Wilhelm Maurenbrecher). Sein historiographisches Werk beeinflusste die Entwicklung der wissenschaftlichen Geschichtsschreibung.

Literatur: Siegfried BAUER: Versuch über die Historik des jungen Ranke, Berlin 1998; Helmut BERDING, Leopold von Ranke, in: Hans-Ulrich WEHLER (Hg.), Deutsche Historiker, Göttingen 1973, S. 7-24; Marc BLOCH, Apologie der Geschichte oder Der Beruf des Historikers, Stuttgart 1974, S. 43; Egon BOSHOF, Kurt DÜWELL, Hans KLOFT, Geschichte. Grundlagen des Studiums, eine Einführung, Köln, Weimar, Wien ⁵1997, S. 4; - *für terminologische Fragen unentbehrlich:* Otto BRUNNER, Werner CONZE, Reinhard KOSELLECK (Hg.), Geschichtliche Grundbegriffe. Historisches Lexikon zur politisch-sozialen Sprache in Deutschland, 8 Bde., Stuttgart 1972-1997, *im Bd. 2, 1975, insbes.* Artikel „Geschichte, Historie", S. 593-716; Johann Gustav DROYSEN, Grundriss der Historik, Leipzig ³1882, I, § 1; Wolfgang HARDTWIG, Über das Studium der Geschichte, München 1990, S. 43; Wolfgang J. MOMMSEN (Hg.), Leopold von Ranke und die moderne Geschichtswissenschaft, Stuttgart 1988; Leopold von RANKE, Sämtliche Werke Bd. 33/34, Leipzig 1885. S. 7; Theodor SCHIEDER, Die deutsche Geschichte im Spiegel der Historischen Zeitschrift 189 (1959), S. 2; Martin WAHLER, Leopold von Ranke und die moderne Geschichtswissenschaft, Stuttgart 1988; Wilhelm WINDELBAND, Geschichte und Naturwissenschaft, Straßburg 1894.

1.1.2 Von der Heuristik bis zu den „Annales"

Droysens Heuristik

Johann Gustav Droysen, zunächst Gymnasiallehrer am Gymnasium zum Grauen Kloster in Berlin (1829), dann Professor an den Universitäten Kiel (seit 1840), Jena (seit 1851) und Berlin (seit 1859), überdachte in seinem Werk „Grundriss der Historik" 1868 die historische Methode grundlegend und gilt als Richtung weisend für die moderne Geschichtswissenschaft. Es ging ihm nicht um die Rekonstruktion der „historischen Wirklichkeit" (vgl. Ranke), sondern um die Feststellung der Bedingtheit historischer Erkenntnis, um die Zeit- und Standortgebundenheit der historischen Methode. In den Mittelpunkt stellte Droysen die „Heuristik", die in den Geisteswissenschaften aus dem Dreischritt „Historische Frage", „Historische Analyse" und „Historische Deutung" besteht und aus den Quellen, die in „Überreste" und „Quellen" (von Ahasver von Brandt später „Tradition" genannt, vgl. unten Kap. 4.1.3) geschieden werden, zu Erkenntnissen gelangt:

> „§ 20. Der Ausgangspunkt des Forschens ist die historische Frage (§ 19). Die Heuristik schafft uns die Materialien zur historischen Arbeit herbei; sie ist die Bergmannskunst, zu finden und ans Licht zu holen, ,die Arbeit unter der Erde' (Niebuhr).
>
> § 21. Historisches Material ist teils, was aus jenen Gegenwarten, deren Verständnis wir suchen, noch unmittelbar vorhanden ist (Überreste), teils was von denselben in die Vorstellung der Menschen übergegangen und zum Zweck der Erinnerung überliefert ist (Quellen), teils Dinge, in denen sich beide Formen verbinden (Denkmäler).
>
> § 22. In der Fülle der Überreste kann man unterscheiden: a) Werke menschlicher Formgebung (künstlerische, technische usw., Wege, Feldfluren usw.); b) Zustände sittlicher Gemeinsamkeiten (Sitten und Gebräuche, Gesetze, staatliche, kirchliche Ordnungen usw.; c) Darlegung der Gedanken, Erkenntnisse, geistigen Vorgänge aller Art (Philosopheme, Literaturen, Mythologeme usw. auch Geschichtswerke als Produkte ihrer Zeit); d) Geschäftliche Papiere (Korrespondenzen, Rechnungen, Archivalien aller Art usw.)."

Burckhardt

Jacob Christoph Burckhardt (1818-1897), Professor für Geschichte und Kunstgeschichte an der Eidgenössischen Hochschule in Zürich (seit 1854) und in Basel (seit 1858) gilt als einer der weiteren Gründungsväter der modernen Geschichtswissenschaft. Teile seiner Vorlesung „Über das Studium der Geschichte" wurden erst nach seinem Tode durch seinen Neffen Jacob Oeri (1844-1908) im Jahre 1905 unter dem bis heute geläufigen Titel „Weltgeschichtliche Betrachtungen" publiziert. Burckhardt stellte mit „Staat", „Religion" und „Kultur" seine „drei Potenzen" auf, denen er eine universelle

Geltung für geschichtliche Abläufe zuschrieb und die miteinander in Wechselwirkung ständen:

> „Von den drei Potenzen: Unser Thema werden Staat, Religion und Kultur in ihrem gegensei-
> tigen Verhältnisse sein. Hierbei sind wir uns der Willkür unserer Trennung in diese drei Po-
> tenzen wohl bewusst. Es ist, als nähme man aus einem Bilde eine Anzahl von Figuren heraus
> und ließe den Rest stehen. Auch soll die Trennung bloß dazu dienen, uns eine Anschauung
> zu ermöglichen, und ohnehin muss ja freilich jede sachweise trennende Geschichtsbetrach-
> tung so verfahren (wobei die Fachforschung jedesmal ihr Fach für das wesentliche hält)."

Während Staat und Religion für Burckhardt eher statische Komponenten waren, sah er in der Kultur die dynamische Kraft der Geschichte, zu der er auch wirtschaftliche Prozesse rechnete.

In Deutschland gilt sein Zeitgenosse Theodor Mommsen (1817-1903) als Begründer der klassischen Altertumswissenschaften, dessen berühmtestes Werk über die „Römi-sche Geschichte" zwischen 1854 und 1856 erschien. Fritz Stern urteilte 1966 über Mommsen, dass er alle für einen Historiker notwendigen Eigenschaften, nämlich „juri-stische, sprachliche und literarische Kenntnisse" plus die Fähigkeit, Zusammenhänge rasch zu erkennen, in quasi idealer Weise und in einem bei späteren Historikern nicht mehr vorkommenden Maße besessen habe.

Mommsen

Um die Wende zum 20. Jahrhundert stellte die neue Wissenschaft der Soziologie vor allem in Frankreich die Existenzberechtigung der Geschichtswissenschaft in Frage. Auf der anderen Seite waren es die Historiker Marc Bloch (1886-1944) und Lucien Febvre (1878-1956), die soziologische und geographische Methoden in die Geschichtswissen-schaft einführten und die Schule der „Annales" (lat. *annus* = das Jahr) begründeten. Ihr methodischer Zugang stellte die Struktur- über die Ereignisgeschichte und behielt sich eine Offenheit in der Methodenfrage vor. Fernand Braudel (1902-1985) untersuchte in seinem Hauptwerk „Das Mittelmeer" den Einfluss von Klima und Geographie auf die menschliche Gesellschaft und sprach in diesem Zusammenhang von einer *longue durée* (einer „langen Dauer") des Einwirkens dieser Faktoren. Seit 1929 erscheint eine eigene Zeitschrift „Annales".

Schule der „Annales"

Der Kulturhistoriker Matthias Middell stellte 1994 fest, dass Febvre und Bloch „weit-reichende Vorschläge zur theoretischen Neufassung von Geschichte als Sozialwissen-schaft" formuliert hätten. Darüber hinaus hätten sie der „Geschichtsphilosophie *à l'allemande*" und die ihr angeblich eigene „Reduktion der historischen Arbeit auf ge-schichtsphilosophische Annahmen" kategorisch abgelehnt. Die „Annales" seien zu einem „Experimentierfeld der neuen Geschichtsauffassung [geworden] – weit geöffnet für Neues, bisher nicht Erprobtes; weit geöffnet auch gegenüber dem Ausland".

Literatur: Allgemein: Uwe BARRELMEIER, Geschichtliche Wirklichkeit als Problem. Untersu-chungen zu geschichtstheoretischen Begründungen historischen Wissens bei Johann Gustav Droysen, Georg Simmel und Max Weber (Beiträge zur Geschichte der Soziologie 9), Münster 1997; Andreas BULLER, Die Geschichtstheorien des 19. Jahrhunderts. Das Verhältnis zwi-schen historischer Wirklichkeit und historischer Erkenntnis bei Karl Marx und Johann Gus-tav Droysen, Berlin 2002; Jacob BURCKHARDT, Albert OERI, Emil DÜRR, Weltgeschichtliche Betrachtungen, Stuttgart 1978 (Kröners Taschenausgabe 55); Peter BURKE, Offene Geschich-te. Die Schule der „Annales", Berlin 1991, Frankfurt/M. 1998; Johann Gustav DROYSEN, Grundriss der Historik, Leipzig ³1882 (erstmals 1868); Historik: Vorlesungen über Enzyklo-pädie und Methodologie der Geschichte (1857), historisch-kritische Ausgabe. Supplement Droysen-Bibliographie, hg. von Horst W. BLANKE, Stuttgart-Bad Cannstatt 2008; Christiane HACKEL (Hg.), Johann Gustav Droysen 1808-1884. Philologe - Historiker - Politiker (Kata-log zur Ausstellung an der Humboldt-Universität zu Berlin), Berlin 2008; S. 20; Claudia HO-

NEGGER (Hg.), Marc Bloch, Fernand Braudel, Lucien Febvre: Schrift und Materie der Geschichte. Vorschläge zu systematischen Aneignung historischer Prozesse, Frankfurt/M. 1977; Georg G. IGGERS, Deutsche Geschichtswissenschaft. Eine Kritik der traditionellen Geschichtsauffassung von Herder bis zur Gegenwart, Wien, Köln, Weimar 1997; Matthias MIDDELL, Steffen SAMMLER (Hg.), Alles Gewordene hat Geschichte. Die Schule der Annales in ihren Texten 1929-1992. Mit einem Essay von Peter SCHÖTTLER, Leipzig 1994; Matthias Adolf MUSCHG, Kulturmacht Europa. Wie nutzt Europa die Chancen seiner kulturellen Vielfalt, S. 2. URL: www.kultur-macht-europa.de/fileadmin/user_upload/PDF Dokumente/Kongress_Dokumente/6_Muschg.pdf (26.10.2009); Ernst NOLTE, Geschichtsdenken im 20. Jahrhundert. Von Max Weber bis Hans Jonas, Berlin, Frankfurt ²1992; Lutz RAPHAEL, Die Erben von Bloch und Febvre. Annales-Geschichtsschreibung und nouvelle histoire in Frankreich 1945-1980, Stuttgart 1994; Fritz STERN (Hg.), Geschichte und Geschichtsschreibung. Texte von Voltaire bis zur Gegenwart, München 1966, S. 195; Markus VÖLKEL, Geschichtsschreibung, Köln, Weimar, Wien 2006 (UTB 2692).

1.1.3 Vor- und Frühgeschichte, Antike

Da die eigentlichen Periodisierungs- und Datierungsprobleme im Kapitel über die Historische Hilfswissenschaft der Chronologie behandelt werden (vgl. Kap. 4.2.1), können sich die hier folgenden Ausführungen auf das Fortwirken von Elementen älterer Epochen in jüngere Epochen beschränken. Zunächst soll die Rede vom Fortleben bzw. Wiederaufleben von Aspekten der Antike sein.

Fortleben der Antike   Diese um 500 n. Chr. endende Periode, die sich im Wesentlichen in geographischer Hinsicht an der größten Ausdehnung des Römischen Imperiums unter Trajan orientierte, verschwand auch nach ihrem Untergang als Epoche in den Wirren der Völkerwanderung nicht einfach. Karl der Große und seine Nachfolger suchten an die imperiale römische Kaiseridee anzuknüpfen. Mönche schrieben antike Bücher ab. Albertus Magnus (um 1200-1280) oder Thomas von Aquin (um 1224-1274) lehnten sich an die Aristoteles-Kommentare des arabischen Philosophen Averroes (1126-1198) an. Der Humanist Francesco Petrarca sprach bei seinem Rombesuch 1341 beim Anblick der Ruinen von den *historiae antiquae*, die er als Zeit vor den dunklen Jahrhunderten nach der Völkerwanderung verstand. Die Verehrung für die Antike gipfelte in der Errichtung der Platonischen Akademie in Florenz, an der 1492 der Philosoph Marsilio Ficino davon sprach, dass die goldene Epoche der Renaissance die Antike neu belebt habe. Als 1506 die antike Laokoongruppe in Rom gefunden wurde, erhielt sie einen Ehrenplatz im Belvedere des Vatikans. Humanistische Gelehrte werteten antike Schriften, Inschriften und archäologische Zeugnisse aus und führten die philologisch-historische Methode ein. Die „Renaissance", die sich als Wiedergeburt der Antike verstand, hat auch in den nachfolgenden Jahrhunderten einen maßgeblichen Einfluss auf den Stellenwert und die Bedeutung dieser Epoche ausgeübt. Der Archäologe und Antiquar Johann Joachim Winckelmann (1717-1768) ahmte voller Begeisterung die antike Kunst nach und begründete die Stilrichtung des Klassizismus. 1755 erschien seine Schrift „Gedanken über die Nachahmung der Griechischen Werke in der Malerei und Bildhauer-Kunst". Im 19. und frühen 20. Jahrhundert wurde die klassische Altertumswissenschaft zum Leitfach an den deutschen Universitäten und stand im Mittelpunkt der klassisch-humanistischen Gymnasien. Der Archäologe Heinrich Schliemann und der Althistoriker Theodor Mommsen sind bis heute unvergessen. Der wegen seiner Methoden und Begeisterung für den griechischen Dichter Homer umstrittene Schliemann führte Ausgrabungen im kleinasiatischen Hisarlik auf dem Burghügel von Troja und im griechischen Mykene (Löwentor) durch. Er steht am Beginn der modernen Archäologie. Theodor Mommsen brachte viele Editionen zur römischen Geschichte heraus und erhielt 1902 den Literaturnobelpreis. Sein bedeutendes Werk ist seine „Römische Geschichte", die zwischen 1854 und 1856 in 3 Bänden erschien und den Zeitraum vom Ende der Römischen Republik bis Caesar behandelt. Weitere berühmte Althistoriker des 19. und beginnenden 20. Jahrhunderts waren Barthold Georg Niebuhr, Johann Gustav Droysen, Leopold von Ranke, Ernst Curtius, Eduard Meyer, Karl Julius Beloch, Robert von Pöhlmann, Jacob Burckhardt, Felix Jacoby und Hans Delbrück.

Nach dem Zweiten Weltkrieg verlor die Alte Geschichte ihren Vorbildcharakter für das Bildungsbürgertum. Damit einher ging auch eine wissenschaftliche Neubewertung der Alten Geschichte, was sich etwa an der aktuellen Troja-Debatte zeigt, in der es zwischen Archäologen (Manfred Korfmann) und Althistorikern (Frank Kolb) um die Frage der Historizität des homerischen Trojas geht (Troja VI). Während Korfmann meinte, endgültig das von Homer in seiner Ilias geschilderte Troja gefunden zu haben, wurde dies von Kolb massiv bestritten. Neben der klassischen Archäologie sind seit dem späten 20. Jahrhundert zunehmend literaturwissenschaftlich-textkritische Forschungsmethoden in den Blickpunkt von Althistorikern und Literaturwissenschaftlern gerückt (*Linguistic turn*).

Bedeutungsverlust der Antike?

> *Literatur:* Franz J. BAUER, Das „lange" 19. Jahrhundert (1789-1917), in: AHW, 1, Epochen, Stuttgart 2005 (RUB, 17027), S. 311-405; Justus COBET, Alte Geschichte, in: ebd., S. 14-105; Wolfgang Schuller, Der Hügel, wo sie wandeln, liegt im Schatten. Indes er drüben schon im Lichte webt? Zur Kontroverse um die Ausgrabungen in Troia, in: Frankfurter Allgemeine Zeitung 12. September 2001; zur philologisch-historischen Methode: URL: www.uni-erfurt.de/historia/ (3. März 2010); zu Korffmann und Kolb: Troia-Ausgräber Manfred Korfmann über sein Projekt, seine Kritiker und die Wahrheit über Troia, in: Die Welt, 26. Juli 2001; Frank KOLB, Vor Troia sinken alle Fiktionen in den Staub. Weshalb der Archäologe Manfred Korfmann gegen die Regeln der historischen Wissenschaft verstößt, in: Süddeutsche Zeitung, 8. Januar 2002.

1.1.4 Mittelalter

Italienische Humanisten wie Flavio Biondo (1392-1463) führten im 14./15. Jahrhundert in bewusster Abgrenzung von der glorifizierten Antike den Begriff des *medium aevum* („mittleres Zeitalter") ein, welches sie als *aetas obscura* („dunkles Zeitalter") bezeichneten und mit Verfall und Niedergang gleichsetzten. Der Begriff des Mittelalters hat dennoch Schule gemacht. Im ausgehenden 17. Jahrhundert gliederten einige Historiker wie Georg Horn aus Leiden (1620-1670) oder Christoph Cellarius (1638-1707), Professor für Beredsamkeit und Geschichte an der Universität Halle, die Weltgeschichte in das bis heute gültige Dreiperiodenschema Antike – Mittelalter – Neuzeit. Die Vorstellung einer Zwischenzeit hätten jedoch die mittelalterlichen Chronisten und Theologen nicht geteilt. Vielmehr sah man die eigene Epoche getreu der Lehre von den Weltzeitaltern im Sinne der Heilsgeschichte als letztes Reich (*aetas Christiana*) vor dem Jüngsten Gericht. Nach der Lehre von der *translatio imperii* sei die römische Kaiserwürde zunächst auf die oströmischen (byzantinischen) Kaiser, dann in der *renovatio imperii* auf Karl den Großen und die Franken und schließlich mit Otto dem Großen auf die Kaiser des Heiligen Römischen Reiches übertragen worden.

Der Begriff des Mittelalters

Terminologische Probleme beim Umgang mit dem Mittelalter

Bis weit in das 19. Jahrhundert hinein prägte der konfessionelle Gegensatz zwischen Katholiken und Protestanten, zwischen Bewahrung und Erneuerung, auch die Einstellung zum Mittelalter. In der Romantik des 19. Jahrhunderts wurde das Mittelalter eher positiv gesehen und stand im Mittelpunkt des philologischen und historischen Interesses. In den neuen Nationalstaaten bemühte man sich um die Sicherung und Erschließung der schriftlichen Dokumente der eigenen Vergangenheit.. Zumindest französische Sozial- und Wirtschaftshistoriker sehen erst mit der Französischen Revolution und dem Zusammenbruch des *Ancien régime* das Ende des Mittelalters für gekommen. Marxistische Historiker sprechen von der Ablösung der „Ständegesellschaft" durch die „Klassengesellschaft". Dementsprechend wird das Mittelalter auch als „Feudalgesellschaft" (*feudum* = Lehen) bezeichnet. Als problematisch für die mittelalterliche Forschung erweisen sich nicht nur Fragen der Periodisierung, sondern die im Vergleich zur Neuzeit größere Quellenarmut und das Problem der Begrifflichkeit („Land" und „Herrschaft", „Treue" und „Gefolgschaft", „Sippe" und „Haus").

Um die mittelalterliche Gesellschaft mit modernen Termini beschreiben zu können, muss man diese zunächst historisieren, da diese gewissermaßen einen Bedeutungswandel durchgemacht haben können. Andererseits stehen die Mediävisten vor der Aufgabe, zeitnahe Begriffe in die moderne Sprache zu übertragen. Zudem sind Begriffe wie „Volk" und „Heimat", „Sippe" oder „Gefolgschaft" zumindest in Deutschland ideologisch belastet. Während in der deutschen Mittelalterforschung quellennahe Benennungen oder Termini überwiegen, bedient sich die französische und angelsächsische Mediävistik verschiedener Gegenwartsbegriffe wie *état* bzw. *state* oder *gouvernement* bzw. *government*.

Alterität des Mittelalters

Mal betont die Mediävistik die Alterität, d. h. die Andersartigkeit der Epoche, mal die Kontinuität, d. h. das Entstehen der modernen Welt aus mittelalterlichen Strukturen heraus. Alterität erscheint vor allem das feudale Gesellschaftssystem. Die mittelalterliche Ständegesellschaft war hierarchisch organisiert, Veränderungen wurden meist nicht als Fortschritt, sondern als Störung der stabilen Ordnung begriffen (*reformatio* im Sinne der Wiederherstellung eines guten, alten Zustandes), und die christliche Religion war Grundlage jeder gesellschaftlichen Ordnung. Andererseits erwuchs die moderne Demokratie aus der mittelalterlichen Stadt mit ihrem Anspruch auf bürgerliche Freiheit (im Sinne von Freizügigkeit) und Gleichheit (allerdings nur für Vollbürger).

Die bedeutendste Quellenedition für das deutsche Mittelalter sind die bereits erwähnten „Monumenta Germaniae Historica" (MGH), die 1819 vom Reichsfreiherrn vom Stein gegründet wurden.

Literatur: Klaus van EICKELS, Das Mittelalter, in: AHW, Bd. I, Epochen, Stuttgart 2005, S. 14-105, S. 110-199; Reinhart KOSELLECK, Vergangene Zukunft. Zur Semantik geschichtlicher Zeiten, Frankfurt/M. ³1984; Walther LAMMERS (Hg.), Geschichtsdenken und Geschichtsbild im Mittelalter, Darmstadt 1961 (WdF 21); *Zu Lexika, Nachschlagewerken und Zeitschriften ist das Kapitel 3.2 zu vergleichen.*

1.1.5 Neuzeit

Geschichte der Frühen Neuzeit

Die Frühe Neuzeit, die mit dem ausgehenden 18. Jahrhundert endet, hat bedeutende Philosophen hervorgebracht: Spinoza, Montaigne, Locke, Bacon, Hobbes, Diderot, Voltaire, Montesquieu, d'Alembert, Rousseau und Kant. Vor allem moralische und staatsphilosophische Fragen beschäftigten die Philosophen der Frühen Neuzeit. In die Zeit der Aufklärung (Voltaire, 1694-1778) fiel daher die explizite Formulierung der Menschen- und Bürgerrechte (USA 1776, Frankreich 1789), das Prinzip der Volkssouveränität (Jean-Jacques Rousseau, 1712-1778), die Idee des demokratischen Rechtsstaates mit Gewaltenteilung (John Locke, 1632-1704, Charles-Louis de Montesquieu, 1689-1755). Am Ende der Frühen Neuzeit steht der deutsche Idealismus mit seiner von Johann Gottfried Herder, Friedrich Wilhelm Joseph Schelling, Gottlieb Fichte und Wilhelm Friedrich Hegel entwickelten Geschichtsphilosophie, die prägend für das 19. Jahrhundert wurde. Das ausgehende 18. Jahrhundert begründete ebenfalls mit David Hume und Adam Smith in England die Lehre der Nationalökonomie. Der Historiker Reinhard Koselleck bezeichnete daher die Frühe Neuzeit als „Sattelzeit" zwischen dem Mittelalter und der Neuzeit.

Nach der „Zivilisationstheorie" des Soziologen Norbert Elias fällt in die Phase der Frühen Neuzeit die Herausbildung von „zivilisierten" europäischen Gesellschaften, da stabile Machtstrukturen und ein staatliches Gewaltmonopol erreicht wurde (Staatsbildungstheorie), in der sich die Menschen durch Kontrolle ihrer Aggressivität einfügten. Die Kontroverse um die Zivilisationstheorie von Elias zeigt die Bedeutung der Frühen Neuzeit als Phase der Weichenstellung der europäischen Geschichte. Für Jacob Burckhardt erkannte sich in der Frühen Neuzeit im Unterschied zum Mittelalter der Mensch als geistiges Individuum. Dennoch lässt sich auch der Prozess der Individualisierung weiter zurückverlegen. Unbestritten ist aber der Grad des Anstieges der Bildung in Europa. Vor allem als Folge der Reformation wurden neue Universitäten gegründet und neue Schulen errichtet. Der Buchdruck führte zur enormen Verbreitung von Schriften. In der Frühen Neuzeit wurde mit dem Dreißigjährigen Krieg (1618-1648) der bis dato schrecklichste Krieg in Europa geführt. Der Übergangscharakter der Epoche bestimmt den Zugriff des Historikers. Die Frühneuzeitforschung fragt nach der Herausbildung der europäischen Nationalstaaten, nach den Grundlagen der Moderne und überprüft und modifiziert Forschungsansätze der neueren Neuzeit. Das Internetportal „Virtual Library Frühe Neuzeit" erschließt nach qualitativen Kriterien wissenschaftliche Ressourcen aus dem deutschsprachigen Raum. Einen guten Überblick zur Geschichte der Frühen Neuzeit vermitteln die Internetseiten der Universitäten Münster und Marburg.

Aufgaben der Frühneuzeit-Forschung

Die Neuere Geschichte umfasst den Zeitraum bis zur Gegenwart, wobei die Neuere Geschichte das 19. Jahrhundert und die Jahrzehnte bis zum Ersten Weltkrieg bzw. zur russischen Oktoberrevolution untersucht und die Neueste Geschichte bzw. Zeitgeschichte den weiteren Verlauf des 20. und beginnenden 21. Jahrhunderts. Haben es Althistoriker und Mediävisten bei der Quellensuche oft ausgesprochen schwer, genügend aussagekräftiges Material zu finden, stehen die Neuzeithistoriker eher vor dem umgekehrten Problem, nämlich der Auswahl der Quellen aus der unerhörten Fülle der Zeugnisse aller Art. Historiker der Neuesten Geschichte können auf Zeitzeugen zurückgreifen. In die Epoche der Neueren und Neuesten Geschichte fallen die neue Ordnung Europas auf dem Wiener Kongress, der Vormärz und die 1848er-Revolution, die Industrialisierung und die Soziale Frage, der Nationalismus und der Erste Weltkrieg, die Zwischenkriegszeit, die Zeit der Diktaturen (Faschismus, Nationalsozialismus, Kommunismus), der Zweite Weltkrieg, der Kalte Krieg und der Prozess der europäischen Einigung. Im „langen" 19. Jahrhundert, dessen Betrachtungsraum von der Französischen Revolution bis zum Ersten Weltkrieg reicht, erkannte Leopold von Ranke 1854 als

Neuere Geschichte

„leitende Tendenz [...] die Auseinandersetzung [...] der Monarchie und der Volkssouveränität, mit welcher alle anderen Gegensätze zusammenhängen", außerdem die Entwicklung „der materiellen Kräfte" und „der Naturwissenschaften".

Sonderstellung des 19. Jahrhunderts

Der Historiker Hans-Ulrich Wehler hat ebenfalls den unwiderruflichen „universalhistorisch einmaligen Transformationsprozess" für das 19. Jahrhundert betont. So führte das 19. Jahrhundert über die Aufklärung zu „Säkularisierung" und „Rationalisierung", zu „Emanzipation" und „Partizipation", zu „Differenzierung" und „Integration" und zur „Industriellen Revolution" und „Sozialen Frage". Die Verweltlichung religiöser Ideen und Vorstellungen, die Trennung von Staat und Kirche und die Emanzipation der Wissenschaften von kirchlicher Bevormundung stellten unverzichtbare Voraussetzungen für die fortschrittliche Entwicklung der Gesellschaft, eben der „Rationalisierung" dar, worunter der Soziologe Max Weber (1864-1920) „eine universale Entwicklungstendenz von Staat, Wirtschaft und Gesellschaft in der Moderne" verstand. Der Historiker Franz J. Bauer definierte den Begriff der „Emanzipation" als „die Gesamtheit der Tendenzen, die darauf abzielen, das naturrechtlich autonom gedachte Individuum aus den durch Überlieferung, Gewohnheit und Dogma, durch überkommene Rechtsverhältnisse, durch monarchische Prärogative oder fürstlichen Despotismus gesetzten Beschränkungen seiner Denk- und Handlungsfreiheit herauszulösen". Bürger und Bauern, Juden, Arbeiter und Frauen erhielten im 19. Jahrhundert mehr Freiheiten und Rechte als je zuvor in der Geschichte. Auseinandersetzungen um die nationale Einigung und die Errichtung von Nationalstaaten prägen das „lange" 19. Jahrhundert. Damit stellten sich zugleich Fragen nach der Integration und Differenzierung zwischen Staatsbürgern und Fremden. Die Fiktion eines homogenen Staatsvolkes innerhalb der von national gesinnten Geographen postulierten angeblich natürlichen Grenzen wurde zur Chimäre des 19. Jahrhunderts. Der um sich greifende Nationalismus führte zu einer Reihe von Kriegen in Europa, die im Ersten Weltkrieg gipfelten. Dass man das 19. Jahrhundert auch in globaler Perspektive sehen kann, zeigt das monumentale Werk von Jürgen Osterhammel mit dem vielsagenden Titel „Die Verwandlung der Welt".

Neueste Geschichte und Zeitgeschichte

Die Neueste Geschichte oder Zeitgeschichte klassifizierte Hans Rothfels 1953 als „Epoche der Mitlebenden". Fundamentale Einschnitte durch Kommunismus, Faschismus und Nationalsozialismus führten zur Missachtung der Menschenrechte, zu den schrecklichsten Diktaturen der Menschheitsgeschichte und zum Völkermord in ungeheurem Ausmaß. Der nach dem Zweiten Weltkrieg einsetzende Prozess der Europäischen Integration sicherte Demokratie und Frieden in Europa – bis heute hin. Als historische Forschung stellt die Zeitgeschichte notwendigerweise einen Bezug zur Gegenwart her, wodurch sie sich vom Historismus grundlegend unterscheidet, der die Epochen für sich betrachten wollte. Die auf allerlei Akten liegende Sperrfrist erschwert den quellenkritischen Zugriff der Zeitgeschichte.

So verbindet Geschichte als „Wissenschaft vom Geschehen" verschiedene Epochen der Menschheitsgeschichte miteinander, wobei die Schatten der Vergangenheit bis in die Gegenwart reichen, wie bereits Johann Gustav Droysen 1857 erkannte:

„Jeder einzelne ist ein historisches Ergebnis. [...] Vom Moment seiner Geburt an wirken unabsehbare Faktoren jener großen Kontinuität, welche der historischen Empirie zustehen, auf ihn ein. Bewusstlos noch empfängt er die Fülle der Einwirkungen seiner Eltern, ihrer geistigen und leiblichen Dispositionen, die der klimatischen, landschaftlichen, ethnographischen Umgebungen. Er wird hineingeboren in das ganze Gewordensein, in die historischen Gegebenheiten seines Volkes, seiner Sprache, seiner Religion, seines Staates, seiner schon fertigen

Register und Zeichensysteme, in denen aufgefasst, gedacht und gesprochen wird, aller der schon entwickelnden Vorstellungen und Auffassungen, welche die Grundlage des Wollens, Tuns und Gestaltens sind."

Literatur: Allgemein: Michael MAURER, Frühe Neuzeit (16.-18. Jahrhundert), in: AHW 1, Epochen, Stuttgart 2005, S. 14-105, S. 200-297; Reinhart KOSELLECK, Vergangene Zukunft. Zur Semantik geschichtlicher Zeiten, Frankfurt/M. ³1984; Leopold von RANKE, Über die Epochen der neueren Geschichte, München 1971, *das Ranke-Zitat:* S. 441; Johann Gustav DROYSEN, Historik. Vorlesungen über Enzyklopädie und Methodologie der Geschichte (1857), hg. von Rudolf HÜBNER, München ⁶1971, *das Droysen-Zitat:* S. 15; Hans-Ulrich WEHLER, Deutsche Gesellschaftsgeschichte, Bd. 2, Von der Reformära bis zur industriellen und politischen „Deutschen Doppelrevolution", München 1987; Franz J. BAUER, Das „lange 19. Jahrhundert", in: AHW 1, S. 311-405; Jürgen OSTERHAMMEL, Die Verwandlung der Welt. Eine Geschichte des 19. Jahrhunderts, München 2009; Wilfried LOTH, Zeitgeschichte, AHW 1, S. 406-477; Hans ROTHFELS, Zeitgeschichte als Aufgabe, in: VfZ 1 (1953), S. 1-8; *das Internetportal Virtual Library Frühe Neuzeit:* URL: www.historisches-centrum.de/index.php?id=66 (7. März 2010); *Internetportal der Universität Münster:* URL: www.uni-muenster.de/FNZ-Online (7. März 2010); *Internetportal der Universität Marburg:* www.uni-marburg.de/fb06/fnz/forschung (7. März 2010); *zur Renaissance:* Jacob BURCKHARDT, Die Kultur der Renaissance in Italien, Berlin 1928; *zum Thema „Zivilisationsprozess":* Ralf BAUMGART, Volker EICHENER, Norbert Elias zur Einführung, Hamburg 1991; Martin DINGES, Formenwandel der Gewalt in der Neuzeit. Zur Kritik der Zivilisationstheorie von Norbert Elias, in: Kulturen der Gewalt. Ritualisierung und Symbolisierung von Gewalt in der Geschichte, hg. von Rolf Peter SIEFERLE und Helga BREUNINGER, Frankfurt/M. 1998, S. 171-194; Hans Peter DUERR, Der Mythos vom Zivilisationsprozess, 4 Bde., Frankfurt/M. 1988-1997; Michael MAURER, Der Prozess der Zivilisation. Bemerkung eines Historikers zur Kritik des Ethnologen Hans Peter Duerr an der Theorie des Soziologen Norbert Elias, in: GWU 40, 1989, S. 225-238; Gerd SCHWERHOFF, Zivilisationsprozess und Geschichtswissenschaft. Norbert Elias' Forschungsparadigma in Historischer Sicht, in: HZ 266 (1998), S. 561-604; Rüdiger SCHNELL, Zivilisationsprozesse. Zu Erziehungsschriften in der Vormoderne, Köln u. a. 2004; – *zur Individualisierung:* Aaron J. GURJEWITSCH, Das Individuum im europäischen Mittelalter, München 1994; Annemarie PIEPER (Hg.), Individualität, in: Handwörterbuch philosophischer Grundbegriffe, hg. von Hermann KRINGS u. a., Bd. 2, München 1973, S. 728-737; DIES., Individuum, Individualität, in: Historisches Wörterbuch zur Philosophie, hg. von Joachim RITTER u. a., Bd. 4, Darmstadt 1976, S. 300-323; – *zum Fortschrittsbegriff:* Vgl.: Friedrich RAPP, Fortschritt, Entwicklung und Sinngehalt einer philosophischen Idee, Darmstadt 1992; Erwin FAUL, Ursprünge, Ausprägungen und Krisen der Fortschrittsidee, in: Zeitschrift für Politik 31, 1984, S. 241-290.

1.2 Geschichtskultur und Erinnerungskultur

1.2.1 Terminologische und definitorische Aspekte

Geschichtskultur und Erinnerungskultur, „Erinnern" und „Geschichte", zwei Leitbegriffe der Geschichtswissenschaft und ihrer Teildisziplin Geschichtsdidaktik, waren maßgebend für eine kulturbezogene Theoriebildung – der Erinnerungskultur und der Geschichtskultur. Es handelt sich hierbei in erster Linie um etablierte wissenschaftliche Begrifflichkeiten der Geschichtswissenschaft und der Geschichtsdidaktik. Dabei bedarf es hier zunächst einer eingehenden Differenzierung der beiden oft fälschlicherweise synonym gebrauchten Begriffe „Geschichtskultur" und „Erinnerungskultur". So verwendet die Geschichtsdidaktik vorzugsweise die Bezeichnung „Geschichtskultur", während der Begriff der „Erinnerungskultur" der Geschichtswissenschaft zuzuordnen ist.

Erinnern, lat. *memorare* (Substantiv: *memoria*), meint das Trennen von Wichtigem und Unwichtigen in der Form des Vergessens oder des Verdrängens und vollzieht sich auf individuellem Wege, jedoch in Zusammenhang mit der sozialen Umwelt, zum Beispiel in der Familie. Geschichte hingegen leitet sich von dem althochdeutschen Wort

Erinnern,
Geschichte,
Kultur

scehan ab und bedeutet „Geschehen", wird aber gegenwärtig auch als „Darstellung" des letzteren angesehen. Das Schlüsselwort „Kultur", welches in beiden Konzeptionen vorkommt, stammt vom lateinischen Wort *colere* ab und steht für „pflegen", „bebauen" oder „anbeten" und ist das Ergebnis dieser von Menschen betriebenen Pflege oder Bebauung. Von der rein etymologisch basierten Betrachtungsweise ausgehend könnte also voreilig der Schluss gezogen werden, dass Erinnerungskultur die individuelle Pflege wichtiger Erinnerungen mit Hilfe des sozialen Gefüges veranschaulicht und Geschichtskultur auf die Pflege subjektiver und objektiver Darstellung von Geschehenem beruht.

Geschichtskultur

Nach einer Definition von Wolfgang Hardtwig stellt Geschichtskultur eine „Sammelbezeichnung für höchst unterschiedliche, sich ergänzende oder überlagernde, jedenfalls direkt oder indirekt aufeinander bezogene Formen der Präsentation von Vergangenheit in einer Gegenwart" dar. Jörn Rüsen bezeichnet dagegen Geschichtskultur als „praktisch wirksame Artikulation von Geschichtsbewusstsein im Leben einer Gesellschaft". Nach Rüsen läuft der Begriff auf ein „Geschichtsbewusstsein in praktischem Lebenszusammenhang" hinaus. Wolfgang Hasberg bemerkt, dass somit „Geschichtskultur [...] das Gesamt der Objektivationen der durch das Geschichtsbewusstsein geleisteten historischen Erinnerung in einer Gesellschaft" sei. Bernd Schönemann weist auf die Geschichtskultur „als kollektives Konstrukt, das auf dem entgegengesetzten Weg der Externalisierung entsteht und objektive Gestalt annimmt" hin. Hans-Jürgen Pandel beschreibt in simpler Form die Geschichtskultur als „die Art und Weise, wie eine Gesellschaft mit Vergangenheit und Geschichte umgeht" und unterstreicht in Zusammenarbeit mit Vadim Oswalt die Vermittlungsprozesse von Historie im schulischen und in gesellschaftlichen Bereichen.

Literatur: Wolfgang HARDTWIG, Geschichtskultur und Wissenschaft, München 1990; Wolfgang HASBERG, Politik oder Kultur, in: DERS.; Manfred SEIDENFUSS (Hg.), Mittelalter zwischen Politik und Kultur - Perspektiven einer kulturwissenschaftlichen Erweiterung der Mittelalter-Didaktik, Neuried 2003, S. 9-22; Vadim OSWALT, Hans-Jürgen PANDEL (Hg.), Geschichtskultur - die Anwesenheit von Vergangenheit in der Gegenwart. Schwalbach/Ts. ²2009; Jörn RÜSEN, Geschichtskultur, in: GWU 46 (1995), S. 513-521, und DERS.: Was ist Geschichtskultur? Überlegungen zu einer neue Art, über Geschichte nachzudenken, in: Klaus FÜSSMANN, Heinrich GRÜTTER, Jörn RÜSEN (Hg.), Historische Faszination - Geschichtskultur heute. Köln 1994, S. 3-26, und DERS. Was ist Geschichtskultur? Überlegungen zu einer neue Art, über Geschichte nachzudenken, in: DERS., Historische Orientierung - Über die Arbeit des Geschichtsbewusstseins, sich in der Zeit zurechtzufinden. Schwalbach/Ts. ²2008; DERS.; Auf dem Weg zu einer Pragmatik der Geschichtskultur, in: Ulrich BAUMGÄRTNER, Waltraud SCHREIBER (Hg.): Geschichts-Erzählung und Geschichtskultur - zwei geschichtsdidaktische Leitbegriffe in der Diskussion. München 2001, S. 81-97; Bernd SCHÖNEMANN, Geschichtskultur als Wiederholungstruktur?, in: GPD 34 (2006), S. 182-191, *und* DERS., Geschichtskultur als Forschungskonzept der Geschichtsdidaktik, in: ZfGD 1 (2002), S. 77-87; Hans Jürgen PANDEL, Geschichtskultur; Holger THÜNEMANN, Erinnern; Hans-Jürgen PANDEL, Kultur, in: Ulrich MAYER, Hans-Jürgen PANDEL; Gerhard SCHNEIDER u. a. (Hg.), Wörterbuch Geschichtsdidaktik, Schwalbach/Ts. ²2009; PANDEL *bedient sich bei seiner Definition der Geschichtskultur - ohne Quellennachweis - einer ausführlicheren Formulierung von* Thomas E. FISCHER, Geschichte der Geschichtskultur - über den öffentlichen Gebrauch der Vergangenheit von den antiken Hochkulturen bis zur Gegenwart, Köln 2000, S. 12.

1.2.2 Zur Relevanz der Geschichtskultur

Zur Relevanz der Geschichtskultur

Dieser kurze Abriss einer Definitionsentwicklung der letzten 20 Jahre soll zum einen die zunehmende Relevanz der Geschichtskultur aufzeigen und zum anderen die inhaltliche

Bedeutung des Themas verständlich machen. Vor allem in den 1970er Jahren konnte eine allgemeine Tendenz beobachtet werden, in der das Schlagwort „Vergangenheitsbewältigung" immer mehr mit dem Ziel thematisiert wurde, die Auseinandersetzung mit dem Geschehenen insbesondere aus der jüngsten Vergangenheit durch Historiker, Medien und Schulen in das Bewusstsein der Menschen zu bringen. Ausschlaggebend war der in Westdeutschland ausgestrahlte amerikanische Film „Holocaust", der in das öffentliche Bewusstsein drang und somit Anlass zu einer zeitgeschichtlichen Auseinandersetzung gab. Ein regelrechter Aufarbeitungskult entwickelte sich in den Folgejahren und wurde nochmals bestärkt durch die Wiedervereinigung. Die Regierungen der 1990er Jahre praktizierten im Hinblick auf die deutschen zeitgeschichtlichen Ereignisse umso mehr eine Politik der Vergangenheitsbewältigung.

Karl-Ernst Jeismann betonte auf dem Mannheimer Historikertag 1976 die gesellschaftliche Relevanz des Geschichtsbewusstseins. Er beschäftigte sich intensiv mit der Art und Weise, wie mit Geschichte umgegangen wird und mit dem Zusammenhang von Vergangenheitsdeutung, Gegenwartsverständnis und Zukunftserwartung. Sein Hauptaugenmerk lag also auf dem Umgang mit Geschichte in der Gesellschaft und löste die Geschichtsdidaktik - wie zuvor oft praktiziert - aus dem rein schulischen Kontext. Die Bedeutung der Geschichte im Alltagsleben und in der Öffentlichkeit wurde zunehmend wichtiger. Dieser Paradigmenwechsel der Geschichtsdidaktik bedeutete, dass man sich bis zum Anfang der 1990er Jahre der „außerschulischen Öffentlichkeit und [...] der Alltagswelt" widmete. Das Ziel war es, perspektivische und subjektive Geschehnisse in den geschichtlichen Lernprozess zu verankern und sich somit umzuorientieren. Diese Umorientierung galt vor allem dem historischen Lernen. Der wissenschaftliche Begriff Geschichtskultur wurde 1984 in dem von Pellens, Quandt und Süssmuth stammenden Band „Studien zur Didaktik" gebraucht.

Geschichtskultur und Geschichtsdidaktik

Da der Begriff gegenwärtig am meisten von Rüsen geprägt ist, sollen in erster Linie die theoretischen Grundlagen in seinem Sinne erläutert und im Folgenden mit den aktuellen Auffassungen und Deutungen ergänzt werden. In einer zweiten einschlägigen Periode zu Beginn der 1990er Jahre erklärte Rüsen Geschichtskultur zum Forschungsgegenstand und kurz darauf sogar zum Forschungsproblem. Dieser von ihm aufgeführte Ansatz des Verständnisses von Geschichtskultur war neu. Als Fundamentalkategorie sollte sie auf theoretischer, empirischer und pragmatischer Ebene erforscht werden und Historikern ermöglichen, ihre begrenzten historischen Sachkompetenzen zu erweitern. Er ordnet den Begriff in diesem Zusammenhang in die Geschichtswissenschaft ein, unterstreicht aber im gleichen Moment die für das Geschichtsbewusstsein relevante Lebenspraxis. Zu den bestimmenden Aktivitäten der menschlichen Lebenspraxis, welche die Geschichtskultur prägen, gehören Wahrnehmung, Deutung, Orientierung und Zwecksetzung. Eine veränderte Wortwahl dieser Sinnesressource der Lebenspraxis ist in einem zehn Jahre später veröffentlichten Aufsatz vorzufinden. So trat anstelle der Zwecksetzung die Motivation und es war nunmehr die Rede von Sinnesbildung anstatt von Sinnesressource.

Jörn Rüsen

Die Frage nach der Differenzierbarkeit des Geschichtsbewusstseins und der Geschichtskultur scheint geklärt. Wo ersteres für ein individuelles Erzeugnis steht, wird letzterer als ein kollektives Erzeugnis betrachtet. Oft wird in diesem Zusammenhang von zwei Seiten der Medaille gesprochen, was sich durch Jubiläen, Denkmäler oder Museen äußert.

Differenziertheit und Dimensionen der Geschichtskultur

Geschichtskultur ist nicht erst eine Erfindung der Moderne. Der Umgang mit Geschichte kann für viele Gesellschaften vergangener Epochen aufgezeigt werden. Zur Orientierung der geschichtskulturellen Veränderungen können die im Folgenden von Bernd Schönemann aufgeführten Leitmuster dienen. In der zweiten Hälfte des 19. Jahrhunderts, der sog. „Vormoderne", trat vorwiegend der Nutzen von Geschichte in den Vordergrund und wurde nach diesem Muster selektiert. Mit der modernen Welt wurde der Blick auf Bildung gerichtet, wobei Geschichte hier einen eher abstrakten Charakter inne hatte. In der Postmoderne führt das Schlagwort „Erlebnis" die gesellschaftlichen Ansprüche im Hinblick auf Geschichte an, sodass Geschichte nur mittels animierter, handlungsorientierter und visuell-auditiv dargestellter Konzepte das Verständnis der Leute anregen kann. Geschichte sollte möglichst schnell und didaktisch vereinfacht zugänglich gemacht und verstanden werden.

Schulen, Universitäten, Museen

Die historische Erinnerung in der gesellschaftlichen Öffentlichkeit präsent zu machen und zu halten, ist Aufgabe verschiedener Institutionen, wie Schulen, Universitäten, Museen und anderen kulturellen Einrichtungen. Die Kritik bezieht sich auf die in konsequenter Abgrenzung betriebenen Vorgehensweisen der historischen Erinnerung. Die Erfahrungen bis dato zeigten, dass in sich schlüssige Forschungsergebnisse oder vermeintliche Erkenntnisse unverhofft zu Richtung weisenden und normativen Orientierungen wurden und somit andere Ansichten kaum mehr zuließen. Rüsen thematisiert in diesem Zusammenhang das Anliegen, all diese Vermittlungsinstitutionen als ein Kollektiv zu betrachten und vor dem Hintergrund eines gemeinsamen „Umgangs mit der Vergangenheit in Augenschein" zu nehmen. Die historische Erinnerung selbst wird durch die drei Dimensionen – ästhetisch, politisch und kognitiv – reguliert, durchdrungen und bestimmt. Die ästhetische Dimension beinhaltet das, was beispielsweise aus der Geschichtsschreibung wahrgenommen wird und die Wirkung, die sie auf die historische Erinnerung ausübt. Die politische Dimension prägt die historische Erinnerung in Form von Gedenkfeiern, Aufrechterhaltung von Traditionen auf legitimer Basis und sorgt gleichsam für eine kulturelle Orientierung. In der kognitiven Dimension steht die Wissenschaft im Mittelpunkt. Mit ihr kommen Deutungsmuster des Geschichtsbewusstseins zum Ausdruck. Geschichtskultur ist stets gegenwärtig und folglich auch immer abhängig von der betreffenden Gesellschaft mit ihren ethischen und politischen Gegebenheiten.

Geschichtskultur als soziale Ordnung

Historisches Denken heißt sich erinnern, was zu einem Erfahrungsprozess führt. Diese „lebensgeschichtlichen Erfahrungen" der eigenen Vergangenheit führen unweigerlich zu einem Lernprozess, in diesem Fall zum historischen Lernen. Historisches Lernen besitzt eine äußere und innere Seite. Dabei steht die innere Seite für subjektive Vorgänge und Auseinandersetzungen, während die äußere Institutionen einschließt, die sich mit Geschichte befassen und Geschichtskultur ausprägen. Da Geschichtskultur sämtliche kulturellen Institutionen umfasst, die sich mit Geschichte beschäftigen und diese zum Ausdruck bringen, steht die Schule nicht mehr im alleinigen Zentrum der Geschichtsdidaktik, sondern gleichberechtigt neben anderen Institutionen. In diesem Sinne kann Geschichtskultur als soziale Ordnung verstanden werden, in der sie sich mittels „Institutionen, Professionen, Medien und Publika" entfaltet.

Außerschulische Geschichtskultur

Somit rückt die außerschulische Geschichtskultur ins Blickfeld, die in Auseinandersetzung mit dem Begriff der Erinnerungskultur eine wichtige Rolle spielt. Geschichtskultur impliziert die gegenwärtige Auseinandersetzung mit historischen Erinnerungsorten. Es sind die außerschulischen Lernorte, die das Geschichtsbewusstsein der Schülerinnen und Schüler mit prägen. Der Geschichtsunterricht muss das berücksichtigen. Daher bedarf es auf Seiten der Lehrenden einer geschichtskulturellen Kompetenz. Reeken betont den Ruf nach „Geschichtskultur als Lernort, [...] um historische Erkundungen in die Geschichtskultur vor Ort zu unternehmen". Zwei Arten der außerschulischen Geschichtskultur lassen sich differenzieren. Jene, die „dezidiert als Lernorte konzipiert" werden und jene, die durch den Geschichtsunterricht zum außerschulischen Lernort gemacht werden.

So sehr das Konzept der Geschichtskultur von Seiten der Geschichtsdidaktiker und anderen Vertretern der Geschichtswissenschaft gepriesen und anerkannt wurde, bleiben kritische Ansichten nicht aus. „Geschichtskultur", so Schönemann, „wird erneut mediatisiert, zu einer allein aus der aktuellen Lebenswelt der Schüler abgeleiteten Größe", welche sich im besonderen Maße auf Ereignisgeschichte beschränke, wobei er sich hierbei auf Pandels möglicherweise undeutlich formulierten Ausdruck der Eventkultur bezieht. Vor wenigen Jahren noch stellte Schönemann in seiner Antrittsvorlesung Forderungen an jene geschichtskulturellen Strukturen der Gesellschaft. Eine dieser Forderungen betraf den Vergleich lokaler Geschichtskultur und die Entstehung regionaler Geschichtslandschaften und ihrer Funktion und Struktur. Ein weiteres Problem zur Integration geschichtskultureller Lernorte wird von Gerhard Schneider aufgeführt. So ermögliche der vor fast 100 Jahren eingeführte schultypische Dreiviertelstundenrhythmus nur erschwert die Einbindung außerschulischer Lernorte, da es den unterrichtlichen Ablauf eines Tages durcheinander bringe.

Kritik
am Konzept der
Geschichtskultur

Literatur: zur Vergangenheitsbewältigung, zum Holocaust und zu der von Jeismann ausgelösten Debatte: Marko DEMANTOWSKY, Geschichtskultur und Erinnerungskultur – zwei Konzeptionen des einen Gegenstandes. Historischer Hintergrund und exemplarischer Vergleich, in: Geschichte, Politik und ihre Didaktik 33 (2005), S. 11-20; *ferner auch die Beiträge von RÜSEN 2001 und SCHÖNEMANN 2006 im Literaturverzeichnis zum vorhergehenden Kap. 1.2.1. sowie* Hilke GÜNTHER-ARNDT (Hg.), Historisches Lernen und Wissenserwerb, in: DIES. (Hg.), Geschichts-Didaktik – Praxishandbuch für die Sekundarstufe I und II. Berlin 2005, S. 23-47; Karl PELLENS, Siegfried QUANDT, Hans SÜSSMUTH (Hg.): Geschichtskultur – Geschichtsdidaktik. Internationale Bibliographie, Paderborn 1984 (Studien zur Geschichtsdidaktik 3); Dietmar von REEKEN, Geschichtskultur im Geschichtsunterricht. Begründungen und Perspektiven, in: GWU 55 (2004), S. 233-240; Jörn RÜSEN, Geschichtskultur als Forschungsproblem, in: Klaus FRÖHLICH, Heinrich GRÜTTER, Jörn RÜSEN (Hg.): Geschichtskultur. Jahrbuch für Geschichtsdidaktik 3 (1991/92), S. 39-50, und DERS. *in einer überarbeiteten und aktualisierten Version des Essays* Geschichtskultur als Forschungsproblem, in: DERS., Historische Orientierung – Über die Arbeit des Geschichtsbewusstseins, sich in der Zeit zurechtzufinden. Schwalbach/Ts. ²2008; *vgl. auch DERS. 1995 (wie im Literaturverzeichnis zu Kap. 1.2.1).* Waltraud SCHREIBER: Geschichtskultur – eine Herausforderung für den Geschichtsunterricht, in: Ulrich BAUMGÄRTNER, Waltraud SCHREIBER (Hg.), Geschichts-Erzählung und Geschichts-Kultur. Zwei geschichtsdidaktische Leitbegriffe in der Diskussion. München 2001, S. 98-135; Gerhard SCHNEIDER, Gegenständliche Quellen, in: Hans-Jürgen PANDEL, Gerhard SCHNEIDER (Hg.), Handbuch Medien im Geschichtsunterricht, Schwalbach/Ts. ³2005, S. 509-524; Bernd SCHÖNEMANN, Geschichtsdidaktik, Geschichtskultur, Geschichtswissenschaft, in: GÜNTHER-ARNDT 2005 (wie oben), S. 11-22; DERS., Geschichtskultur als Forschungskonzept, in: ZfGD 1 (2002), S. 77-86.

1.2.3 Geschichtskultur versus Erinnerungskultur

Die Geschichtskultur, deren Definition theoretische und zum Teil sehr abstrakte Prämissen zugrunde liegen, erweist sich als geschichtsdidaktische Orientierungsgröße, die nach den Vorstellungen der Geschichtsdidaktiker in allen Feldern der Geschichtswis-

Geschichtskultur
und Geschichts-
unterricht

senschaft etabliert und zu einem einheitlichen relevanten Konzept des historischen Lernens normativ standardisiert werden soll. Als normativ soll in diesem Sinne die politisch-gesellschaftliche Regelung und Verankerung verstanden werden. Obgleich in den letzten 15 Jahren die Ansätze Rüsens oder die Weiterentwicklung Schönemanns den Wert der Geschichtskultur immer wieder betont haben, fehlt es - was man auch bei anderen Beispielen in der Geschichtsdidaktik leider immer wieder beobachten konnte - bislang an Vorschlägen zur praktischen Umsetzung dieses Begriffs. Als Ursache nennt man hier gelegentlich gesellschaftliche Defizite der Wohlstands- und Konsumgesellschaft, in der zwar ein breit gefächertes Tablett an geschichtskulturellen Institutionen vorhanden ist, in der aber das Fehlen stets greifbare Umsetzungsmöglichkeiten moniert wird. Ohne hier die Frage zu vertiefen, was denn eine Theorie taugt, die derartige Umsetzungsprobleme hat, kann man in der Tat einige objektive Problemfelder benennen: So wird kaum berücksichtigt, dass die aktive Teilnahme an der Geschichtskultur im schulischen Kontext größtenteils mit einem nicht geringen finanziellen und zeitlichen Aufwand verbunden ist. Auch dem Aspekt des Reiseaufwands muss man Beachtung schenken. Dringend geboten scheint es daher, das Konzept der Geschichtskultur nicht nur in den Kern- und Schulcurricula, sondern auch in der Politik fest zu etablieren. Nur ein bildungspolitischer Rahmen, in dem die eben aufgeführten Defizite vermindert werden, kann das gewährleisten.

Erinnerungskultur　　Mit dem Appell „Gegen das Vergessen" wurden die Fundamente für die Erinnerungskultur gelegt. Es entstand eine Welle des Interesses an der eigenen und kollektiven Vergangenheit. In der Erinnerungskultur richtet sich die Frage nach der Art und Weise und nach dem Gegenstand der Erinnerung. Erinnerungskultur verpflichtet im sozialen Sinne, das heißt sie steht in Bezug zu einer Gruppe. Der Fokus liegt auf der Frage, was nicht in Vergessenheit geraten darf. Die Gesellschaft soll entscheiden, was selektiert wird und woran sich Sinn- und Zeithorizonte zu orientieren haben. Es geht ferner um die Bezugsformen der Vergangenheit, die sich eben erst durch diese bildet. Jan Assmann meint daher: „Wer [...] schon im ‚Heute' auf das ‚Morgen' blickt, muss das ‚Gestern' vor dem Verschwinden bewahren und es durch Erinnerung festzuhalten suchen. In Erinnerung wird Vergangenheit rekonstruiert. In diesem Sinne ist die These gemeint, dass Vergangenheit dadurch entsteht, dass man sich auf sie bezieht".

Voraussetzungen　　Ferner müssen Voraussetzungen gegeben sein, um überhaupt erst einen Vergangenheitsbezug möglich zu machen, zum einen durch die Zeugnisse selbst und zum anderen durch deren Abgrenzung zur Gegenwart. Ein Unterscheidungsfaktor ist der Bruch von Kontinuität. Ein weiterer Faktor, der auf Differenzierung verweist, ist der Sprachwandel. Erst in älteren schriftlichen Überlieferungen, deren Erhalt bis in die Gegenwart reicht, finden sich Differenzierungsmerkmale, die auf den Sprachwandel hindeuten. Urkundliche Quellen veranschaulichen am besten den sprachlichen Wandel und machen einen Vergangenheitsbezug erst möglich.

Benachbarte Wissenschaften　　Das Konzept der Erinnerungskultur ist in verschiedenen Wissenschaften anzutreffen. So scheint Erinnerungskultur in der Geschichts- und Kulturwissenschaft bis hin zur Soziologie beheimatet zu sein. Nach einer Definition von Hans Günther Hockerts stellt Erinnerungskultur „die Gesamtheit des nicht spezifisch wissenschaftlichen Gebrauchs der Geschichte in der Öffentlichkeit - mit den verschiedensten Mitteln und für die verschiedensten Zwecke" dar. Christoph Cornelißen sieht Erinnerungskultur „als einen formalen Oberbegriff für alle denkbaren Formen der bewussten Erinnerung an historische Ereignisse, Persönlichkeiten und Prozesse. Der entscheidende sprachliche Unterschied liegt augenscheinlich in dem Wort ‚Erinnerung‘, welches zuvor von der Psychologie besetzt war". Schon Sigmund Freud, der Begründer der Psychoanalyse, machte auf die individuelle Lebensgeschichte des Einzelnen und dessen Vergangenheit aufmerksam. Mit Hilfe der Erinnerung sollen verdrängte Ereignisse wieder in das Bewusstsein gerufen werden. Erste tatsächliche Entwürfe einer Erinnerungskultur können auf Maurice Halbwachs mit der Veröffentlichung „Das Gedächtnis und seine sozialen Bedingungen" im Jahre 1985 – dessen französische Originalfassung bereits 1925 verlegt wurde – zurückgeführt werden. In den Folgejahren prägte neben Pierre Nora vor allem Jan Assmanns Werk „Das kulturelle Gedächtnis" die Erinnerungskultur als Forschungsansatz.

Anders als bei der Geschichtskultur, deren Fundament das Geschichtsbewusstsein bildet, werden hier Erinnerung und kollektives Gedächtnis zu Leitbegriffen. Gedächtnis entsteht und wächst nach Halbwachs erst durch das soziale Gefüge, demnach im Kollektiv. Wie bereits Hasberg bemerkt hat, wird in einer Vielzahl von Veröffentlichungen der Hinweis auf Jan und Aleida Assmann gegeben. Dem schließt sich Rüsen an und konstatiert, dass die vorhandene Literatur zum Thema „Historisches Lernen" mittlerweile kaum mehr überschaubar sei, verweist aber trotzdem auf die Werke von Jan und Aleida Assmann zu der Thematik des kulturellen Gedächtnisses und Erinnerungsräumen. Neben dem „kulturellen Gedächtnis" führte Jan Assmann das „kommunikative Gedächtnis" ein. Darunter sind diejenigen Erinnerungen zu verstehen, die die Menschen mit ihren Mitmenschen aus jüngster Vergangenheit teilen und somit beispielsweise als Zeitzeugen fungieren. Das sog. Generations-Gedächtnis steht in direkter Abhängigkeit zu seinen Trägern, die einen gesonderten Status im Bezug auf die gegenwärtige Erinnerungsarbeit Inne haben. Erfahrungen, die in besonderem Maße einschneidend für die Entwicklung einer Gesellschaft waren, werden unmittelbar kommuniziert. Harald Welzer meint, das kommunikative Gedächtnis bezeichne „die eigensinnige Verständigung der Wir-Gruppenmitglieder darüber, was sie für ihre eigene Vergangenheit halten. Es ist ein lebendiges Gedächtnis, dessen Wahrheitskriterien an die Identitätsbedürfnisse von Individuen und Wir-Gruppen gebunden sind".

Erinnerungskultur funktioniert nur durch das Setzen bestimmter Zeichen, die räumlich lokalisiert sind. Das können Regionen, Landschaften, Städte oder andere Orte sein. Diese werden zum Zweck des Erinnerns zu Gedächtnisorten oder – wie Jan Assmann artikuliert – zu „Mnemotope". Ein kurzer Blick auf das Nachbarland Frankreich zeigt, dass bereits Versuche einer umfangreichen Auseinandersetzung mit der Thematik am Beispiel der Forschungsarbeiten von Pierre Nora und seinem Werk *Lieux de mémoire* unternommen wurden. Erinnerungsorte sind ebenfalls wichtiger Bestandteil der Studien von Aleida Assmann, die den Begriff des Gedächtnisses mit einbezieht. Unterschieden werden zum einen Orte mit oder ohne immanentem Gedächtnis. Es geht dabei im engeren Sinne um Orte, an denen gedacht wird oder Orte, die ein Gedächtnis liefern. Beide Formen können jedoch einen Beitrag zur Erstellung von Erinnerungsräumen leisten. In diesem Sinne erscheint der Begriff der kulturellen Erinnerungsräume erwähnenswert. Solche Orte fixieren und sichern gleichzeitig Erinnerung örtlich und räumlich begrenzt und überdauern Generationen, also die Zeit. Aleida Assmann führt verschiedene Formen von Orten an: heilige Orte, mythische Landschaften, Gedenkorte, traumatische Orte, Ruinen und Generationsorte. Bauliche Überreste nehmen einen wichtigen Platz unter den Gedächtnisorten ein. Sie wirken stützend und Richtung weisend auf das

Gedächtnis

Erinnerungsorte

Gedächtnis, was auch für die Geschichten gilt, die um sie kurieren. Bauwerke und kulturelle Überreste können also Anlass zur Erinnerung geben.

Rekonstruktiver Erinnerungsprozess

Erinnern im Sinne eines Prozesses geht rekonstruktiv vor und basiert stets auf Gegenwärtigem. Dieser Umstand löst demzufolge im Moment des Erinnerns eine Art der Umformung und Erneuerung aus. Es kann daher gegenwärtig nie eine reale Vergangenheit hergestellt werden, sondern nur eine annehmbare oder wahrscheinliche Rekonstruktion. Erinnerung vollzieht sich in einem aktuellen aktiven Prozess, wohingegen das Speichern wider dem Vergessen und der Zeit geschieht. Die beiden Typen „Geschichte" und „Gedächtnis", unter anderen eingebettet in den Geschichts- und Kulturwissenschaften, werden nach Aleida Assmann dem Oberbegriff der „Erinnerung" zugeordnet. Zum besseren Verständnis des Typs „Gedächtnis" führt sie zwei entscheidende Begrifflichkeiten ein: das „Funktionsgedächtnis" und das „Speichergedächtnis". Ersteres bezieht sich auf unterschiedliche Aufgaben, so zum Beispiel der Orientierung hin zur Zukunft, die Wertbindung oder auch der Bezug zu bestimmten Gruppen. Letzteres meint beispielsweise die Verschriftlichung von Erinnerungen in Form von wissenschaftlichen Forschungen. Ein Beispiel für eine praktizierte Form des Funktionsgedächtnisses stellt die vom Europarat eingeführte Erinnerungstradition *Les Journées Européennes du Patrimoine* dar. Diese finden in Frankreich jedes Jahr an einem Tag im September statt und ermöglichen für interessierte Besucher jeder Altersgruppe kostenfreien Eintritt und viele gesonderte Veranstaltungen rund um die kulturellen Güter in Frankreich. Der Vorteil von kulturellen Überresten in Form von Bauwerken oder sogar Dörfern ist, dass sie – im Gegensatz zu Ausstellungsobjekten im Museum – aus ihrer zeitlichen und räumlichen Umgebung nicht entfremdet werden und somit der historischen Realität näher stehen (vgl. das französische Dorf Oradour-sur-Glane als Gedenkstätte an nationalsozialistische Verbrechen).

Dimensionen der Geschichtskultur

Vor dem Hintergrund der eingangs erwähnten Schwierigkeit der entsprechenden Anwendung von Erinnerungs- und Geschichtskultur soll nun eine Differenzierung innerhalb der Konzeptionen vorgenommen werden. Wie im Konzept der Geschichtskultur, wurden ebenso in dem der Erinnerungskultur Versuche unternommen, dimensionale Zuordnungskriterien einzuführen. Zu den aufgeführten Dimensionen zählen die Neugier, die Identitätsvergewisserung und die ethische Pflicht. Besonders der Neugierde bedienen sich geschichtskulturelle Einrichtungen, darunter Ausstellungen oder Museen, um ein möglichst breit gefächertes Interesse verschiedener Altersgruppen abzudecken. Die zweite Dimension oder vielmehr der zweite Impuls bezieht sich auf die individuelle und kollektive Suche nach dem Selbstbewusstsein mittels der Vergangenheit. Die letzte Dimension richtet sich gegen das oft thematisierte Vergessen und verweist auf das bewusste und gewollte Erinnern, beispielsweise durch Mahnmäler. Die genannten Dimensionen sollen – genau wie in der Geschichtskultur – ineinander fließen und nicht gegeneinander abgegrenzt werden. Die zentralen Fragen der beiden letzten Dimensionen, was wollen wir erinnern und was sollen wir erinnern, implizieren eine verstärkte Auseinandersetzung mit der eigenen und gemeinsamen Vergangenheit – im Sinne des Kollektivs – und sollte auch im geschichtsdidaktischen Sinne Beachtung finden.

Abgrenzung Geschichtskultur - Erinnerungskultur

Geschichtskultur fragt nach der Art und Weise der Auseinandersetzung und deren gegenwärtiger Ausprägung, Erinnerungskultur hingegen fragt nach dem „Was" und fordert gleichzeitig auf. Seit mehr als zehn Jahren konkurrieren die beiden Fachtermini miteinander. Marko Demantowsky spricht von Koexistenz beider Termini, die sich mit den gleichen gesellschaftlichen Vorgängen beschäftigen und bemerkt, dass jene Repräsentanten des geschichtskulturellen Felds behaupten, der Begriff der Erinnerung sei mit dem der Geschichtskultur austauschbar. Dieselben sind der Meinung, dass das Konzept der Erinnerungskultur letzteres sogar ersetze. Erinnerung bezieht sich ausschließlich auf die Vergangenheit, lässt jedoch die Zukunft außer Acht. Geschichtsbewusstsein thematisiert gerade diese Zusammenhänge von Vergangenem in der gegenwärtigen Zeit mit Hinblick auf die Zukunft. Dann wiederum heißt es, dass eine gewisse Synonymität zwischen beiden Konzeptionen bestehe und es die Erinnerungskultur sei, die ihren Fokus auf den Nutzen für die Gegenwart legt.

„Erinnerung" und „Geschichte", zwei Leitbegriffe der Geschichtsforschung, werden in der einschlägigen Literatur oft gegenübergestellt und ausdifferenziert. Demantowsky führte bereits 2005 Abgrenzungskriterien an, indem er die Individualität von Erinnerung im Bezug auf einen Sachverhalt hervorhebt und somit die normative Rechtfertigung einer kollektiven Erinnerung für anzweifelbar erachtet. Des Weiteren zeigt sich ein Problem in der unterschiedlichen Schwerpunktsetzung beider Konzeptionen. Geschichtskultur wende sich vorzugsweise den kognitiven Aspekten zu, Erinnerungskultur hingegen lasse alle Felder des memorisierten Erwerbs zu. Dass diese Form des kritischen Ansatzes im Bezug auf die Geschichtskultur als überholt gilt, zeigen insbesondere Rüsens Überlegungen zur Geschichtskultur als Forschungsproblem, in dem er auf die Öffnung akademischer Grenzen hinweist oder die in dem jüngst veröffentlichten Buch von Vadim Oswalt und Hans-Jürgen Pandel aufgeführte Einsicht über die Relevanz und Erweiterung der Konzepte und ihrer Bezugsfelder. Geschichtskultur äußert sich insbesondere durch Manifestationen, wohingegen die Erinnerungskulturen „durch ihre sozialen Trägergruppen gekennzeichnet sind".

Konzeptionelle Unterschiede bei beiden Fachtermini können zwar aufgeführt werden, eine tatsächliche Ausdifferenzierung erweist sich jedoch aufgrund ihrer engen Beziehung zur Erinnerungsarbeit als mühsam. Beide verfolgen ähnliche Ziele und sollen dem Vergessen entgegenwirken. Es geht also darum, Vergangenheit entstehen zu lassen.

Der Diskurs um das Geschichtsbewusstsein und Erinnern in Frankreich unterscheidet sich in bemerkenswerter Hinsicht von dem im deutschen Sprachraum: In Frankreich hat in den letzten Jahren eine intensive Auseinandersetzung stattgefunden, die als Manifest *Liberté pour l'histoire* 2005 und als „Appell von Blois" 2008 auch außerhalb von Historikerkreisen für erhebliches Aufsehen gesorgt hat. Zahlreiche prominente französische Historiker wandten sich in beiden Dokumenten gegen Eingriffe des Staates in die Freiheit der Geschichtswissenschaft. Anlass für die ungewöhnlichen Aktivitäten von Historikern waren verschiedene Gesetze der Französischen Nationalversammlung, die u. a. den Völkermord an den Armeniern im Ersten Weltkrieg, die Beurteilung des Sklavenhandels und die Rolle des europäischen Kolonialismus betrafen. Weitere Gesetze zur Beurteilung historischer Themen sind in Paris in Vorbereitung - etwa zur Rolle des Stalinismus oder zu den Massenmorden in der Vendée während der Französischen Revolution. Auch wenn solche Gesetze in der besten Absicht verabschiedet worden seien, könne es nicht Sache des Staates sein zu definieren, was historisch richtig und was falsch ist, ja sogar abweichende Aussagen unter Strafdrohung zu stellen. Damit werde die Freiheit des Gedankens grundsätzlich eingeschränkt. Aufgabe der Geschichtswissenschaft könne es aber nicht sein, nur in den Bahnen staatlich erlaubter Denkvorgaben zu denken, vielmehr müsse eine Geschichtswissenschaft, die ihren Namen verdient, völlig

Erinnerung und Geschichte

Frankreich: *Liberté pour l'histoire*

frei denken und forschen. Erst recht nicht dürfe sich die Geschichtswissenschaft dem Druck der *political correctness* und tagesaktuellen Mainstream-Meinungen unterwerfen und nur allgemein gewünschte und mehrheitsfähige Ergebnisse liefern, vielmehr müsse die Geschichtswissenschaft, die nicht identisch mit allgemeinem Erinnern sei, sich die Freiheit herausnehmen, mit ihren Ergebnissen auch verstören zu dürfen. Im Laufe der Debatte wurde auch Kritik an der zunehmenden Zahl staatlich verordneter politischer Feiertage und staatlich vorgeschriebenen Gedenkens geübt – denn längst wird nicht mehr nur der berühmte *Quatorze Juillet* gefeiert, sondern jeden Monat ein anderer Gedenktag (manchmal sogar zwei pro Monat) für dieses und jenes, so dass in Frankreich schon der Gedanke aufkam, manche Gedenktage nur noch zweijahresweise alternierend zu feiern, um der Inflationierung des staatlichen Erinnerns zu entgehen.

**Rezeption von
Liberté pour l'histoire
außerhalb
Frankreichs**

Zahlreiche Historiker aus anderen europäischen Ländern haben sich den Forderungen ihrer französischen Kollegen angeschlossen. Deutschsprachige Wissenschaftler haben sich allerdings – mit Ausnahme u. a. von Jan und Aleida Assmann und Heinrich August Winkler – von der französischen Diskussion weitgehend ferngehalten und die französischen Argumente, die in Deutschland dieselbe Bedeutung hätten, ziemlich erfolgreich beschwiegen. Auch in der deutschen medialen Öffentlichkeit war die Resonanz auf das Manifest *Liberté pour l'histoire* und den „Appell von Blois" gering. Ein jüngst erschienenes Buch des deutschen Althistorikers Christian Meier geht allerdings durchaus in dieselbe Richtung wie die beiden französischen Texte.

Literatur: Vgl. außer den unter 1.2.1 und 1.2.2 genannten Titeln (insbesondere DEMANTOVSKY *2005,* OSVALT *2009;* RÜSEN *1991/92) auch:* Aleida ASSMANN, Geschichte im Gedächtnis – von der individuellen Erfahrung zur öffentlichen Inszenierung. München 2007, *Assmann nimmt hier Bezug auf den Philosophen Herrmann Lübbe und den Publizisten Karl-Heinz Bohrer;* DIES., Erinnerungsräume – Formen und Wandlungen des kulturellen Gedächtnisses. München ⁴2009; Jan ASSMANN, Das kollektive Gedächtnis – Schrift, Erinnerung und politische Identität in frühen Hochkulturen, München ⁶2007 (¹1992); Christoph CORNELISSEN: Was heißt Erinnerungskultur? Begriff – Methoden – Perpektiven, in: GWU 54 (2003), S. 548-563; Wolfgang HASBERG, Erinnerungskultur – Geschichtskultur, Kulturelles Gedächtnis – Geschichtsbewusstsein – Zehn Aphorismen zu begrifflichen Problemen, in: ZfGD 3 (2004), S. 198-207; Etienne FRANÇOIS, Hagen SCHULZE (Hg.), Deutsche Erinnerungsorte, 3 Bde., München 2001; Etienne FRANÇOIS, Deutsche Erinnerungsorte – eine Auswahl, Bonn 2005; Hans Günther HOCKERTS, Zugänge zur Zeitgeschichte – Primärerfahrung, Erinnerungskultur, Geschichtswissenschaft, in: Konrad Hugo JARAUSCH, Martin SABROW (Hg.), Verletztes Gedächtnis – Erinnerungskultur und Zeitgeschichte im Konflikt, Frankfurt/Main 2002, S. 39-73, Christian MEIER, Das Gebot zu vergessen und die Unabweisbarkeit von öffentlichem Umgang mit schlimmer Vergangenheit, Berlin 2010; *vgl. dazu insbesondere:* „Versöhnen und vergessen" – der Althistoriker Christian Meier über Vergangenheitsbewältigung, Gedenkklutur und das Ritual der Erinnerung an kollektives Unrecht in der Geschichte, in: Der Spiegel Nr. 30, 26. Juli 2010, S. 124-127; Katja PATZEL-MATTERN, Jenseits des Wissens – Geschichtswissenschaft zwischen Erinnerung und Erleben, in: Clemens WISCHERMANN u. a. (Hg.), Vom kollektiven Gedächtnis zur Individualisierung der Erinnerungs. Stuttgart 2002 (Studien zur Geschichte des Alltags 18), S. 119-157; Pierre NORA (ed.), Les lieux de mémoire, 3 vol., [= 7 Tle.] Paris 1984-1992, DERS. (Hg.): Erinnerungsorte Frankreichs, München 2005; Harald WELZER, Claudia LENZ, Opa in Europa – Erste Befunde einer vergleichenden Tradierungsforschung, in: Harald WELZER (Hg.), Der Krieg der Erinnerung – Holocaust, Kollaboration und Widerstand in europäischen Gedächtnis, Frankfurt/M. 2007; Jean-Pierre VALLAT, Mémoires de patrimoine, Paris 2008; *zu* Liberté pour l'histoire *und zum Text des* Appel de Blois *sind die umfassenden Informationen bei* www.lph-asso.fr *zu vergleichen.*

1.3 Bedeutung der Geschichte: Erfahrungs- und Zukunftswissenschaft

1.3.1 Geschichtswissenschaft zwischen Historismus und historischer Sozialwissenschaft

In Deutschland und den deutschsprachigen Nachbarländern stand die traditionelle Geschichtswissenschaft in der Tradition des Historismus und wollte historische Zusammenhänge in klar überprüfbarer Hinsicht rekonstruieren. Der Geschichtsdidaktiker Klaus Bergmann (1938-2002) bemerkte dazu, dass der Historismus, der unter den Historikern lange Zeit tonangebend gewesen sei, versucht habe, die historischen Phänomene vom „menschlichen Geist" abzuleiten, der sich in ihnen gleichsam vergegenständlicht habe. Dieser aus dem historischen Idealismus erwachsenen Geschichtsauffassung sei es also darauf angekommen, die in den konkreten historischen Phänomenen wirkende „objektivierte Idee auszumachen, zu ergründen und darzustellen sowie die historischen Sachverhalte als Momente einer geistig bestimmten Totalität zu vermitteln". In der Tat hat sich der Historismus fast ausschließlich mit politischer Geschichte und Geistesgeschichte beschäftigt. Geschichte wurde als Produkt menschlicher, geistiger Intentionen verstanden. Hier ließ sich das vom Historismus entwickelte hermeneutische Verfahren auch gut anwenden. Elemente, die außerhalb menschlicher Intentionen lagen, interessierten den Historismus kaum, was ihn - je mehr solche Faktoren sichtbar wurden - unzureichend zur Beschreibung der Geschichte insgesamt werden ließ.

Dagegen versteht sich die moderne Geschichtswissenschaft als Teil der Sozialwissenschaften. Sozialwissenschaften beziehen nach Bergmann ihre Fragestellungen ebenso wie gegenstandsbezogene Theorien und Konzepte aus der sozialen Lebenswelt, in der sie und die sie betreibenden Wissenschaftler unaufhebbar eingebunden sind. Sie untersuchen das Zurückwirken der Ergebnisse auf die soziale Lebenswelt und erforschen im weitesten Sinn die Gesellschaft an sich.

Wissenschaften lassen sich weniger von ihrem Untersuchungsgegenstand her bestimmen, sondern befragen vielmehr auf unterschiedliche Art und Weise die sie umgebende Wirklichkeit, die sie denkend betrachten und ordnen. Das Trennende sind also Erkenntnisabsicht und Aussageintention. Nach Bergmann folgen die so verstandenen Sozialwissenschaften einem Ideal, das nicht mehr - wie im Historismus - vom Geist als derjenigen Kraft ausgeht, die die Geschichte bewegt, vielmehr würden „die Forschungsgegenstände der Wissenschaften" nun als „sozial hervorgebracht oder vermittelt" gesehen und das „Interesse an wissenschaftlicher Vernunft [verbinde und verbünde sich] mit dem Interesse an einer zugleich vernünftig und human organisierten Gesellschaft der Zukunft". Außerdem sei die Wissenschaft ein Element, das davon ausgehe, „dass die Wissenschaft ein Moment im Realprozess ihres Gegenstandes bildet, der von der Wissenschaft selber reflektiert und bewusst gehalten werden muss".

Dementsprechend verfolgen die Sozialwissenschaften die Anerkennung des Zusammenhanges von Interesse und Erkenntnis in der Absicht, die Begrenztheit und Perspektivität ihrer Untersuchung betonen. Ihre Untersuchungsgegenstände gelten als gesellschaftlich hervorgebracht oder vermittelt. Statt in einem Methodenmonismus zu verfallen, werden viele wissenschaftliche Erkenntnisverfahren - hermeneutische, ideologiekritische, empirisch-analytische Verfahrensweisen sowie gegenstandsbezogene Theorien herangezogen –, um ihre komplexen Gegenstände erkennen, erklären und verstehen zu können. Es geht um das Erkennen der Verantwortung vor und in der Gesellschaft sowie um die Vermittlung der Erkenntnisse auch für die außerwissenschaftliche Öffentlichkeit. Sozialwissenschaften beachten daher den Zusammenhang von Wissenschaft und Lebenswelt, von innerwissenschaftlicher Rationalität und von vernunftbestimmter und humaner außerwissenschaftlicher Praxis, von Vernunft und Menschenwürde, von Emanzipation und Humanität.

Geschichte als Erfahrungs- und Zukunfts- wissenschaft

Geschichte ist mehr als die bloße Rekonstruktion der Vergangenheit. Sie verbindet Vergangenheit, Gegenwart und Zukunft miteinander. Sie wird damit zur Erfahrungs- und Zukunftswissenschaft. Wer die Vergangenheit kennt, die Gegenwart analysieren kann, für den ist die Zukunft nur bedingt offen. Die Gegenwarts- und Zukunftsbezogenheit historischen Denkens stand auch im Mittelpunkt der Hessischen Rahmenrichtlinien für Gesellschaftslehre aus dem Jahr 1972. Diese Rahmenrichtlinien haben seinerzeit für eine heftige öffentliche Debatte gesorgt und verdienen es, in ihren die Geschichte betreffenden Passagen wiedergegeben zu werden:

Hessische Rahmenrichtlinien

„Entsprechend den allgemeinen Lernzielen wird der Stellenwert der Geschichte im Lernbereich Gesellschaftslehre bestimmt durch die Klärung der Frage, inwiefern die Auseinandersetzung mit ‚Vergangenem‘ beiträgt zu einer reflektierten Einschätzung gegenwärtiger gesellschaftlicher Verhältnisse. Der Gegenwartsbezug geschichtlicher Fragestellungen und Inhalte wird damit zur Grundlage für die Lernzielbestimmung. Die hierdurch bezeichnete Aufgabe findet ihre Parallele in dem heutigen Bemühen um ein neues Selbstverständnis der Geschichtswissenschaft und beruht auf der Erkenntnis, dass die Beschäftigung mit Geschichte sich durch einen Nachweis ihrer Beziehung zu den jeweils relevanten politisch-gesellschaftlichen Problemen legitimieren muss. Damit scheidet eine Konzeption des Geschichtsunterrichts wie auch der Geschichtswissenschaft aus, in der die Geschichte als in sich abgeschlossene Vergangenheit gilt, als eine Ansammlung an objektiv gesicherten Daten und Tatsachen, die unabhängig von unserem Bewusstsein, von unserer jeweiligen gesellschaftlichen Interessenlage existieren. Die in letzter Zeit intensiv geführte erkenntnistheoretische Diskussion hat diese Konzeption als objektivistischen Irrtum ausgewiesen, d. h. als eine bloße Vorspiegelung von wissenschaftlicher Objektivität, die die jeweiligen Bedingungen von wissenschaftlicher Erkenntnis nicht berücksichtigt und für die damit ihre eigenen Erkenntnisvoraussetzungen undurchschaubar bleiben. Eine in diesem Sinne objektivistische Konzeption des Geschichtsunterrichts kann zu der geforderten reflektierten Einschätzung gegenwärtiger gesellschaftlicher Verhältnisse nichts beitragen. Demgegenüber müsste Geschichtsunterricht so angelegt sein, dass er die Interessengebundenheit historischer Fragestellungen offen legt.“

Auch wenn die Einführung des Faches Gesellschaftslehre, in dem das Schulfach Geschichte aufgehen sollte, seinerzeit in Hessen und weit darüber hinaus höchst umstritten war, so ist doch heute der Ansatz der Gegenwarts- und Zukunftsbezogenheit des schulischen historischen Lernens Konsens. In der akademischen Geschichtswissenschaft gibt es dagegen durchaus abweichende Ansätze, die sich insbesondere um den Vorwurf gruppieren, ein allein gegenwarts- und zukunftsbezogenes historisches Lernen degradiere die Geschichtswissenschaft zu selektiver Stoffauswahl und zum Steinbruch der Beliebigkeiten zur ideologischen Rechtfertigung gegenwärtiger oder künftiger politischer und sozialer Zustände oder Ziele.

Unterschied zwischen Vergangenheit und Geschichte

Geht man von der Gegenwarts- und Zukunftsbezogenheit historischen Denkens aus, so wird die menschliche Erfahrung in den Zeitläuften zum Dreh- und Angelpunkt von Geschichtswissenschaft und Geschichtsunterricht - ein Sachverhalt übrigens, den die akademische Geschichtswissenschaft auch längst ohne den Rekurs auf die Gegenwarts- und Zukunftsbezogenheit entdeckt hat. Menschliche Erfahrungen manifestieren sich in der gesellschaftlichen Entwicklung. Nicht jede Erfahrung wird zur Geschichte. Geschichte und Vergangenheit sind nicht identisch. Diese in der neueren Geschichtsdidaktik auf der Basis des Konstruktivismus und Dekonstruktivismus von verschiedener Seite und in immer neuen Varianten wiederholte Aussage, ist freilich nicht neu. Sie wurde bereits 1857 von Gustav Droysen in ihren Grundzügen formuliert, erlebte allerdings in den letzten Jahrzehnten eine wahre Renaissance und Vertiefung.

Literatur: Klaus BERGMANN, Geschichtsdidaktik als Sozialwissenschaft, in: Hans SÜSSMUTH (Hg.), Geschichtsdidaktische Positionen, Paderborn 1980; Klaus BERGMANN, Geschichtsdidaktik, Beiträge zu einer Theorie historischen Lernens, Schwalbach i. Ts. 1998; Bernd SCHÖNEMANN, Geschichtsdidaktik, Geschichtskultur, Geschichtswissenschaft, in: Hilke GÜNTHER-ARNDT (Hg.), Geschichtsdidaktik. Praxishandbuch für die Sekundarstufe I und II, Berlin 2003, S. 11-22; – *die Hessischen Rahmenrichtlinien nach* Klaus BERGMANN, Hans-Jürgen PANDEL, Geschichte und Zukunft. Didaktische Reflexionen über veröffentlichtes Geschichtsbewusstsein, Frankfurt/M. 1975; Bernhard SUTOR, Politische Bildung im Streit um die „intellektuelle Gründung" der Bundesrepublik Deutschland. Die Kontroversen der siebziger und achtziger Jahre, in: Aus Politik und Zeitgeschichte (Beilage zur Zeitschrift „Das Parlament"), B 45 (2002).

1.3.2 Klassische Thesen zu den Aufgaben der Geschichtswissenschaft

Bereits die Philosophen der Antike sannen über den Verlauf der Geschichte nach. Für Aristoteles war der Gedanke, dass sich in der Geschichte Gesellschaften oder sonst etwas fortentwickle, völlig fremd. Er sah nur eine ständige Wiederkehr des Gleichen. Augustinus, der den beginnenden Zusammenbruch des Imperium Romanum Anfang des 5. nachchristlichen Jahrhunderts hautnah miterlebte, sah dagegen insofern ein endzeitliches Ziel der Geschichte, als die Menschen, die sich für Christus entschieden, des Gottesstaats teilhaftig werden könnten (vgl. dazu auch Kap. 2.1.1).

Bei verschiedenen Geschichtsphilosophen der Neuzeit findet man den Gedanken des historischen Fortschritts immer wieder, dessen Existenz entweder vorausgesetzt oder aber heftig bestritten wird. Es ist der Bedeutungszusammenhang, der die Gegenwart mit der Vergangenheit verbindet. Das die Erkenntnis leitende Interesse historischen Lernens ist am gesellschaftlichen Nutzen orientiert. Es liegt auf der Hand, dass insbesondere die älteren Epochen der Geschichte damit in einen Legitimationszwang geraten und deren Inhalte tendenziell von Kürzungen in den Curricula am ehesten betroffen sind. Das muss jedoch nicht zwangsläufig so sein. Denn trotz aller geschichtlichen Erfahrung werden die Menschen nicht klüger, werden dieselben Fehler begangen, gehört die Unterdrückung des Menschen durch den Menschen nicht der Vergangenheit an. Es gibt keinen fortschreitenden Weltgeist im Hinblick auf die Vervollkommnung des Menschen, wie noch Georg Friedrich Wilhelm Hegel (1770-1831) 1807 in seiner „Phänomenologie des Geistes" annahm und für den er warb:

Hegel: Ständiger Fortschritt in der Geschichte?

„Dieser Band stellt das werdende Wissen dar. Die Phänomenologie des Geistes soll an die Stelle der psychologischen Erklärungen oder auch der abstrakten Erörterungen über die Begründung des Wissens treten. Sie betrachtet die Vorbereitung zur Wissenschaft aus einem Gesichtspunkte, wodurch sie eine neue, interessante, und die erste Wissenschaft der Philosophie ist. Sie fasst die verschiedenen Gestalten des Geistes als Stationen des Weges in sich, durch welchen er reines Wissen oder absoluter Geist wird. Es wird daher in den Hauptabteilungen dieser Wissenschaft, die wieder in mehrere zerfallen, das Bewusstsein, das Selbstbewusstsein, die beobachtende und handelnde Vernunft, der Geist selbst, als sittlicher, gebildeter und moralischer Geist, und endlich als religiöser in den unterschiedlichen Formen betrachtet. Der dem ersten Blick sich als Chaos darbietende Reichtum der Erscheinungen des

Geistes ist in eine wissenschaftliche Ordnung gebracht, welche sich nach ihrer Notwendigkeit darstellt, in der die unvollkommenen sich auflösen und in höhere übergehen, welche ihre nächste Wahrheit sind. Die letzte Wahrheit finden sie zunächst in der Religion und dann in der Wissenschaft, also dem Resultate des Ganzen."

Elias: Geschichte – „Ein Prozess der Zivilisation"?

Auch der Soziologe Norbert Elias (1897-1990) ging in seinem bedeutendsten Werk „Über den Prozess der Zivilisation" von der Grundüberzeugung aus, dass in Westeuropa zwischen 800 und 1900 nach Christus eine fortschreitende „Zivilisierung" zu beobachten sei. Im ersten Band seines Werkes beschrieb er die Psychogenese der modernen Persönlichkeitsstruktur, die sich in drei Stufen, von der mittelalterlichen *courtoisie*, der höfischen *civilité* zu neuzeitlichen *civilisation* entwickelt haben soll. Elias nahm später Einschränkungen seiner ursprünglichen Theorie vor, indem er etwa von „Entzivilisierungsschüben" ausging, zu denen er auch den Nationalsozialismus zählte.

Geschichte - ein Prozess ohne Ziel?

Seine umstrittene Theorie wurde u. a. von dem Ethnologen Hans Peter Duerr kritisiert. Die Geschichtswissenschaft wird eher zu der fatalistischen Erkenntnis neigen, dass die Zeitläufte ohne Ziel verlaufen, die von Fortschritten und Rückschritten begleitet sind. Die größten Verbrechen der Menschheitsgeschichte sind ein Phänomen des 20. Jahrhunderts - allen längst formulierten Menschenrechten zum Trotz. Wir müssen uns also fragen, warum Hitler, Stalin und Mao ihre zerstörerischen Kräfte in der Neuzeit entfalten konnten und warum es Völkermord in diesem Ausmaß weder in der Antike noch im Mittelalter gab. Offensichtlich hatten diese Epochen gegenüber der heutigen Zeit auch das eine oder andere an „zivilisatorischen" Reglements voraus, ist die Arroganz der modernen „Wissensgesellschaft" gänzlich unangebracht. Diese verlorenen Schätze der Geschichte gilt es zu heben. Es sind also nicht per se die älteren Epochen der Geschichte, die aufgrund ihrer großen zeitlichen Entfernung einer Kürzung im historischen Lernen bedürfen, sondern nach Bergmann ist „Geschichte eine Denkbewegung, die notwendigerweise in der Gegenwart ansetzt, um in Gegenwart und Zukunft ein vernunftgeleitetes Handeln zu ermöglichen".

Von Burckhardt über Dilthey zu Habermas

Bereits Jacob Burckhardt (1818-1897) bezeichnete als Gegenstand der Geschichte diejenige Vergangenheit, welche deutlich mit Gegenwart und Zukunft zusammenhängt. „Gegenwartsbezogenheit" ist kein Selbstzweck, sondern dient der „Zukunftsbezogenheit". Gegenwartsbezogenheit lässt vergangenes Geschehen zur Geschichte werden, die notwendigerweise perspektivengebunden ist. Der Philosoph Wilhelm Dilthey (1833-1911) sah den in der Zukunft gesetzten Zweck in Abhängigkeit der Bestimmung der Bedeutung der Vergangenheit. Gegenwartsbezogenheit und Perspektivität gehören zusammen. „Die Relativität jeder Art von menschlicher Auffassung ist das letzte Wort der historischen Denkanschauung, alles im Prozess ist fließend, nichts bleibend", schrieb Dilthey in der Auseinandersetzung mit Hegels Orientierung an der Manifestation einer objektiven Vernunft, dem „Weltgeist". Nach Jürgen Habermas sei die „hypothetische Vorwegnahme der Geschichte im Ganzen" die einzig sinnvolle Geschichte.

Alteritäten und Kontinuitäten

Die geschichtliche Verbindung von Vergangenheit, Gegenwart und Zukunft fragt nach den moralischen Normen, Werten und Idealen im Zusammenhang mit menschlichem Handeln und Leiden. Ins Blickfeld geraten dabei Aspekte der Alterität (Andersartigkeit) und Kontinuität (Ähnlichkeit). Moralische Normen der Gegenwart, etwa die Menschenrechte, lassen sich zwar nicht auf vergangene Epochen wie die Antike oder das Mittelalter anwenden, sie sind aber zweifelsohne ein Kind der christlichen und europäischen Geistesgeschichte. „Immer ist das Interesse an Vergangenheit ein durch Normen geleitetes und auf eine diesen Normen entsprechende Vorstellung von Zukunft gerichtetes Interesse", stellte Bergmann in diesem Zusammenhang fest. Da aber in den vergangenen und gegenwärtigen Gesellschaften der Menschheitsgeschichte unterschiedliche rechtliche, soziale und moralische Normen, Werte und Ideale bestanden und bestehen, ist die Gegenwarts- und Zukunftsbestimmtheit historischen Denkens abhängig von temporalen und perspektivischen Standorten. Das bedingt aus geschichtsdidaktischer Sicht eine kritische Selbstreflexion der eigenen Standortgebundenheit.

Geschichtliches bzw. geschichtsdidaktisches Denken ist zukünftiges Denken im Hinblick auf eine lebenswerte Zukunft. Der neomarxistische Philosoph Ernst Bloch (1885-1977) schrieb: „Nur jenes Erinnern ist fruchtbar, das zugleich erinnert, was noch zu tun ist". In seinem im amerikanischen Exil zwischen 1938 und 1947 entstandenen Hauptwerk „Das Prinzip Hoffnung", in dem er seine Philosophie der „Konkreten Utopie" begründete, heißt es im Vorwort:

Ernst Bloch

> „Wer sind wir? Wo kommen wir her? Wohin gehen wir? Was erwarten wir? Was erwartet uns? Viele fühlen sich nur als verwirrt. Der Boden wankt, sie wissen nicht warum und von was. Dieser ihr Zustand ist Angst, wird er bestimmter, so ist er Furcht. Einmal zog einer aus, das Fürchten zu lernen. Das gelang in der eben vergangenen Zeit leichter und näher, diese Kunst ward entsetzlich beherrscht. Doch nun wird, die Urheber der Furcht abgerechnet, ein uns gemäßeres Gefühl fällig. Es kommt darauf an, das Hoffen zu lernen. Seine Arbeit entsagt nicht, sie ist ins Gelingen verliebt statt ins Scheitern."

Die aus der Analyse vergangener und gegenwärtiger Gesellschaften gewonnenen Erkenntnisse ermöglichen einen Blick in die dann nur noch bedingt offene Zukunft. Diese ist dann kein „Wolkenkuckucksheim" mehr. Eine ähnliche Utopie ohne reale Grundlage ist auch die mittelalterliche Legende vom „Schlaraffenland". Utopien müssen nicht „Luftschlösser" sein, sondern können eine reale Bedeutung haben. Denn soziale Utopien arbeiten nach Bloch „als ein Teil der Kraft, sich zu verwundern und das Gegebene so wenig selbstverständlich zu finden, dass nur seine Veränderung einzuleuchten vermag".

Soziale Utopien haben in Europa eine alte Tradition. Der englische Staatsmann und humanistische Autor Thomas Morus (1478-1535) kritisierte in seinem berühmten, 1516 erschienenen Werk *Utopia* die gesellschaftlichen Zustände seiner Zeit. Sein der Realität seiner Zeit weit vorausschauender Roman beschreibt eine Inselstaatgesellschaft mit republikanisch-demokratischen Grundzügen, die auf rationaler Gleichheit, Arbeitsamkeit und dem Streben nach Bildung beruht. Der italienische Philosoph und Dominikaner Thomaso Campenella (1568-1639) stellte in seinem Hauptwerk *Civitas solis* („Der Sonnenstaat") ein visionäres Gesellschaftssystem dar, welches als irdische Umsetzung der göttlichen Ordnung ein Gemeinwesen ohne Privateigentum vorsah, in dem sich alle menschlichen Fähigkeiten optimal entfalten sollten. In seinem 1605 erschienenen Buch *Monarchie Messiae* blickte er weit in die Zukunft, als er die wirtschaftlichen Vorteile einer europäischen Völkergemeinschaft beschrieb:

Soziale Utopien: Morus, Campanella, Bacon

> „Wenn nur einer regierte, würden Feindschaft, Ehrgeiz und Habsucht in der Welt aufhören [...]. Auch Hungersnot würde es nicht mehr geben, da nicht alle Gegenden gleichzeitig unfruchtbar sein können. Wenn einige Mangel leiden, herrscht in anderen Überfluss. Wenn also alle unter der Hut eines einzigen Fürsten stünden, würde er befehlen, dass Lebensmittel aus den Gegenden, in denen Überfluss herrscht, in diejenigen, welche darben, gebracht würden wie früher aus Ägypten nach Italien und aus Afrika nach Sizilien. Es würde wegen Nahrungsmangels weder Sterblichkeit noch Krieg mehr geben, noch Habgier zwischen ausländischen Käufern und Verkäufern."

Der humanistisch gebildete englische Lordkanzler Francis Bacon (1561-1626) legte 1627 mit seiner Schrift *Nova Atlantis* („Das neue Atlantis") auf der Grundlage von Platos Atlantis eine Utopie eines Wissenschaftsstaates vor. Nach Richard Saage besitzt Neu-Atlantis zwei zentrale Aspekte, nämlich zunächst „ein Modell der Integration von politischer Gewalt und naturwissenschaftlichem Fortschritt", sodann einen „Entwurf wissenschaftlicher Arbeitsteilung", welcher auf „Bacons Programm einer induktiv, auf experimenteller Basis verfahrener Erforschung der Natur, die ihre Beobachtungen in der Sprache der Mathematik artikuliert" aufbaute.

Marx und Engels

Die bekannteste soziale Utopie ist sicherlich das 1848 gedruckte „Manifest der Kommunistischen Partei" von Karl Marx (1818-1883). Marx und Engels rechneten darin auch mit älteren, utopischen Vorstellungen ab und setzten die Entwicklung des Proletariats dagegen:

> „Die Bedeutung des kritisch-utopistischen Sozialismus oder Kommunismus steht im umgekehrten Verhältnis zur geschichtlichen Entwicklung. In demselben Maße, worin der Klassenkampf sich entwickelt und gestaltet, verliert diese phantastische Erhebung über denselben, diese phantastische Bekämpfung desselben allen praktischen Wert, alle theoretische Berechtigung. Waren daher die Urheber dieser Systeme auch in vieler Beziehung revolutionär, so bilden ihre Schüler jedesmal reaktionäre Sekten. Sie halten die alten Anschauungen der Meister fest gegenüber der geschichtlichen Fortentwicklung des Proletariats. Sie suchen daher konsequent den Klassenkampf wieder abzustumpfen und die Gegensätze zu vermitteln. Sie träumen noch immer die versuchsweise Verwirklichung ihrer gesellschaftlichen Utopien, Stiftung einzelner Phalanstere, Gründung von Home-Kolonien, Errichtung eines kleinen Ikariens."

Jede ideologische Utopie jedoch, die auf der Voraussetzung einer fundamentalen Änderung des Menschen zum Besseren basiert, negiert die anthropologischen Voraussetzungen und rechtfertigt nur allzu leicht die Unterdrückung des Menschen durch den Menschen in der Gegenwart mit der Begründung der notwendigen radikalen Umgestaltung aller gesellschaftlichen Verhältnisse im Hinblick auf das Endziel einer besseren Zukunft. Damit wird der Zukunftsbezogenheit philosophisch-historischen Denkens die Gegenwart untergeordnet. Eine derart lineare gesellschaftliche Konzeption verneint die humanen Errungenschaften der Vergangenheit und zieht ideologisch-einseitige Lehren aus der Geschichte.

Bergmann

Die Zukunft aber lässt sich in zwei Richtungen denken. Bergmann unterschied in Anlehnung an Bloch zwischen „unechter" und „echter" Zukunft, worunter er einerseits „die gedanklich in die Zukunft verlängerte Gegenwart" und andererseits „die vermutete Verwirklichung von humanen und humanitären Hoffnungen" verstand. Diese „hypothetische Vorwegnahme der Geschichte" dürfe jedoch „keine ideologische oder doktrinäre Spekulation" sein, sondern diene dem „Nachdenken über Möglichkeiten menschenwürdiger Existenz". Geschichtsdidaktik und -unterricht müssten deshalb von der „Suche nach der Zukunft in der Vergangenheit" geleitet sein und sollten sich nicht an „einer ahistorisch gegenwartsbezogenen, gegenwartsverhafteten Denkweise" orientieren. Diese führe zu einer „hoffnungslosen Anpassung an das je Gegenwärtige".

Kein einseitiger Zugriff auf die Geschichte

Die Einbeziehung „konkreter Utopien" in das historische und geschichtsdidaktische Denken darf jedoch nicht zur teleologischen Chimäre oder zum naiven Postulat einer rundum gerechten Gesellschaftsordnung werden und im historischen Lernen nicht zur tibetanischen Gebetsmühle verkommen. Eingedenk dieser Gefahren wird ein gegenwarts- und zukunftsbezogener Geschichtsansatz historische Fragen aufwerfen, die zum Erkenntnisgewinn im Hinblick auf die moralisch-ethische Entwicklung des Menschen beitragen, wohl wissend, dass man den Polarstern zwar anvisieren aber nicht erreichen kann. Somit findet man durchaus „Zukunft in der Vergangenheit" (Annette Kuhn). Die historisch hart erkämpften demokratischen Errungenschaften treten damit als erhaltenswerte Gesellschaftsordnung offen zu Tage. Deutlich wird auch, dass erst eine reflektierte Traditions- und Normenkritik ohne „utopische Ungeduld" (Bergmann) zur demokratischen Emanzipation führt. Es geht um den „Erkenntnisfortschritt durch Kritik". Nicht jede Kritik ist jedoch heilsam, sondern sie findet immer ihre Grenzen in den Menschenrechten. Nach Bergmann wird „eine Geschichtsdidaktik, die sich so versteht, [...] einen Geschichtsunterricht anstreben, der die vielen denkbaren Hinsichten auf die Vergangenheit nicht nur nicht ausschließt, sondern sie durch eine bewusst multiperspektivische Präsentation von Geschichte geradezu herausfordert", denn allein der multiperspektivische Zugang führe aufgrund der „unterschiedlichen historisch-politischen Sozialisation zu unterschiedlichen Deutungen, Beurteilungen, Bewertungen und Identifikationen". Damit ist die größte Gefahr eines einseitigen Zugriffs auf die Geschichte im Sinne einer ideologischen Utopie gebannt.

Literatur: Vgl. außer den unter 1.3.1 genannten Titeln (insbesondere BERGMANN 1998) *auch:* Ernst BLOCH, Werkausgabe, Band 5, Das Prinzip Hoffnung, Frankfurt/M. 1985; Jacob BURCKHARDT, Historische Fragmente, hg. von Emil DÜRR, Stuttgart 1957; Wilhelm DILTHEY, Gesammelte Schriften, Bd. 8, Weltanschauungslehre. Abhandlungen zur Philosophie der Philosophie, Stuttgart [2]1960; Hans Peter DUERR, Der Mythos vom Zivilisationsprozess, 5 Bde., Frankfurt/M. 1988-2002; Norbert ELIAS, Über den Prozess der Zivilisation. Soziogenetische und psychogenetische Untersuchungen, 2 Bde., Frankfurt/M. (1939) [17]1992; Rolf Hellmut FOERSTER, Europa: Geschichte einer politischen Idee; mit einer Bibliographie von 182 Einigungsplänen aus den Jahren 1306-1945, München 1967; Manfred FUHRMANN, Europa – zur Geschichte einer kulturellen und politischen Idee, Konstanz 1981; Jürgen HABERMAS, Zur Logik der Sozialwissenschaften, Frankfurt/M. 1970; Hegels Phänomenologie des Geistes in: „Intelligenzblatt der Jenaer Allgemeinen Literatur-Zeitung", 28. Oktober 1807; Klaus J. HEINISCH, Der utopische Staat. Morus – Utopia. Campanella – Sonnenstaat. Bacon – Nova Atlantis, Reinbek 1960; Michael HINZ, Der Zivilisationsprozess: Mythos oder Realität? Wissenschaftssoziologische Untersuchungen zur Elias-Duerr-Kontroverse, Opladen 2002; Albrecht KOSCHORKE, Der fiktive Staat. Konstruktionen des politischen Körpers in der Geschichte Europas, Frankfurt/M. 2007; Thomas MORUS, Utopia, übers. von Hermann KOTHE, Köln 2009; Tino LICHT, Zu Entstehung und Überlieferung der Nova Atlantis, in: Hermann WIEGAND (Hg.), Strenae Nataliciae, neulateinische Studien – Wilhem Kühlmann zum 60. Geburtstag, Heidelberg 2006; Karl MARX, Friedrich ENGELS, Das Kommunistische Manifest. Eine moderne Edition, mit einer Einleitung von Eric HOBSBAWM, Hamburg, Berlin 1999; Bronwen PRICE (Ed.), Francis Bacon's New Atlantis. New interdisciplinary essays, Manchester 2002; Richard SAAGE, Bacons „Neu-Atlantis" und die klassische Utopietradition, in: Utopie kreativ, H. 93, Juli 1998, S. 57-69; Theo STAMMEN, Studien zum politischen Denken des Humanismus, Neuried 1999; Wilhelm TIELKER, Europa – die Genese einer politischen Idee: von der Antike bis zur Gegenwart, Münster 1998; Hans-Ulrich WEHLER, Geschichte und Soziologie, in: DERS., Geschichte als Historische Sozialwissenschaft, Frankfurt/M. [1]1973

1.3.3 Geschichtsdidaktik und historischer Vergleich

Aufgabe der Geschichtsdidaktik ist es, im Hinblick auf das Sozialisationsbedürfnis der gegenwärtigen Generationen zwischen lernmöglichen und lernwürdigen Inhalten zu differenzieren, die die Fachwissenschaft erforscht hat. In erster Linie sind das „öffentlich-politische Probleme von tendenziell langer Dauer, denen eine erkennbare gesellschaftliche Relevanz zukommt" – die Anleihe bei der *longue durée* der „Annales"-Schule ist unverkennbar. Von gegenwärtigen Problemen ausgehend, kann die Auswahl der lernwürdigen Unterrichtsinhalte unter drei leitenden Aspekten erfolgen:

Geschichtsdidaktik

Auswahl von Unterrichtsinhalten

Erstens soll die Geschichte ausgehend vom erkenntnisleitenden Interesse an Emanzipation als historischer Prozess untersucht werden, wie menschliches Handeln „die Chancen auf Beteiligung an politischen, gesellschaftlichen und ökonomischen Entscheidungsprozessen gesteigert, verschiedene Formen der Kontrolle von Herrschaft durchgesetzt und Vorstellungen über eine andere, bessere Zukunft entwickelt" hat. Von besonderem Interesse seien dabei Themen wie „,demokratische Willensbildung', ,demokratische Entscheidungsprozesse', ,Freiheit von materieller Not', ,mehrdimensionale Bedürfnisse'" (wobei offen bleibt, was ,mehrdimensionale Bedürfnisse' sein sollen).

Zweitens soll sich die Auswahl auf historische Sachverhalte richten, „die als Ursachen der gegenwärtigen Probleme gelten können" und ist daher notwendigerweise von den Inhalten her auf die Neuzeit begrenzt.

Drittens werden historische Sachverhalte in den Blick genommen, „die durch die in ihnen auffindbaren Probleme, Werte und Sinnvorstellungen in eine Beziehung zu gegenwärtigen, tendenziell dauerhaften Problemen, Werten und Sinnvorstellungen gesetzt werden können", womit auch ältere Epochen der Geschichte ihre erhaltenswerte Bedeutung erhalten und Geschichte sich nicht auf die Vorgeschichte der Gegenwart beschränkt.

Geschichtsunterricht: nicht chronologisch, sondern an menschlichen Grundproblemen orientiert?

Ein an diesen drei Grundfragen ausgerichtetes historisches Lernen lässt sich mit einem chronologischen Geschichtsunterricht nicht vereinbaren. Ein an menschlichen Schlüsselproblemen orientierter, kategorial angelegter Geschichtsunterricht wäre daher die einzig mögliche Alternative. Bereits der Erziehungswissenschaftler Wolfgang Klafki hat in seiner „bildungstheoretischen Didaktik" ein kategoriales Konzept der Bildung vorgestellt, in dem sich materielle Bildungsinhalte mit formalen Verhalten und Handlungsformen verbinden. Klafki unterschied in seinem Ansatz zwischen dem „Elementaren" (einfache und grundlegende Sachverhalte, die über sich hinausweisen), dem „Fundamentalen" (Grunderfahrungen und grundlegende Einsichten der Wahrnehmung der Welt) und dem „Exemplarischen" (das Typische, der Einzelfall, der für eine große Auswahl eines Sachgebietes mit gleicher Struktur steht). Seine didaktische Analyse sollte sich an fünf Auswahlkriterien orientieren, der „exemplarischen Bedeutung", der „Gegenwartsbedeutung", der „Zukunftsbedeutung", der „Struktur des Inhalts" und der „Zugänglichkeit" des Themas. In der Neufassung seines bildungstheoretischen Ansatzes formulierte Klafki dann seine „kritisch-konstruktive Didaktik", der der Anspruch zu Grunde lag, Lehr- und Lernprozesse außerhalb der existierenden institutionellen und curricularen Rahmenbedingungen zu verbessern. Klafkis Definition der „Allgemeinbildung" umfasste das Postulat Bildung „für alle". Ferner sollte sie durch Interessen- und Kompetenzentwicklung „allseitig" und „durch das Allgemeine" ausgewiesen sein, worunter er „epochaltypische Schlüsselprobleme unserer kulturellen, gesellschaftlichen, politischen, individuellen Existenz" fasste. Drei Grundfähigkeiten bestimmen nach Klafki die „Allgemeinbildung", nämlich die „Selbstbestimmungsfähigkeit", die die eigenen und persönlichen Lebensbeziehungen und Sinndeutungen im zwischenmenschlichen, beruflichen, ethischen und religiösen Bereich umfasst, die „Mitbestimmungsfähigkeit", die zur Partizipation in der Gesellschaft befähigt und die „Solidaritätsfähigkeit", die für die Rechte aller eintritt.

Historischer Vergleich

Eine als Erfahrungs- und Zukunftswissenschaft verstandene Geschichte sowie der auf den kategorialen Ansatz der „epochaltypischen Schlüsselprobleme" bezogene Gegenwarts- und Zukunftsbezug der Geschichtsdidaktik erfordern den „Historischen Vergleich" als methodische Umsetzung. Nach Hartmut Kaelble versteht man unter einem historischen Vergleich „im Allgemeinen die explizite und systematische Gegenüberstellung von zwei oder mehr historischen Gesellschaften, um Gemeinsamkeiten und Unterschiede sowie Prozesse der Annäherungen und Auseinanderentwicklungen zu erforschen". In den 1920er Jahren wurde der historische Vergleich von Marc Bloch, Otto Hintze und Henri Pirenne als zentrale sozialwissenschaftliche Erkenntnismethode vorangetrieben. Historische Vergleiche können in verschiedenen Richtungen erfolgen. Während in einem „synchronen Vergleich" ähnliche Gesellschaftssysteme in derselben Epoche mit einander verglichen werden, werden in einem „diachronen Vergleich" ähnliche Gesellschaftssysteme aus verschiedenen Epochen bzw. unähnliche Gesellschaftssysteme in einer Epoche einander gegenübergestellt. Insbesondere, „wenn Prozesse, Strukturen, Mentalitäten, Institutionen, Ideen verglichen werden, kann ein zeitversetzter Vergleich sinnvoller sein", so Kaelble. Erinnert sei etwa an Max Webers klassischem Vergleich der Stadt in verschiedenen historischen Zivilisationen.

Marc Bloch unterschied 1925 zwei Typen von historischen Vergleichen, den „generalisierenden Vergleich, der allgemeine Thesen an möglichst vielen Gesellschaften testet, und dem individualisierenden Vergleich, der die Eigenart einer Gesellschaft im Vergleich herausarbeitet". Charles Tilly benannte 1983 vier Arten historischer und sozialwissenschaftlicher Vergleiche, den „individualisierenden Vergleich" (*individualising comparison*), der die alternative Entwicklung weniger Vergleichsfällen untersucht, den „einschließenden Vergleich" (*incompassing comparison*), der die Beziehung einiger unterschiedliche Fälle zu einer gemeinsamen Institution verfolgt, den „Variationen suchenden Vergleich" (*variation-finding comparison*), der eine prozesshafte Entwicklung in vielen Gesellschaften beschreibt und den „universalisierenden Vergleich" (*universalising comparision*), der nach allgemeinen Regeln fragt. Nach Antoon van den Braembussche sind sogar fünf verschiedene Arten historischer Vergleiche möglich, der „Kontrastvergleich" (*contrasting type*), der nur auf Unterschiede abhebt, der „verallgemeinernde Vergleich" (*generalizing type*), der Unterschiede wie Gemeinsamkeiten untersucht, der „makrokausale Vergleich" (*the macro causal type*), der eine allgemeine Ursachenerklärung an verschiedenen Beispielen nachzuweisen versucht, der „inklusive Vergleich" (*inclusive type*), der unterschiedliche Fälle in ihrer Beziehung zu einem gemeinsamen System vergleicht, und der „universale Vergleich", der allgemeine Regeln oder Entwicklungen an mehreren Fällen herausarbeitet. Gesamtvergleiche können erstens dazu dienen, „historische Vorurteile über Unterschiede zwischen Gesellschaften abzubauen oder ungeprüfte Forschungsthesen zu solchen Unterschieden zu überprüfen", zweitens „die unterschiedliche innere Logik der verglichenen Gesellschaften" zu erforschen, drittens in pragmatischer Hinsicht „besonders auf die Themen achten, in denen die Unterschiede zwischen den verglichenen Ländern besonders eng sind" und sich viertens „in seiner Themenauswahl auch nach einer Theorie richten und sich auf die Aspekte konzentrieren, die von dieser Theorie als fundamental angesehen werden". Historische Vergleiche unterscheiden sich ferner in ihren Absichten voneinander. Der „analytische Vergleich" will „bestimmte gesellschaftliche Strukturen, Institutionen, Mentalitäten, Debatten, Ereignisse und Entscheidungen heraus erklären oder typisieren", der „aufklärende und urteilende Vergleich« stellt positive und negative gesellschaftliche Entwicklungen mit dem Ziel ihrer Bewertung gegenüber, der „verstehende Vergleich" bemüht sich um das Verständnis anderer Gesellschaften, der „Identitätsvergleich" fragt nach den Prozessen der

Mögliche Varianten
des historischen
Vergleichs

Identitätsbildung und der „historische Zivilisationsvergleich" vergleicht weltweit unterschiedliche Zivilisationen miteinander. Der historische Vergleich wird dabei stärker als der sozialwissenschaftliche Vergleich den geschichtlichen Bedeutungswandel von sprachlichen Begriffen und deren umstrittene und wandelbare Inhalte berücksichtigen müssen. Die Vergangenheit mit gegenwärtigen Begriffen zu ordnen, ist ebenso problematisch wie unverzichtbar.

Geschichte als Erfahrungswissenschaft

Historische Vergleiche zeigen, dass Geschichte als Vorgeschichte, als Kontrast oder als Modell zur Erklärung der Gegenwart, kurz, als Erfahrungswissenschaft, dient. Der Blick ins Mittelalter etwa eröffnet für den Mediävisten Johannes Fried in betont gegenwartsrelevanter Weise „Ausblick auf Ausblick über den Zusammenprall von Zivilisationen", als beispielsweise die Welt der Germanen und Slaven auf die Hochzivilisation des Mittelmeeres getroffen sei, das lateinische Abendland auf das orthodoxe Byzanz, die christliche Welt auf den Islam und der europäische Westen auf Asien, und in einem Vergleich sich „Dauer und Wirkungen derartiger Konfrontations- und Aneignungsprozesse erfassen, kulturelle Inkubationszeiten bemessen, die Geschwindigkeit von Assimilationsprozessen abschätzen" oder „die Ergebnisse des Ausgleichs, das entstehende Neue und das Fortwirken des Alten, die Begründung des Erfolgs, die Wirkung von Handel und Religion und die umfassenden Folgen" darstellen.

Menschliche Erfahrungen gehen jedoch leicht in den Zeitläuften verloren, wenn diese nicht zu geschichtlich fixierten Erfahrungen werden. Die Unterordnung vergangener menschlicher Erfahrungen unter das Postulat des Gegenwarts- und Zukunftsbezuges birgt jedoch auch einige Risiken. Diese liegen in der fehlenden Offenheit in der Betrachtungsweise, in der Gefahr der Verkürzung und Verzerrung der Vergangenheit, in der Nivellierung fundamentaler Unterschiede zwischen verschiedenen Epochen und gesellschaftlichen Strukturen, in dem falschen Überlegenheitsgefühl unserer „Wissensgesellschaft" sowie der Instrumentalisierung von Geschichte zur Rechtfertigung gegenwärtiger politisch-gesellschaftlicher Ziele.

Literatur: Vgl. außer den unter 1.3.1 genannten Titeln (insbesondere BERGMANN 1998) *auch:* Marc BLOCH, Pour une histoire comparée des sociétés européennes (1928), in: DERS., Mélanges historiques, Bd. 1, Paris 1983, S. 17 (dt.: Für eine vergleichende Geschichtsbetrachtung der europäischen Gesellschaften, in: Matthias MIDDEL (Hg.), Alles Gewordene hat Geschichte. Die Schule der Annales in ihren Texten 1929-1992, Leipzig 1994; Antoon A. von der BRAEMBUSSCHE, Historical Explanation and Comparative Method: Towards a Theory of the History of Society, in: History and Theory 28 (1989); Johannes FRIED, Die Aktualität des Mittelalters. Gegen die Überheblichkeit unserer Wissensgesellschaft, Stuttgart 2002; Otto HINTZE, Soziologie und Geschichte. Gesammelte Abhandlungen, Bd. 2, 2. Aufl. Göttingen 1964; Hartmut KAELBLE, Der historische Vergleich. Eine Einführung zum 19. und 20. Jahrhundert, Frankfurt/M., New York 1999; Wolfgang KLAFKI, Kritisch-konstruktive Pädagogik. Herkunft und Zukunft, in: Jürgen EIERDANZ, Armin KREMER (Hg.), Weder erwartet noch gewollt – Kritische Erziehungswissenschaft und Pädagogik in der Bundesrepublik Deutschland zur Zeit des Kalten Krieges, Baltmannsweiler 2000, S. 152-178; DERS., Aspekte kritisch-konstruktiver Erziehungswissenschaft, Weinheim 1976; DERS., Das pädagogische Problem des Elementaren und die Theorie der kategorialen Bildung, Weinheim 1964; Meinert A. MEYER, Hilbert MEYER, Wolfgang KLAFKI, Eine Didaktik für das 21. Jahrhundert?, Weinheim u. a. 2007; Charles TILLY, Big structures, large processes, huge comparisons, New York 1984; Max WEBER, Die Stadt, in: Archiv für Sozialwissenschaft und Sozialpädagogik 47 (1921); wieder abgedruckt in: DERS., Wirtschaft und Gesellschaft, Köln 1964, Bd. 2.

1.4 Der Verlust der Einheit: historische Zweigwissenschaften

Die unterschiedlichen Untersuchungsgegenstände der Geschichte führten zu einer bis heute hin andauernden Aufgliederung in eine Vielzahl historischer Zweig- oder Teilwissenschaften: Politische Geschichte, Wirtschafts- und Sozialgeschichte, Rechtsgeschichte, Kirchen- und Religionsgeschichte, Bevölkerungsgeschichte, Kunstgeschichte, Sprachgeschichte, Technikgeschichte, Medizingeschichte, Umweltgeschichte, Landes- und Regionalgeschichte usw. Diese Teildisziplinen stehen in aller Regel nicht unverbunden nebeneinander, sondern können wiederum für einander Hilfswissenschaften sein. Dabei überlappen sich die Forschungsgegenstände der einzelnen Disziplinen.

1.4.1 Politische Geschichte

Die „Politische Geschichte" untersucht politische Ideen, Verfassungen, Verwaltungen, politische Institutionen, bilaterale und internationale Beziehungen sowie die Geschichte des Völkerrechts. Die Unterdisziplin der „politischen Ideengeschichte" beschäftigt sich mit „Genese, Veränderung und Ausbreitung der Entwürfe menschlichen Zusammenlebens und staatlicher Organisation". Die „Verfassungsgeschichte" beschreibt die Genese der Herrschafts- und Verfassungsstrukturen. Die „Verwaltungsgeschichte" erforscht schwerpunktmäßig die Verwaltungsstrukturen der einzelnen Territorien bzw. Länder des Reiches bzw. Gesamtstaates. Verwaltungsgeschichte und „Institutionengeschichte" hängen eng miteinander zusammen. Es werden vor allem die Institutionen ins Blickfeld genommen, die staatliche Gewalt ausüben. Eng mit diesen verbunden sind die *pressure groups*, also wirtschaftliche, soziale, kulturelle oder religiöse Einrichtungen und Verbände. Die Subdisziplin der „Beziehungsgeschichte" erörtert den wechselseitigen Einfluss von Nachbarstaaten im Sinne der *lieux de mémoire*. Die „Geschichte der internationalen Beziehungen" erläutert politische Wechselwirkungen auf multinationaler Ebene. Insbesondere die europäischen Konflikte um Gleichgewicht und Vorherrschaft zählen zum Kernbereich der Beziehungsgeschichte. Die Außenpolitik steht daher im Vordergrund. Die „Geschichte des Völkerrechts" als juristische Teildisziplin bearbeitet die Entwicklung der überstaatlichen Rechtsordnung. Gerade die frühe Geschichte des Völkerrechts steckt noch in den Kinderschuhen. Im Hinblick auf die Entwicklung des moralischen Bewusstseins als Teil des Geschichtsbewusstseins liefert die Völkerrechtsgeschichte wichtige Erkenntnisse gerade in der Bewertung historischer Konfliktsituationen.

Themen der Politischen Geschichte

Die Politische Geschichte ist am breitesten untergliedert und beansprucht auch in den staatlichen Curricula den meisten Raum. Sie steht seit Thukydides (um 460-396 v. Chr.) am Beginn der Begründung der Geschichtswissenschaft und dominierte seit dem 19. Jahrhundert mit dem Erscheinen des Historismus auch die moderne Geschichtswissenschaft. Leopold von Ranke (1762-1836) etwa prägte das Wort von dem „Primat der Außenpolitik". Die Auseinandersetzungen auf dem Wege zum den deutschen Nationalstaat in der ersten Hälfte des 19. Jahrhunderts wurden auch mit historisch-politisch geführter Feder geführt, Politiker wie Bismarck glorifiziert. Die Wirtschaftsgeschichte als Domäne der Wirtschaftswissenschaftler verstand sich als „Nationalökonomie". Allerdings ließ, so Heinz Duchardt, „die Fixierung auf Staat und (große) Politik [...], zumin-

Teilbereiche der Politischen Geschichte

dest in Deutschland, die Geschichtswissenschaft den Anschluss an die fundamentalen Umbruchprozesse des 19. Jahrhunderts verlieren". Nach 1945 nahm die dominierende Rolle der Politischen Geschichte ab und begann mit der zunehmenden Anbindung an die Politologie und Soziologie die sozialwissenschaftliche Wende der Geschichtswissenschaft. Auch die „Zeitgeschichte" und die „Gesellschaftsgeschichte" entstanden als neue Teildisziplinen. In Frankreich war es die Schule der „Annales", die im 20. Jahrhundert die Gesellschaftsgeschichte forcierte. Die Politische Geschichte blieb von all dem nicht unbeeinflusst, sondern hat sich mit der „vergleichenden Geschichte", der „Begriffsgeschichte" und der „Friedens- und Konfliktforschung" neue Arbeitsfelder erschlossen. Wichtige deutschsprachige Zeitschriften mit überwiegend politisch-historischen Inhalten sind die seit 1859 durch Heinrich von Sybel begründete „Historische Zeitschrift" und das seit 1880 erscheinende „Historische Jahrbuch" der Görres-Gesellschaft.

Literatur: Ahasver von BRANDT, Werkzeug des Historikers. Eine Einführung in die Historischen Hilfswissenschaften, Stuttgart [17]2007 (Urban TB 33); Lothar GALL, 150 Jahre Historische Zeitschrift, in: HZ 289 (2009), S. 1-23 (Themenheft: 150 Jahre Geschichtsforschung im Spiegel der Historischen Zeitschrift); Heinz DUCHARDT, Politische Geschichte, in: AHW, Bd. 3 Sektoren, Stuttgart 2004 (RUB 17029), S. 14-71; Theodor SCHIEDER, Die deutsche Geschichtswissenschaft im Spiegel der Historischen Zeitschrift, in: HZ 189 (1959), S. 1-104; DERS. (Hg.), Hundert Jahre Historische Zeitschrift: 1859-1959. Beiträge zur Geschichte der Historiographie in den deutschsprachigen Ländern, Frankfurt/M. 1959.

1.4.2 Sozial- und Wirtschaftsgeschichte

Sozialgeschichte

Die „Sozialgeschichte" geht in ihren Anfängen auf das 19. Jahrhundert zurück und wurde zunächst von Archivaren, Bibliothekaren und Privatgelehrten betrieben. Sie untersucht gesellschaftlich relevante Entwicklungsprozesse von Ständen, Klassen, Schichten oder Gruppen im Rahmen eines politischen Systems und ermöglicht so einen gesellschaftsbezogenen umfassenden Zugang zur Geschichte, wobei die soziale Standortgebundenheit des Betrachters zu berücksichtigen ist.

Aufgabenfelder

Die Geschichte wird genutzt, um die als Moderne verstandene Gegenwart verstehen zu können. Erkenntnisinteresse und Modernisierungstheorie gehen in der sozialwissenschaftlichen Betrachtungsweise eine enge Verbindung miteinander ein. Soziale Wandlungen werden mittels einer prozessorientierten Vorgehensweise analysiert. Auch typologische, zeitgleiche oder zeitversetzte Vergleiche spielen eine Rolle, um Gemeinsamkeiten und Unterschiede gesellschaftlicher Systeme und Prozesse offen zu legen und über Verallgemeinerungen zu strukturellen Erkenntnissen zu gelangen. Durch die Auswahl der Untersuchungsobjekte, deren Herausreißen aus dem Gesamtzusammenhang und der notwendigen Abstrahierung stößt der Vergleich auch an seine Grenzen. Sozialgeschichtlich arbeitende Historiker ziehen vor allem quantifizierende (sozialstatistische Erhebungen und Statistiken) und serielle Quellen (Verwaltungsakten) heran, die allesamt primärer Natur sind, also „Überrest-Quellen" darstellen. Hinzu kommen Sachquellen (Gebäude, Bilder, Fotografien, Denkmäler, Hinterlassenschaften des täglichen Bedarfs etc.). Die sozialgeschichtliche Forschung hat sich vor allem der Industrialisierung und deren Folgen, der Sozialen Frage oder dem Prozess der Urbanisierung gewidmet. Der Prozess der Industrialisierung wird von Sozialhistorikern nach der „Neolithischen Revolution", also der Sesshaftwerdung des Menschen und die Einführung von Ackerbau und Viehzucht, oft als zweite große Revolution angesehen. Betont wurde häufig die

Abhängigkeit politischer Interessen von wirtschaftlichen Gesichtspunkten. Arbeiter- und Bürgertum stehen traditionellerweise im Mittelpunkt des Forschungsinteresses. Hinzugekommen sind Annäherungen an die Politikgeschichte, transnationale gesellschaftsbezogene Forschungsfelder und kulturgeschichtliche Gesichtspunkte. Aktuell ist vor allem der Brückenschlag der Sozialgeschichte zur Erinnerungskultur, als Ausdruck der politischen Dimension der Geschichtskultur.

Die Hauptaufgabe der Sozialgeschichte aber liegt nach wie vor in der Analyse der Faktoren, die eine Gesellschaft zusammenhalten und differenzieren sowie in der Untersuchung des wechselseitigen Verhältnisses zwischen individueller und gesamtgesellschaftlicher Entwicklung. Die „Gesellschaftsgeschichte" als Teil der Sozialgeschichte lässt sich in die Teildisziplinen der Alltags- und Mikrogeschichte, der Mentalitäts- und Erfahrungsgeschichte sowie der „Frauen- und Geschlechtergeschichte" gliedern. Aufgrund ihrer zahlreichen Untersuchungsgegenstände fällt eine genaue Eingrenzung der Sozialgeschichte schwer. Immer aber geht es um kollektive Strukturen, nicht um singuläres menschliches Handeln und Leiden.

Die „Wirtschaftsgeschichte" untersucht geschichtliche Wirtschaftsentwicklungen in ihren gesamtgesellschaftlichen Zusammenhängen. Wichtige Forschungsfelder der Wirtschaftsgeschichte sind die Agrargeschichte, die Cliometrie, in der Wirtschaftsstatistik und Ökonometrie auf historische Zusammenhänge hin bezogen werden, die Handwerks- und Handelsgeschichte, die Unternehmens- und Bankengeschichte, die Geschichte der Wirtschaftspolitik und der Weltwirtschaft bzw. der Globalisierung, d. h. internationale Wirtschaftsbeziehungen, die Entwicklungsgeschichte (Periodisierungen der Stufen des Wirtschaftswachstums), die historische Demographie, die Migrationsgeschichte sowie die Post- und Verkehrsgeschichte. Die Wirtschaftsgeschichte gehört als Teildisziplin zu den Wirtschaftswissenschaften, arbeitet also mit Methoden der Volks- und Betriebswirtschaftslehre. Dabei geht es auch um die Analyse der hinter den wirtschaftlichen Entwicklungen stehenden gesellschaftlichen Prozesse und Kräfte.

Wirtschafts-geschichte

In aller Regel wird die Wirtschaftsgeschichte in Sektoren wie Landwirtschaft, Gewerbe, Handel, Banken, Versicherungen oder öffentliche Wirtschaft getrennt, wobei auch Abgrenzungen nach Zentralbegriffen der Ökonomie wie Produktion, Investition, Beschäftigung oder Konsum hinzukommen können. Die räumliche Gliederung geht von einzelnen Erdteilen und deren weiteren politischen Untergliederungen, Staaten, Ländern und Verwaltungsbezirken aus. Auch gab es Versuche, geographische Gliederungen vorzunehmen. Die meisten Wirtschaftshistoriker haben die zeitliche Periodisierung der Geschichtswissenschaft übernommen. Allerdings wurden auch Einteilungen nach wirtschaftlichen Kriterien versucht. So beruhen die Stufenlehren der wirtschaftlichen Entwicklung auf der Grundüberlegung, dass jeweils eine höher entwickelte Wirtschaftsform die andere ablöste.

Entwicklung und Varianten der Wirtschafts-geschichte

Bereits der liberale Wirtschaftstheoretiker Friedrich List (1789-1846) vertrat die These der Entstehung der Arbeitsteilung durch die Entfaltung der Produktivkräfte. Als Vorkämpfer für den Deutschen Zollverein und den Ausbau der Eisenbahnen ging er in die Geschichte ein. Mit seinem Werk „Das natürliche System der Politischen Ökonomie" von 1837 bewarb er sich um den Preis der Pariser Akademie. 1839/49 erschienen mehrere Aufsätze zur Zollpolitik, die als Vorarbeiten für sein nationalökonomisches Hauptwerk von 1841 mit dem Titel „Das nationale System der Politischen Ökonomie" gelten. Darin entwickelte er die These, dass eine Volkswirtschaft sowohl von allgemein

Smith, Ricardo, Hume, List

gültigen Gesetzen als auch von unterschiedlichen sozialen und politischen Faktoren bestimmt sei. Hatte noch Adam Smith (1723-1790), einer der Begründer der Volkswirtschaft, in seinem 1776 erschienen Hauptwerk *An Inquiry into the Nature and Causes of the Wealth of Nations* die Bedeutung der Produktion betont, spielten für List die Produktivkräfte eine weitaus größere Rolle. Mit seinem Ausspruch „Wer Schweine erzieht, ist [nach der Werttheorie] ein produktives, wer Menschen erzieht, ein unproduktives Mitglied der Gesellschaft", übte List Kritik an Smith. Auch die Freihandelstheorie zugunsten der industriell weiterentwickelten Länder, wie sie von David Ricardo und David Hume vertreten wurde, kritisierte List. Er sah in der Industrialisierung eines Staates den Beginn eines sich stetig verstärkenden Prozesses, wofür er äußere Schutzzölle und staatlich-strukturelle Fördermaßnahmen verantwortlich machte.

Weitere Klassiker der Wirtschaftsgeschichtsschreibung

Der Nationalökonom Bruno Hildebrand (1812-1878) ging von Tauschformen und -mitteln aus, um den Grad der ökonomischen Entwicklung einer Gesellschaft zu bestimmen. Gustav Schmoller (1838-1917) betrachtete die Ökonomie als Erfahrungswissenschaft ohne gültige Gesetze über die Zeit hinweg. Er gehörte dem „Verein für Socialpolitik" an, den er seit 1890 bis zu seinem Tode leitete. Die vereinseigene Zeitschrift, die 1871 das erste Mal erschien, hieß seit 1913 „Schmollers Jahrbuch für Gesetzgebung, Verwaltung und Volkswirtschaft im Deutschen Reich", seit 1968 „Schmollers Jahrbuch für Wirtschafts- und Sozialwissenschaften", seit 1972 „Zeitschrift für Wirtschafts- und Sozialwissenschaften" und seit 2000 wiederum „Schmollers Jahrbuch". Schmoller gilt als einer der Wegbegründer der „ethisch-historischen Ökonomie". Von ihm stammen bis heute grundlegende Werke der Wirtschaftsgeschichte. Werner Sombart analysierte das Wirtschaftssystem des modernen Kapitalismus in seinen Bestandteilen „Wirtschaftsgeist", „Wirtschaftsordnung" und „Wirtschaftsorganisation" sowie „Technik" und gliederte so die Entwicklung der europäischen Wirtschaft seit dem Mittelalter in eine „vor-, früh und hochkapitalistische Periode". Auch Konjunkturbewegungen wurden zur Klärung von Periodisierungen geschichtlicher Abläufe herangezogen, so von Ernest Labrousse (1895-1988), Wilhelm Abel (1904-1985) und Joseph Alois Schumpeter (1883-1950). Abel untersuchte über einen langen Zeitraum seit dem Spätmittelalter die Entwicklung der Agrarpreise, um mittels Preisverfall und Preisanstieg historische Epochen voneinander unterscheiden zu können. Trotz aller Unterschiedlichkeit der einzelnen Ansätze im Detail herrscht weitgehende Einigkeit in der Unterscheidung zwischen einer vorindustriellen und industriellen Epoche.

Zur Verbundenheit von Wirtschafts- und Sozialgeschichte

Wirtschafts- und Sozialgeschichte lassen sich in der Praxis kaum voneinander trennen, worauf der Wirtschaftshistoriker Carlo M. Cipolla hinwies. Beide Wissenschaften ziehen vor allem schriftliche serielle Dokumente (z. B. historische Bilanzen, Kurszettel, Preiscouranten, Urbare, Rechnungen und Rechnungsbücher, Testamente, statistische Veröffentlichungen, Zollregister etc.), Dokumente zur Wirtschaftsverfassung und zu wirtschaftlichen Handlungsweisen (z. B. Protokolle, Verträge, Gesetze, Zunftordnungen etc.), archäologische Funde und Befunde (Münzen, Möbel, Werkzeuge, Werkstätten, Marktorte, Handelsstraßen etc.), geographische Befunde (Landkarten etc.) oder konstruierte Metaquellen (genealogische Datenbanken, historische Datensammlungen wie Preisreihen, rekonstruierte Nationalproduktrechnungen etc.) heran. Wirtschaftshistoriker arbeiten sowohl mit der induktiv historischen Methode (Hermeneutik), als auch mit deduktiven-analytisch orientierten Theorien und Methoden der klassischen Wirtschaftswissenschaften. Um 1900 stritten sich daher Vertreter der Historischen Schule und der neoklassischen Österreichischen Schule der Nationalökonomie um die beste Untersuchungsmethode. In Großbritannien und den USA dominiert bis heute hin die neoklassisch orientierte *New Economic History*. In Europa ist die Wirtschaftsgeschichte traditionell stärker mit den Sozialwissenschaften vernetzt (Schule der „Annales").

Der deutsche Historiker Hans-Ulrich Wehler hat mit der von ihm maßgeblich geprägten Gesellschaftsgeschichte versucht, Geschichte allgemein als Sozialgeschichte aufzufassen und den Primat der politischen Geschichte damit bestritten.

Gesellschafts-
geschichte

Literatur: Sozial- und Wirtschaftsgeschichte gemeinsam: Günther SCHULZ, Christoph BUCHHEIM, Gerhard FOUQUET (Hg.), Sozial- und Wirtschaftsgeschichte. Arbeitsgebiete – Probleme – Perspektiven, Stuttgart 2005; Rolf WALTER, Einführung in die Wirtschafts- und Sozialgeschichte, Weimar 2008; – *Sozialgeschichte:* Ute DANIEL, „Kultur" und „Gesellschaft". Überlegungen zum Gegenstandsbereich der Sozialgeschichte, in: GG 19 (1993), S. 69-99; Thomas ETZEMÜLLER, Sozialgeschichte als politische Geschichte. Werner Conze und die Neuorientierung der westdeutschen Geschichtswissenschaften nach 1945, München 2001; Jürgen KOCKA (Hg.), Sozialgeschichte im internationalen Überblick, Darmstadt 1989; Dirk van LAAK, Alltagsgeschichte, in: AHW 7, Neue Themen und Methoden der Geschichtswissenschaft, Stuttgart 2003, S. 14-80; Jürgen OSTERHAMMEL, Transnationale Gesellschaftsgeschichte: Erweiterung oder Alternative?, in: GG 27 (2001), S. 464-479; Lutz RAPHAEL (Hg.), Von der Volksgeschichte zur Strukturgeschichte. Die Anfänge der westdeutschen Sozialgeschichte 1945-1968, Leipzig 2002; Winfried SCHULZE (Hg.), Sozialgeschichte, Alltagsgeschichte, Mikro-Historie. Eine Diskussion, Göttingen 1994; Reinhard SIEDER, Sozialgeschichte auf dem Weg zu einer historischen Kulturwissenschaft?, in: GG 20 (1994), S. 445-468; Winfried SPEITKAMP, Sozialgeschichte, in: AHW 3, Sektoren, Stuttgart 2004 (RUB 17029), S. 72-184; Albert WIRTZ, Für eine transnationale Gesellschaftsgeschichte, in: GG 27 (2001), S. 489-498; – *Gesellschaftsgeschichte:* Manfred HETTLING u. a. (Hg.), Was ist Gesellschaftsgeschichte? Positionen, Themen, Analysen, München 1991; – *Mikrogeschichte:* Jürgen SCHLUMBOHM (Hg.), Mikrogeschichte – Makrogeschichte, Göttingen 2000 (Göttinger Gespräche zur Geschichtswissenschaft 7); Otto ULBRICHT, Mikrogeschichte. Menschen und Konflikte in der Frühen Neuzeit, Frankfurt/M. 2009; *Zeitschrift:* Historische Anthropologie, – *Wirtschaftsgeschichte:* Gerold AMBROSIUS, Dietmar PETZINA, Werner PLUMPE (Hg.), Moderne Wirtschaftsgeschichte. Eine Einführung für Historiker und Ökonomen, München 1996; Ludwig BEUTIN, Hermann KELLENBENZ: Grundlagen des Studiums der Wirtschaftsgeschichte, Köln 1973; Christoph BUCHHEIM, Einführung in die Wirtschaftsgeschichte, München 1997; Carlo M. CIPOLLA (Hg.), Europäische Wirtschaftsgeschichte, Bd. 1, Mittelalter (dt. Ausgabe hg. von Knut BORCHARDT), Stuttgart, New York 1983; Hans-Werner HAHN, Die industrielle Revolution in Deutschland, München 2005 (Enzyklopädie Deutscher Geschichte 49); Bruno HILDEBRAND, Die Nationalökonomie der Gegenwart und Zukunft, Frankfurt/M. 1848; Karl Heinrich KAUFHOLD, Wirtschaftsgeschichte, in: AHW, Bd. 3 Sektoren, Stuttgart 2004 (RUB, 17029), S. 185-274; Birger P. PRIDDAT, Die andere Ökonomie. Über Gustav von Schmollers Versuch einer »ethisch-historischen« Ökonomie im 19. Jahrhundert, Marburg 1995; Gustav von SCHMOLLER, Grundfragen des Rechts und der Volkswirtschaft. Ein offenes Sendschreiben an Herrn Professor Dr. Heinrich Treitschke, Jena 1875 (Dillenburg 1998); DERS., Grundriss der allgemeinen Volkswirtschaftslehre. Wirtschaft und Finanzen, Leipzig $^{1-6}$1900 und 1904 (Düsseldorf 1989); Wolfgang ZORN, Einführung in die Wirtschafts- und Sozialgeschichte des Mittelalters und der Neuzeit. Probleme und Methoden, München 1974; *Methodik und Theorie: Historischer Vergleich:* Methoden, Aufgaben, Probleme. Eine Einleitung, in: Geschichte und Vergleich. Ansätze und Ergebnisse international vergleichender Geschichtsschreibung, hg. von Heinz-Gerhard HAUPT, Jürgen KOCKA, Frankfurt/M. 1996, S. 9-45; Arnd HOFFMANN, Zufall und Kontingenz in der Geschichtstheorie: mit zwei Studien zu Theorie und Praxis der Sozialgeschichte, Frankfurt/M. 2005; Hartmut KAELBLE, Der historische Vergleich. Eine Einführung zum 19. und 20. Jahrhundert, Frankfurt/M., New York 1999; Thomas WELSKOPP, Stolpersteine auf dem Königsweg. Methodenkritische Anmerkungen zum internationalen Vergleich in der Gesellschaftsgeschichte, in: Archiv für Sozialgeschichte 35 (1995), S. 339-367.

1.4.3 Rechtsgeschichte,
Historische Kriminalitätsforschung und verwandte Bereiche

Rechtsgeschichte

Die „Rechtsgeschichte" schlägt eine Brücke zwischen den Rechts- und Geschichtswissenschaften. In der „Historischen Rechtsschule" des 19. Jahrhunderts wurde Rechtsromanistik, Rechtsgermanistik und Rechtskanonistik gelehrt. Die „Rechtsromanistik" beschäftigt sich mit dem klassisch-römischen Recht, welches 533/534 im *Corpus Iuris Civilis* aufgezeichnet worden war, und seit seiner Wiederentdeckung im 12. Jahrhundert an den europäischen Universitäten vermittelt wird. Mit seiner Rezeption im 15. Jahrhundert verdrängte das weiterentwickelte schriftliche römische Recht das althergebrachte, sog. „Gemeine Recht" (*ius commune*), welches ein Gewohnheitsrecht war. Die Fortsetzungen des Römischen Rechts sind der französische Code Civil (1804), das Österreichische Allgemeine bürgerliche Gesetzbuch (1812), das deutsche Bürgerliche Gesetzbuch (1900) oder das schweizerische Zivilgesetzbuch (1912). Seit 1879 erscheint die „Zeitschrift der Savigny-Stiftung für Rechtsgeschichte" (ZRG) in einer germanischen (ZRG GA) und einer romanistischen (ZRG RA) sowie seit 1911 auch in einer kanonistischen Abteilung (ZRG KA). 1979 kam die „Zeitschrift für Neuere Rechtsgeschichte" hinzu. Den Einstieg erleichtert auch das „Handwörterbuch zur deutschen Rechtsgeschichte" (HRG).

Historische Kriminalitätsforschung und „Policeygeschichte"

Von der Rechtsgeschichte gelöst hat sich die im angelsächsischen und französischen Sprachraum bereits seit den 1970er Jahren, im deutschen Sprachraum erst seit etwa 1990 betriebene „Historische Kriminalitätsforschung", die sich weniger für den Soll-Zustand des Rechts interessiert wie die Rechtsgeschichte, sondern für den Ist-Zustand – aber nicht nur des Rechts, sondern auch der sozialen Realität der Kriminalität, Devianz und ihres Umfelds. Insofern reicht die Kriminalitätsgeschichte weit ins Feld der Sozialgeschichte hinein, zu der sie ebenso gut auch gezählt werden könnte. Ebenfalls von der Rechtsgeschichte und der Historischen Kriminalitätsforschung löst sich seit einiger Zeit als zunehmend eigener Bereich, die „Policeygeschichte", ab. Diese kümmert sich keineswegs nur um das, was man heute als Polizei bezeichnet, sondern geht vom frühneuzeitlichen Policey-Begriff aus, der die gesamte, vom Staat geregelte öffentliche Ordnung meint.

Literatur: Zur Rechtsgeschichte: Albreht CORDES, Heiner LÜCK, Dieter WERKMÜLLER u. a. (Hg.), Handwörterbuch zur deutschen Rechtsgeschichte (HRG), Berlin [2]2004; Ulrich EISENHARDT, Deutsche Rechtsgeschichte, München [4]2004; Werner FROTSCHER, Bodo PIEROTH, Verfassungsgeschichte, München [5]2005; Hans HATTENHAUER, Europäische Rechtsgeschichte, Heidelberg [4]2004; Max KASER, Rolf KNÜTEL, Römisches Privatrecht, München [18]2005; Gerhard KÖBLER, Deutsche Rechtsgeschichte – ein systematischer Grundriss, München [6]2005; Karl KROESCHELL, Rechtsgeschichte Deutschlands im 20. Jahrhundert, Göttingen 1992; DERS., Deutsche Rechtsgeschichte, 3 Bde., Köln, Weimar, Wien, Bd. I bis 1250, [13]2008, Bd. II 1250-1650, [9]2008 (zusammen mit Albrecht CORDES und Karin NEHLSEN VON STRYK), Bd. III seit 1650, [5]2008; Wolfgang KUNKEL, Martin SCHERMAIER, Römische Rechtsgeschichte, Köln, Weimar [13]2001; Adolf LAUFS, Rechtsentwicklungen in Deutschland, Berlin [6]2006; Stephan MEDER, Rechtsgeschichte, Köln, Weimar, Wien [2]2005; DERS., Rechtsgeschichte. Eine Einführung, Köln [3]2008; Heinrich MITTEIS, Heinz LIEBERICH, Deutsche Rechtsgeschichte, München [19]1992; Heinrich RÜPING, Günter JEROUSCHEK, Grundriss der Strafrechtslehre, München [4]2002; Hans SCHLOSSER, Grundzüge der neueren Privatrechtsgeschichte. Rechtsentwicklungen im europäischen Kontext, Heidelberg [10]2005; Mathias SCHMOEKEL, Auf der Suche nach der verlorenen Ordnung, 2000 Jahre Recht in Europa. Ein Überblick, Köln, Weimar, Wien 2005; Michael STOLLEIS, Geschichte des öffentlichen Rechts in Deutschland, 3 Bde., München 1988-1999; Uwe WESEL, Die Geschichte des Rechts. Von den Frühformen bis zur Gegenwart, München [3]2006; – *zur Historischen Kriminalitätsforschung:*

Andreas BLAUERT, Mit den Waffen der Justiz – zur Kriminalitätsgeschichte des späten Mittelalters und der frühen Neuzeit, Frankfurt 1993 (Fischer 11571); Gerd SCHWERHOFF, Aktenkundig und gerichtsnotorisch. Einführung in die Historische Kriminalitätsforschung, Tübingen 1999; DERS., Historische Kriminalitätsforschung, Frankfurt 2010 (Historische Einführungen 9) – *Policeyforschung:* Andrea ISELI: Gute Policey. Öffentliche Ordnung in der Frühen Neuzeit, Stuttgart 2009 (UTB 3271).

1.4.4 Kirchen- und Religionsgeschichte

Die „Kirchen- und Religionsgeschichte" untersucht die Geschichte der Konzilien, der Päpste, der christlichen Literatur, kirchlichen und geistigen Musik, Sitte (Moral) und Kultur, der christlichen Archäologie und Kunstgeschichte, der kirchlichen Disziplin (speziell des Bußwesens), der Heiligen und ihrer Verehrung (Hagiographie), des christlichen Mönchtums (Ordensgeschichte), der kirchlichen Geographie, Chronologie und Statistik, der kirchlichen Sozial-, Wirtschafts- und Zeitgeschichte. Sie erforscht in vergleichender Hinsicht Konfessionen und Ökumene (von griechisch *oikuméne* = der ganze bewohnte Erdkreis) und betrachtet die Geschichte einzelner Länder, Diözesen (Bistümer) und Pfarreien sowie des religiösen Brauchtums und der Volksfrömmigkeit (religiöse Volkskunde). Die Geschichtsschreibung der Kirche nahm in der Spätantike ihren Anfang, um die christliche Tradition zu sichern und Märtyrerberichte sowie Lebensbeschreibungen (Viten) bedeutender Heiliger für die Nachwelt zu überliefern. Ferner prägte die Auseinandersetzung mit den frühen häretischen (ketzerischen) Bewegungen die theologischen Schriften. Eusebius von Cäsarea († 339) bettete in seiner Kirchengeschichte die Weltgeschichte in die Heilsgeschichte ein und sah sich als Begründer der Disziplin (I 3,2). Autoren des abendländischen Mittelalters wie Gregor von Tours († 594), Isidor von Sevilla († 636), Beda Venerabilis († 735), Adam von Bremen († nach 1081), Ordericus Vitalis († 1142), Hugo von Fleury († vor 1135), Otto von Freising († 1158), Johannes von Salisbury († 1180) oder Ptolemäus von Lucca († 1326) brachten zahlreiche geschichtstheologische Darstellungen hervor, indem sie aktuelle politische Ereignisse mit der Lehre von den Weltzeitaltern verbanden und das Mittelalter als letzte Epoche vor dem Jüngsten Gericht ansahen. Erst die Reformation führte zur konfessionell getrennten Kirchengeschichte. Der lutherische Theologe Matthias Flacius Illyricus (1520-1575) schrieb:

> „Dann wünschte ich, dass eine Kirchengeschichte geschrieben würde, in welcher in gewisser Ordnung und nach der Zeitfolge dargelegt würde, wie die wahre Kirche und ihre Religion von jener ursprünglichen Reinheit und Einfalt in der Apostelzeit allmählich auf schlimme Abwege geriet, und dies zum Teil aus Nachlässigkeit und Unwissenheit der Lehrer, zum Teil auch durch die Bosheit der Gottlosen; sodann müsste aber auch dargelegt werden, wie die Kirche zuweilen durch einige wahrhaft fromme Männer wiederhergestellt worden ist, und wie so das Licht der Wahrheit bald heller strahlte, bald unter der wachsenden Finsternis gottlosen Wesens mehr oder weniger wieder verdunkelt wurde: – bis endlich zu diesen unseren Zeiten, da die Wahrheit fast völlig vernichtet schien, durch Gottes unermessliche Wohltat die wahre Religion in ihrer Reinheit wiederhergestellt worden ist."

An den theologischen Fakultäten der protestantischen Universitäten entstanden nach dem Dreißigjährigen Krieg eigene Lehrstühle für Kirchengeschichte (zunächst in Helmstedt 1650). Die ersten wissenschaftlichen Kirchengeschichten jenseits der klassischen Papsthistorie erschienen dagegen im katholischen Frankreich, so die *Histoire ecclésiastique* von Claude Fleury (1640-1723). In Deutschland gab der Protestant Gottfried Arnold (1666-1714) 1688 die „Unparteyische Ketzer- und Kirchenhistorie

Aufgaben

Entwicklung der Kirchengeschichte

vom Anfang des Neuen Testaments biß auff das Jahr Christi" heraus. Die Quellenkritik rückte zunehmend in das Zentrum kirchengeschichtlicher Betrachtungen der Frühen Neuzeit. Erkannt wurde auch der Rekonstruktionscharakter geschichtlicher Darstellung: „Der Einfluss des Willens, Vorsatzes, Endzwecks, ob er gleich eben jetzt erst da ist, [...] gibt der Erzählung eine wirkliche Richtung, die in der Begebenheit selbst ehedem nicht da war", schrieb Johann Salomo Semler (1725-1791) in seinem Kommentar zur Wissenschaftslehre des Johann Martin Chladenius. Die Kirchengeschichtsschreibung der Romantik wandte sich wieder stärker heilsgeschichtlichen Themen zu (Johann Heinrich Jung-Stilling (1740-1817), August Neander (1789-1850), Leopold Graf zu Stolberg (1750-1819), Adam Möhler (1796-1838)). Ferdinand Christian Baur (1792-1860) wurde mit seiner Rezeption der Geschichtsphilosophie Hegels zu einem Wegbereiter der wissenschaftsorientierten protestantischen Kirchengeschichtsschreibung. Carl Johann Hefele (1809-1893) veröffentlichte seine bis heute bekannte „Conciliengeschichte". Doch die katholische Kirche setzte der Wissenschaft enge Grenzen. Als Joseph Ignaz Döllinger (1799-1890) das päpstliche Unfehlbarkeitsdogmavon 1870 kritisierte, wurde er exkommuniziert. Im protestantischen Raum schwang sich dagegen die Kirchengeschichte unter Ernst Troeltsch (1865-1923) und Adolf von Harnack (1851-1930) zu einer Leitdisziplin in der Geisteswissenschaft auf, während Karl Barth (1886-1968) in der Kirchengeschichte nur eine Hilfswissenschaft für die dogmatische Theologie sah. In der zweiten Hälfte des 19. Jahrhunderts entstand die Religionsgeschichte als wissenschaftliche Disziplin, die vergleichend arbeitete. Das erste religionsgeschichtliche Lehrbuch stammt von Christoph Meiners (1747-1810). Die moderne Kirchen- und Religionsgeschichte fragt nicht nach dem Wahrheitsgehalt ihrer Lehre, sondern nach der realen Funktion der Kirche „im sozialen und politischen Wirkungszusammenhang konkreter historischer Situationen".

Kirchen- und Religionsgeschichte als Sozialgeschichte

Seit diesem Paradigmenwechsel gehört die Kirchen- und Religionsgeschichte als historische Disziplin ebenfalls unter das große Dach der Sozialwissenschaften. Das zeigen auch neuere Zeitschriftenreihen wie die „Beiträge zur Katholizismusforschung" (seit 1973) oder das Organ „Kirchliche Zeitgeschichte. Internationale Halbjahresschrift für Theologie und Geschichtswissenschaft" (seit 1988). Weitere Meilensteine stellen das mehrbändige, von Norbert Brox u. a. herausgegebene Handbuch „Geschichte des Christentums" oder die von Raymond Kottje und Bernd Moeller herausgegebene „Ökumenische Kirchengeschichte" da. Wichtige Hilfsmittel der Kirchen- und Religionsgeschichte sind das „Lexikon für Theologie und Kirche" (LThk), die „Theologische Realenzyklopädie" (TRE) oder im Internet das „Biographisch-bibliographische Kirchenlexikon" und das „Ökumenische Heiligenlexikon". Heute wird Kirchen- und Religionsgeschichte sowohl von Historikern als auch von Theologen betrieben.

Literatur: Norbert BROX, Odilo ENGELS, Georg KRETSCHMAR, u. a., Geschichte des Christentums, 13 Bde., Freiburg i. Br. u. a. 1991-2003; Michael BUCHBERGER (Begr.), Lexikon für Theologie und Kirche, 11 Bde., Freiburg, Basel, Wien 14 Bde. [3]1993-2001; Manfred HEIM, Einführung in die Kirchengeschichte, München [2]2008; Hans Dieter Kurt BETZ (Hg.), Die Religion in Geschichte und Gegenwart, 7 Bde., Tübingen [4]2008; Hubert JEDIN (Hg.), Handbuch der Kirchengeschichte, 7 Bde. Freiburg, Basel, Wien 1965-1999; Raymund KOTTJE, Bernd MOELER (Hg.), Ökumenische Kirchengeschichte, Mainz, München [5]1989-1994; Wilhelm PREGER, Matthias Flacius Illyricus und seine Zeit, 2 Bde. (hier Bd. 2), Erlangen 1861; Hubert WOLF, Jörg SEILER, Kirchen- und Religionsgeschichte, in: AHW, Bd. 3 Sektoren, Stuttgart 2004 (RUB 17029, S. 271-338; URL: www.kirchenlexikon.de/ (10.12.2009); URL: www.heiligenlexikon.de/ (10.12.2009). (nicht zitierfähig)

1.4.5 Historische Demographie und Familienforschung, Migrationsgeschichte

Die Auflösung der klassischen Geschichtswissenschaft in eine Vielzahl von Teildiszipli-nen dauert weiter an. Die „Historische Demographie" sucht zu Aussagen über die Be-völkerungsentwicklung zu gelangen und stellt damit die meisten anderen historischen Teildisziplinen auf eine völlig neue Basis – mit nicht selten erstaunlichen, zuvor nicht erkannten, neuen Erkenntnissen. Insofern reicht die „Historische Demographie" in zentrale Bereiche der Sozialgeschichte hinein. Im Vergleich zum angelsächsischen und französischen Sprachraum hinkt die Historische Demographie in Deutschland und Österreich um Jahrzehnte hinterher – in der NS-Zeit waren die damals hoch entwickel-ten Vorläufer der Historischen Demographie von den Machthabern instrumentalisiert worden, was diese Teilwissenschaft nach 1945 jahrzehntelang praktisch völlig ver-schwinden ließ. Erst die überwältigenden Erfolge der Historischen Demographie in Frankreich, Großbritannien, den USA und der Schweiz führten allmählich zu einem Umdenken – wobei kennzeichnenderweise viele Jahre lang der in Berlin lehrende Schweizer Arthur E. Imhof die deutsche Historische Demographie maßgeblich geprägt hat.

Historische Demographie

Erweitert wird die Historische Demographie durch die ihr eng verwandte „Histori-sche Familienforschung", die insbesondere von dem österreichischen Historiker Michael Mitterauer entwickelt wurde. Es gibt noch einen weiteren Teilbereich der Geschichts-wissenschaft, der letztlich aus der Historischen Demographie erwachsen ist – die „Migra-tionsgeschichte". Die Historische Demographie hat sich schon immer nicht nur mit Geburten, Heiraten und Todesfällen beschäftigt, sondern auch mit der räumlichen Bevölkerungsbewegung. Angesichts der vielen Millionen Migranten in fast allen Teilen der Welt hat sich die Migrationsgeschichte mittlerweile zu einer eigenen Teildisziplin emanzipiert, die sich manchmal ihrer Wurzeln in der Historischen Demographie über-haupt nicht mehr bewusst ist.

Historische Familienforschung und Migrations-geschichte

Literatur: Historische Demographie, Bevölkerungsgeschichte: Josef EHMER, Bevölkerungsgeschichte und historische Demographie 1800-2000, München 2004 (Enzyklopädie deutscher Geschich-te 71); Arthur E. IMHOF, Einführung in die Historische Demographie, München 1977; Christian PFISTER, Bevölkerungsgeschichte und historische Demographie, München 1994 (Enzyklopädie deutscher Geschichte 28); Thomas SOKOLL, Rolf GEHRMANN, Historische Demographie und quantitative Methoden, in: AHW 7, Neue Themen und Methoden der Geschichtswissenschaft, Stuttgart 2003 (RUB 17033), S. 152-229; – Historische Familienfor-schung: Andreas GESTRICH, Vergesellschaftungen des Menschen, Einführung in die Histori-sche Sozialisationsforschung, Tübingen 1999 (Historische Einführungen 1); Andreas GESTRICH, Jens-Uwe KRAUSE, Michael MITTERAUER, Geschichte der Familie, Stuttgart 2003; Michael MITTERAUER, Historisch-anthropologische Familienforschung, Wien, Köln 1990.

1.4.6 Historische Sprachwissenschaft, Technik-, Medizin-,
Umwelt- und Klimageschichte, Historische Katastrophenforschung

Die „Historische Sprachwissenschaft" ist unentbehrlich, um etwa schriftliche Quellen, die auf mittelalterliches Latein oder auf Alt- oder Mittelhochdeutsch verfasst sein kön-nen, zu verstehen. Die „Technikgeschichte" beschreibt historische Erfindungen, Innova-tionen und deren Auswirkungen. Die „Medizingeschichte" untersucht Ausbreitung und Verlauf von Krankheiten und Seuchen in der Geschichte, fragt nach möglichen Therapien und untersucht, wie Medizin und ihr Umfeld in gesamtgesellschaftliche Zusammenhänge eingebettet waren. Die „Umweltgeschichte" beschäftigt sich mit der Auseinandersetzung des Menschen mit seiner Umwelt und erforscht die Entstehung der Kulturlandschaften, wobei sich mit der in Deutschland insbesondere von dem Freiburger Geographen Rüdiger Glaser betriebenen „Klimageschichte" ein völlig neuer Erkenntnisbereich auch für die Geschichtswissenschaft ergeben hat. Auch hier hinkt, wie bei der Historischen Demographie, die deutsche Forschung dem benachbarten Ausland hinterher: In der Schweiz liegen mit den Untersuchungen von Christian Pfister längst wegweisende Studien vor. Bei der Klimageschichte vermengen sich – ähnlich wie bei der Archäologie – geistes- und naturwissenschaftliche Arbeitsmethoden. Von der Umwelt-, der Medizin- und der Mentalitätsgeschichte spaltet sich seit kurzem die „Historische Katastrophenforschung" ab, die sich sowohl mit Naturkatastrophen als auch mit medizinischen (Seuchen) und menschenverursachten Katastrophen (Brände, Kriegsfolgen, aber auch von Menschen mit verursachte Natur- und Umweltkatastrophen) befasst.

Literatur: Historische Sprachwissenschaft: Evelyn FREY, Einführung in die Historische Sprachwissenschaft des Deutschen, Heidelberg 1994; Damaris NÜBLING, Historische Sprachwissenschaft. Eine Einführung in die Prinzipien des Sprachwandels, Tübingen ²2008; – *Klimageschichte:* Rüdiger GLASER, Klimageschichte Mitteleuropas. 1000 Jahre Wetter, Klima, Katastrophen, Darmstadt ²2008; Christian PFISTER, Klimageschichte der Schweiz, Bern 1988 (Academica Helvetica 6); – *Katastrophenforschung:* Kriege, Krisen und Katastrophen am Oberrhein vom Mittelalter bis zur Frühen Neuzeit (Das Markgräflerland 2007, 2); *Netzwerk Historische Erforschung von Katastrophen* www.hist.uzh.ch/projekte/disaster.html (Zugriff am 9. August 2010); Walter FRANÇOIS, Katastrophen. Eine Kulturgeschichte vom 16. bis ins 21. Jahrhundert, Stuttgart 2010; Gerrit Jasper SCHENK, Katastrophen. Vom Untergang Pompejis bis zum Klimawandel, Ostfildern 2009; – *Technikgeschichte:* Rolf-Jürgen GLEITSMANN, Rolf-Ulrich KUNZE, Günter OETZEL, Technikgeschichte, Konstanz 2009 (UTB 3126) Wolfgang KÖNIG, Technikgeschichte. Eine Einführung in ihre Konzepte und Forschungsergebnisse, Stuttgart 2009 (Grundzüge der modernen Wirtschaftsgeschichte 7); *Zeitschrift:* Technikgeschichte, hg. vom Verein deutscher Ingenieure; – *Medizingeschichte:* William F. BYNUM, Geschichte der Medizin, Stuttgart 2010 (RUB 18736); Wolfgang U. ECKHARDT, Robert JÜTTE, Geschichte der Medizin, Heidelberg ⁶2009; *Zeitschrift:* MedGG; – *Umweltgeschichte:* Helmut JÄGER, Einführung in die Umweltgeschichte, Darmstadt 1994; Verena WINIWARTER, Martin KNOLL, Umweltgeschichte, Köln u. a. 2007 (UTB 2521).

1.4.7 Mentalitätsgeschichte und Historische Anthropologie, Landes- und Regionalgeschichte

Mentalitäts-
geschichte,
Historische
Anthropologie

Die „Mentalitätsgeschichte" spürt den unterschiedlichen Auffassungen und Einstellungen von Menschen nach. Sie ist in gewisser Weise mit den Forschungen von Johan Huizinga („Herbst des Mittelalters") und Norbert Elias verwandt, die man als ihren Vorläufer ansehen könnte, sie setzt aber eigene Schwerpunkte. Ebenso eng ist ihre Verflechtung mit der „Historischen Anthropologie". Die Forschungsschwerpunkte liegen im Bereich vom Umgang mit Trauer, Freude, Festen, elementaren Gefühlsregungen sowie mit Kriegen und Katastrophen. Mentalitätsgeschichte und Historische Anthropologie profitieren dabei viel von der Zusammenarbeit mit der Ethnologie (Völkerkunde) und der Volkskunde (in manchen Universitäten seit geraumer Zeit auch als Empirische Kulturwissenschaft bezeichnet). U. a. dem Bewegungsverhalten hat sich die von August Nitschke entwickelte und dem Strukturalismus verpflichtete „Historische Verhaltensforschung" gewidmet, die aber mittlerweile in der Historischen Anthropologie aufgegangen zu sein scheint – denn auch das kommt vor: Einmal entwickelte Teildisziplinen der Geschichtswissenschaft treten nach zwei, drei Jahrzehnten wieder zurück.

Die „Landes- und Regionalgeschichte", die in den verschiedenen Gegenden i. d. R. seit der ersten Hälfte des 19. Jahrhunderts, teils sogar schon seit dem späten 18. Jahrhundert besteht, lässt sich von ihrem Untersuchungsgegenstand her bestimmen und vereint in sich unterschiedliche methodische Zugänge. Sie geht in ihren Ursprüngen auf die Zeit der Aufklärung zurück. So hat sich der Philosoph Johann Herder (1744-1803) dafür interessiert, wie sich soziale und kulturelle Phänomene verbinden und den Begriff des Volkstums eingeführt, den er kulturgeschichtlich definierte. Daraus entwickelte sich die „Geschichtliche Landeskunde", die heute an vielen Universitäten fest verankert ist. Darüber hinaus widmen sich zahlreiche Geschichts- und Heimatvereine historischen, volkskundlichen, kultur- und naturgeschichtlichen Fragestellungen. Die verschiedenen landesgeschichtlichen Ergebnisse werden in den „Blättern für deutsche Landesgeschichte" zusammengeführt. Daneben gibt es im gesamten deutschen Sprachraum in jedem Land oder Kanton, ja meist sogar in jeder historischen Landschaft, oft sogar in einzelnen Städten eigene historische Zeitschriften, die meist von den jeweiligen Geschichtsvereinen herausgegeben werden.

Literatur: Landes- und Regionalgeschichte (aufgenommen sind nur allgemeine Werke – für jedes Land bzw. jede Region liegen zahlreiche spezielle Werke, insbesondere auch zahlreiche FS und Zeitschriften vor): Detlef BRIESEN (Red.), Regionalgeschichte. Ein Ansatz zur Erforschung regionaler Identität, Bonn 1993 (Informationen zur Raumentwicklung 11); Werner BUCHHOLZ (Hg.), Landesgeschichte in Deutschland. Bestandsaufnahme - Analysen - Perspektiven, Paderborn u. a. 1998; Johannes DILLINGER (Hg.), Die Vermittlung von Landesgeschichte. Beiträge zur Praxis der historischen Didaktik, Heidelberg u. a. 2010; Carl-Hans HAUPTMEYER, Landesgeschichte heute, Göttingen 1987 (Kleine Vandenhoeck-Reihe 1522); Stefan BRAKENSIEK (Hg.), Regionalgeschichte in Europa. Methoden und Erträge der Forschung vom 16. bis 19. Jahrhundert, Paderborn 2000 (Forschungen zur Regionalgeschichte 34); *Zeitschriften:* BDLG, LGFU; – *Historische Anthropologie / Mentalitätsgeschichte:* Philippe ARIÈS, Die Geschichte der Mentalitäten, in: Jacques LE GOFF u. a. (Hg.), Die Rückeroberung des Historischen Denkens, Frankfurt/M. 1994, S. 137-165; Ulrich RAULFF, Mentalitäten-Geschichte, Berlin 1987; Peter DINZELBACHER (Hg.), Europäische Mentalitätsgeschichte, Stuttgart ²1993; Michael MAURER, Historische Anthropologie, in: AHW 7, Neue Themen und Methoden der Geschichtswissenschaft, Stuttgart 2003 (RUB 17033), S. 294-388 *mit zahlreicher weiterer Literatur.*

Landes- und Regionalgeschichte

1.4.8 Weitere Teildisziplinen

Im Zeichen der Frauenbewegung ist seit mehreren Jahrzehnten auch die „Gender-Forschung" in die Geschichtswissenschaft vorgedrungen. Zwar stand zu Beginn die Erforschung der Frauengeschichte im Vordergrund, die auch heute noch zahlenmäßig dominiert und sich z. T. sogar explizit als „feministische" Geschichtswissenschaft definiert, doch gibt es mittlerweile längst eine Erforschung der Männergeschichte bzw. eine nicht geschlechtsgebundene historische Gender-Forschung, nach deren Ansicht Geschlecht ein sozial-gesellschaftliches Konstrukt ist und nur sekundär biologisch bestimmt wird. Dabei ist die Genderforschung als solche keineswegs auf die Geschichtswissenschaft fokussiert, sondern versteht sich als eigene Wissenschaftsdisziplin, die an verschiedenen Universitäten auch schon eigene Gender-Studiengänge entwickelt hat.

Historische Genderforschung

Eine sowohl neue als auch alte Disziplin ist die „Militärgeschichte". Sie hatte in Deutschland als „Kriegsgeschichte" eine lange Tradition, geriet aber durch die NS-Zeit verständlicherweise völlig ins Abseits und galt in der öffentlichen Wahrnehmung gera-

Militärgeschichte

dezu als nicht gesellschaftsfähige Pseudowissenschaft zur Vorbereitung des nächsten Krieges. Ähnlich wie bei der Historischen Demographie kamen auch hier die Impulse zur Wiederbelebung der Teildisziplin aus dem angelsächsischen, in geringerem Umfang aus dem französischen Raum. Allerdings betreibt man heute keine Kriegsgeschichte im alten Sinne mehr, sondern Militärgeschichte, die einen viel breiteren Ansatz hat. Während sich die alte Kriegsgeschichte mit rein militärfachlichen und operativen Aspekten befasste, fragt die *New Military History* nicht nur nach dem eigentlichen Militär, sondern auch nach dem gesamten sozialen Umfeld des Militärs, sie ist also eher eine Art Sozialgeschichte innerhalb des Militärs und rund um das Militär.

Kontrafaktische Geschichte, Universalgeschichte, Big History

Lange Zeit nicht anerkannt und als bloße gedankliche Spielerei abgetan war die *Virtual History*, die gelegentlich auch als *Counterfactual History* („Kontrafaktische Geschichte") bezeichnet wird. Sie geht aus von der Frage „Was wäre geschehen, wenn...?", also z. B. „Was wäre geschehen, wenn Hitler den Krieg gewonnen hätte?", „[...] wenn das Attentat von Georg Elser auf Hitler 1939 erfolgreich gewesen wäre?" usw. Nachdem mittlerweile prominente Historiker kontrafaktische Werke vorgelegt haben, kann man diese neue Teildisziplin nicht mehr ignorieren. Insbesondere für die Schule bieten sich vielfältige Einsatzmöglichkeiten der Kontrafaktischen Geschichte an. Die *Big History* schließlich versucht eine Synthese von Sozial- und Naturwissenschaften und will deutlichmachen, dass sich menschliche Geschichte in das System des gesamten Universums einfügt und aus diesen heraus erklären lässt. Sie wird insofern gelegentlich als Teilbereich oder besser als übergeordneter Bereich der „Universal-" oder „Weltgeschichte" angesehen. Diese versucht – anders als die oft nationalstaatlich orientierte Geschichtsschreibung – die Geschichte aller Menschen des Globus im Zusammenhang zu sehen. Im Zusammenhang mit der Globalisierung ist die Weltgeschichte derzeit ein besonders aktueller Zweig der Geschichtsschreibung.

Probleme der Spezialisierung

So wichtig diese Einzeldisziplinen, zu denen ständig neue hinzukommen, die hier nicht entfernt alle aufgezählt werden können, auch sein mögen, so ist es doch nötig, die jeweils einzeln erbrachten Ergebnisse in einen Gesamtzusammenhang zu rücken. Daher gibt es auch Gegenströmungen, wie die Kulturgeschichte, in der wiederum Ergebnisse verschiedener Teildisziplinen zusammenfließen. Für die künftige Geschichtswissenschaft dürfte daher einerseits das grundlegende Problem der Zusammenschau oder Vereinzelung von Sektoren bestehen bleiben und an Schärfe zunehmen. Andererseits muss man sich darüber klar sein, dass die Aufspaltung des Fachs Geschichte in Teildisziplinen nichts Fachspezifisches und auch keineswegs etwas Negatives ist: Jedes andere wissenschaftliche Fach hat sich im Laufe des letzten Jahrhunderts vielfach spezialisiert – erwähnt als ein besonders bekanntes Beispiel die Medizin, wo es längst nicht mehr nur den Allgemeinmediziner gibt, sondern vielfach spezialisierte Fachleute für die unterschiedlichsten Krankheiten. Auch in der Geschichtswissenschaft kann seit langem niemand mehr von sich behaupten, in allen Teilbereichen gleich kompetent zu sein. Aber alle, die ein wissenschaftliches Studium in Geschichte absolviert haben, sollten sich im Gewirr der vielen Teildisziplinen so zurechtfinden, dass sie einen Überblick haben und wissen, wo man nähere Informationen findet.

Literatur: Gender: Christina von BRAUN, Inge STEPHAN (Hg.), Gender Studies. Eine Einführung, Stuttgart 2006; Anne CONRAD, Frauen- und Geschlechtergeschichte, in: AHW 7, Neue Themen und Methoden der Geschichtswissenschaft, Stuttgart 2003 (RUB 17033), S. 230-293; Barbara DUDEN, Geschichte unter der Haut, Stuttgart 1987; Andrea GRIESEBNER, Feministische Geschichtswissenschaft. Eine Einführung. Von der Frauen- zur Geschlechtergeschichte, Wien 2005; Jürgen MARTSCHUKAT, Olaf STIEGLITZ, Es ist ein Junge! Einführung in die Geschichte der Männlichkeiten in der Neuzeit, Tübingen 2005; *Zeitschrift:* L'Homme. Europäische Zeitschrift für feministische Geschichtswissenschaft *seit 1990. – Militärgeschichte:* Rolf-Dieter MÜLLER, Militärgeschichte, Köln, Weimar, Wien 2009; Jutta NOVOSADTKO, Krieg, Gewalt und Ordnung, Einführung in die Militärgeschichte, Tübingen 2002 (Historische Einführungen 6). – *Big History:* Christian DAVID, Maps of Time. An Introduction to Big History, Berkeley 2005; Fred SPIER, Big History – was die Geschichte im Innersten zusammenhält, Darmstadt 1998; *Kontrafaktische Geschichte:* Niall FERGUSON (Hg.), Virtuelle Geschichte. Historische Alternativen im 20. Jahrhundert, Darmstadt 1997; Alexander DEMANDT, Ungeschehene Geschichte. Ein Traktat über die Frage: Was wäre geschehen, wenn...? Göttingen ³2001; DERS.: Es hätte auch anders kommen können. Wendepunkte deutscher Geschichte, Berlin 2010;– *Universalgeschichte:* Sebastian CONRAD, Andreas ECKERT, Ulrich FREITAG (Hg.); Globalgeschichte. Theorien, Ansätze, Themen, Frankfurt 2007 (Globalgeschichte 1); Jürgen OSTERHAMMEL, Nils P. PETERSEN, Geschichte der Globalisierung, München 2003; – *Kulturgeschichte:* Rudolf BECK, Konrad SCHRÖDER, Handbuch der Kulturgeschichte. Daten, Fakten Hintergründe von der römischen Eroberung bis zur Gegenwart, nur als E-Book erschienen (UTB 8333).

2. Geschichte und Darstellung

2.1 Geschichtsschreibung: Von Aristoteles bis zur Schule der „Annales"

2.1.1 Geschichtsschreibung in Antike und Mittelalter

Die Geschichtsschreibung (Historiographie) selbst hat eine lange Tradition. Der griechische Geschichtsschreiber Herodot (ca. 485-424 v. Chr.) verwandte als erster das Wort *historein* (Historie) im Sinne von Forschen, Wissen und Berichten. Die Historie umfasst bei Herodot die Darstellung des vergangenen Geschehens sowie die Beschreibung geographischer und ethnographischer Zusammenhänge („Völkerkunde"). Der römische Politiker und Philosoph Marcus Tullius Cicero (106-43 v. Chr.) nannte Herodot *pater historiae* („Vater der Geschichte") und Erzähler von *innumerabiles fabulae* („zahlloser Geschichten") (Cicero, *De legibus*, I, 1,5). Herodot hatte seine Informationen nicht aus erster Hand (Primärquellen), sondern erzählte, was ihm Zeugen berichteten (Sekundärquellen, vgl. dazu auch Kap. 4.1.1 und 4.1.3). So führt er die Ursachen der Perserkriege auf den gegenseitigen Frauenraub durch Phönizier, Hellenen und Trojaner zurück (Herodot, 1, 1-6). Herodot überschaut aufgrund seiner Zeugenbefragungen nur wenige Generationen. Neun Bücher umfassen seine „Historien", eine erzählende Universalgeschichte, die den Aufstieg des Perserreiches im 6. Jahrhundert und die Kriege mit den griechischen Stadtstaaten im 5. Jahrhundert darstellt. Herodot reiste viel und beschrieb unter anderem von Bord der Schiffe die Landschaften, an denen er vorbeifuhr. Von großer Bedeutung für die Entwicklung des demokratischen Gedankens ist Herodots Verfassungsdebatte über die beste Staatsform (Herodot 3, 80-84):

Herodot, Cicero

„Wenn aber das Volk herrscht, so hat dies den zuerst den schönsten Namen von allen, die Gleichheit vor dem Gesetz. Zum anderen aber tut es nichts von dem, was der Alleinherrscher tut: Es besetzt die Ämter durchs Los, und jedes Amt ist zur Rechenschaft verpflichtet; alle Entscheidungen aber überlässt es der Allgemeinheit."

Thukydides

Erst der athenische Staatsmann Thukydides (um 460-396 v. Chr.) begründete die wissenschaftliche Form der Geschichtsschreibung, indem er in seinen Texten auf eine genaue Prüfung der Ereignisse und ihre nüchtern-kritische Darstellung Wert legte, was er etwa in seinem bedeutendsten Werk über den Peloponnesischen Krieg (431-404 v. Chr.) betont (Thukydides 1, 20-22):

„Was aber tatsächlich geschah in dem Krieg, erlaubte ich mir nicht nach Auskünften des ersten besten aufzuschreiben, auch nicht ‚nach meinem Dafürhalten', sondern bin Selbsterlebtem und Nachrichten von andern mit aller erreichbaren Genauigkeit bis ins einzelne nachgegangen. Mühsam war diese Forschung, weil die Zeugen der einzelnen Ereignisse nicht dasselbe über dasselbe aussagten, sondern je nach Gunst oder Gedächtnis".

Geschichte ist damit für Thukydides keine erzählende Historie, also keine literarische Gattung mehr wie noch bei Herodot, sondern abhängig von perspektivischen Betrachtungsweisen:

„Zum Zuhören wird vielleicht diese undichterische Darstellung minder ergötzlich scheinen; wer aber das Gewesene klar erkennen will und damit auch das Künftige, das wieder einmal, nach der menschlichen Natur, gleich oder ähnlich sein wird, der mag es für nützlich halten, und das soll mir genug sein: zum dauernden Besitz, nicht als Prunkstück fürs einmalige Hören ist es aufgeschrieben."

„Das erste Blatt des Thukydides ist der einzige Anfang aller wahren Geschichte", urteilte daher auch Immanuel Kant in Anlehnung an David Hume.

Cicero, Tacitus

Die römische Geschichtsbetrachtung stellte Rom in den Mittelpunkt des Weltgeschehens. Die Geschichte diente zur Legitimation der römischen Größe und als *exempla* für Feldherren und Staatsmänner. Unter *historia* wurde das Geschehen selbst wie seine Darstellung verstanden. Cicero (106-43 v. Chr.) schrieb der Geschichte in seinem 55 v. Chr. verfassten Werk *De oratore* („Über den Redner") folgende Aufgabe zu:

„Die Geschichte aber, die Zeugin der Zeiten, das Licht der Wahrheit, das Leben der Erinnerung, die Lehrmeisterin des Lebens, die Verkünderin alter Zeiten, durch welche andere Stimme als durch die des Redners wird sie der Unsterblichkeit geweiht?" (*De oratore* 2, 36).

Die von ihm vorgenommene Wesensbestimmung der Geschichte erwies sich für als grundlegend für die abendländische Geschichtsschreibung. Publius (oder Gaius) Cornelius Tacitus (um 55-116 n. Chr.) gilt als einer der bedeutendsten römischen Historiker. So ging er in seiner *Germania* auf die Geographie (Grenzen, Volkstyp, Beschaffenheit des Landes, Bodenschätze) und Kultur (Sitten und Gebräuche) der Germanen ein. Dabei zeichnet er zum Teil ein Zerrbild der Germanen, welches das Denken der nachfolgenden Generationen bis in unsere Zeit stark beeinflusst hat:

„Ich selbst trete deren Meinung bei, die glauben, dass die Völkerschaften Germaniens, ohne je durch eheliche Verbindungen mit anderen Stämmen fremdartige Bestandteile in sich aufgenommen zu haben, ein eigenständiges, reines, nur sich selbst ähnliches Volk geworden sind. Daher ist auch die Körperbeschaffenheit trotz der großen Menschenzahl bei allen die gleiche: blaue Augen, rötliches Haar, hoch gewachsene und nur für den Angriff starke Leiber; für Mühsal und Arbeiten haben sie nicht in demselben Maß Ausdauer, und am wenigsten ertragen sie Durst und Hitze. An Kälte, Hunger haben sie sich infolge Klima oder Boden gewöhnt." (*Germania* 4,1)

Die griechischen und römischen Schriftsteller verstanden unter *historia* also primär die Darstellung von vergangenen Handlungen, Geschehnissen und Abläufen als Summe der Ereignisse (*historiae*). Ihr Hauptgegenstand war daher die Darstellung der politisch-militärische Ereignisgeschichte. Ferner finden wir hier die ersten Ansätze einer wissenschaftlichen Geschichtsschreibung und grundlegende Gedanken zur Geschichtsmethodik.

Die sich der „Wahrheit" verpflichtet fühlende Geschichtsbetrachtung des europäischen Mittelalters orientierte sich an der antiken Tradition und verband diese mit dem christlich-eschatologischen Denken. Der Kirchenlehrer Augustinus (354-430) hatte in seinem Werk *De civitate Dei* („Über den Gottesstaat") diese geschichtstheologische Geschichtsschreibung begründet, in der er die Weltgeschichte als einen ständigen Kampf zwischen der *civitas terrena* bzw. der *civitas diaboli* („irdischer Staat", „Teufelsstaat") und der *civitas Dei* („Gottesstaat") ansah. Dazu teilte er die Menschheitsgeschichte in eine Abfolge von Weltzeitaltern (Königreichen) ein, an dessen Ende das Jüngste Gericht steht. Bereits das biblische Buch Daniel berichtet von einem Traum des Nebukadnezar, der als einander ablösende Weltreiche der Assyrer/Babylonier, Meder/Perser, Makedonen und Römer gedeutet wurde. Die Chronik des Eusebius von Caesarea (um 264-340), die der Kirchenlehrer Hieronymus (um 347-420 bis 378) weiterführte, griff diese Lehre auf und wurde zur Grundlage der mittelalterlichen Weltchronistik, indem sie die profane Geschichte mit der auf das Jenseits ausgerichteten linearen jüdisch-christlichen Heilslehre verband. Bereits Bischof Benzo von Alba († nach 1085) schrieb der Geschichte diese Aufgabe zu:

> „Gäben Schriften uns nicht Kunde über die Vergangenheit, / Wonach sollte denn, ich bitt' euch, richten sich die Folgezeit? / Unständig wären auch die Menschen wie das liebe Vieh, / Wenn nicht die sechs Weltzeitalter hätten unterrichtet sie."

Die Frage nach dem Stellenwert der folgenden Reiche und damit der eigenen Epoche löste der spanische Historiker und christliche Theologe Paulus Orosius (um 385-418) in seiner Weltgeschichte (*Historia contra paganos*) von 417/18 dahingehend, dass nach der Translationstheorie (Übertragungstheorie) das Reich von den Römern über Byzanz auf Franken und dann auf die Deutschen übergegangen sei. Daher heißt es im Sachsenspiegel des Ritters Eike von Repgow aus der ersten Hälfte des 13. Jahrhunderts auch:

> „Zu Babylon begann das Reich, das war gewaltig über alle Lande. Dieses zerstörte Kyrus und brachte die Weltherrschaft nach Persien. Dort blieb sie bis auf Darius den Letzten. Diesen besiegte Alexander und brachte das Reich an die Griechen. Dort blieb es solange, bis Rom es sich unterwarf und Julius Kaiser wurde. Davon hat Rom behalten das weltliche Schwert und von St. Peters wegen das geistliche. Darum heißt es das Haupt der Welt". (Sachsenspiegel, Landrecht, III, 44)

Das zweite Buch der Chronik des Orosius setzt die unterschiedlichen Zeitrechnungen verschiedener Völker miteinander in Beziehung. Der Angelsachse Beda Venerabilis († 735) zählte als Erster die Jahre seit Christi Geburt (Inkarnationsjahre), die der römische Mönch Dionysius Exiguus 525 errechnet hatte. Das grundsätzliche Problem der Periodisierung der Geschichte, also der sinnvollen Gliederung des Zeitablaufes, wurde in der christlichen Chronologie also heilsgeschichtlich gelöst. Das Geschichtsbild konnte daher nur universal gedacht werden. Johannes von Salisbury (um 1115-1180) wollte in seiner Kirchen- und Papstgeschichte den Menschen Beispiele für Belohnung und Bestra-

Augustinus

Benzo von Alba, Paulus Orosius und der Sachsenspiegel

Beda Venerabilis, Johannes von Salisbury, Otto von Freising

fung vor Augen führen, um das göttliche Wirken besser verstehen zu können. Bischof Otto von Freising († 1158) stellte die Vergänglichkeit alles Irdischen in den Vordergrund und suchte die Menschen auf den Weg des Friedens des Reiches Christi zu führen. Die Geschichte wurde als große Lehrmeisterin des Lebens verstanden und in den Dienst der biblischen Exegese gestellt. Sie war daher im Mittelalter keine eigenständige Wissenschaft (wie im Übrigen auch die Naturwissenschaften), sondern diente innerhalb der *Septem artes liberales* (sieben freie Künste) zum besseren Verständnis des *Triviums* (Dreischritt) innerhalb der Grammatik und der Rhetorik.

Weltchronistik   Mittelalterliche Geschichtsschreibung war oft Weltchronistik. Das bekannteste Beispiel ist die berühmte Weltchronik des Hartmann Schedel (1440-1514) von 1493, einem Arzt, Humanist und Historiker aus Nürnberg. Die lateinische Auflage umfasste 1400 Exemplare, die deutsche 700. Über 1 800 Holzschnitte aus der Wolgemut Werkstatt illustrieren das einmalige Werk. Der inhaltliche Aufbau folgt der Lehre der sieben Weltzeitalter.

Literatur: Aurelius AUGUSTINUS, De civitate Dei. Vom Gottesstaat, übersetzt von Carl ANDRESEN und Wilhelm THIMME, München 2007 (dtv 34393); BENZO VON ALBA zit. nach: Herbert GRUNDMANN, Geschichtsschreibung im Mittelalter, in: Wolfgang STAMMLER (Hg.), Deutsche Philologie im Aufriss, Bd. 3, Berlin ²1962, Sp. 2283; Otto BRUNNER, Werner CONZE, Reinhard KOSELLECK (Hg.), Geschichtliche Grundbegriffe. Historisches Lexikon zur politisch-sozialen Sprache in Deutschland, 2. Bd., Stuttgart 1975, insbes. Artikel «Geschichte, Historie«, S. 593-716; CICERO, De oratore. Über den Redner. Hg. und übersetzt von Harald MERKLIN, Stuttgart 2004 (RUB 6884); OTTO VON FREISING, Der Chronik des Bichofs Otto von Freising 6. Und 7. Buch, übersetzt von Horst KOHL, New York 1970; Franz FUCHS, Schedel, Hartmann, in: Neue Deutsche Biographie (NDB), Bd. 22, Berlin 2005, S. 600-602; Stephan FÜSSEL (Hg.), 500 Jahre Schedelsche Weltchronik, Nürnberg 1994; Herbert GRUNDMANN, Geschichtsschreibung im Mittelalter. Gattungen – Epochen – Eigenart, Göttingen 1965; HERODOT, Das Geschichtswerk des Herodot von Halikarnassos, aus dem Griechischen von Theodor BRAUN, Leipzig 2001; HERODOT, Historien, hg. übersetzt von Josef FEIX, Bibliothek der Alten Welt, 2 Bde., München, Düsseldorf, Zürich 2004 und 2006; *vgl. auch:* HERODOT, Historien: Der Antrag des Otanes für die Demokratie 3,80 (7), URL: www.gottwein.de/Grie/herod/hdt03080.php (18.10.2009); Immanuel KANT: zit. nach: Holger SONNABEND, Thukydides Hildesheim 2004 (Studienbücher Antike 13), S. 111; Elisabeth MÉGIER, Christliche Weltgeschichte im 12. Jahrhundert – Untersuchungen zu Hugo von Fleury, Ordericus Vitalis und Otto von Freising, Frankfurt/M. u. a. 2010 (Beihefte zur Mediävistik 13); TACITUS, Germania. Übersetzt und erläutert von Manfred Fuhrmann, Stuttgart 2009 (RUB 726); Eike von REPGOW, der Sachsenspiegel, Landrecht und Lehnrecht, Stuttgart 2005 (RUB 3355); Christoph RESKE, Die Produktion der Schedelschen Weltchronik in Nürnberg, Wiesbaden 2000; Elisabeth RÜCKER, Hartmann Schedels Weltchronik, das größte Buchunternehmen der Dürerzeit, München 1988; THUKYDIDES, Geschichte des Peloponnesischen Krieges, griechisch-deutsch von Georg Peter LANDMANN, 2 Bde., München 1993; Peter ZAHN, Hartmann Schedels Weltchronik. Bilanz der jüngeren Forschung, in: Bibliotheksforum Bayern 24 (1996), S. 230-246.

2.1.2 Neue Ansätze in der Frühen Neuzeit

Humanismus   Der Humanismus löste sich vom theologischen Geschichtsdenken des Mittelalters und betonte die Notwendigkeit des Auffindens und der Interpretation von (antiken) Quellen; zugleich hatte der Humanismus aber auch einen betont nationalen Impuls. Nicht umsonst wurde die damals wieder entdeckte *Germania* des Tacitus zwar einerseits zum sprachlich-intellektuellen Studienobjekt der Humanisten, andererseits aber auch zum Kristallisationspunkt eines frühneuzeitlichen deutschen Nationalismus. In nachhumanistischer Zeit nahm dann der Hallenser Professor Christoph Cellerarius (1638-1707) eine neue, bis heute grundlegende Periodisierung der Geschichte vor, indem er zwischen den drei Epochen Antike, Mittelalter und Neuzeit unterschied.

Das säkulare Weltbild der Aufklärung lehnte die göttliche Vorsehung in der Überzeugung ab, dass der Mensch mit Hilfe der Vernunft die Welt und auch die Geschichte erkennen könne und löste sich so von der heilsgeschichtlich-teleologischen Sicht. Dennoch hielten Historiker und Philosophen der Aufklärung und des deutschen Idealismus an zwei Elementen des christlichen Geschichtsdenkens fest. So suchten sie im Ereigniszusammenhang des geschichtlichen Geschehens eine innere Einheit und Logik zu finden, um die unsichtbaren Kräfte hinter der Geschichte zu erkennen und diese als Gesamtgeschehen verstehen zu können (Geschichtsphilosophie) (1681 *Discours sur l'histoire universelle* von Bossuet, 1725 *Scienza Nova* von Giambattista Vico, 1751 *Plan de deux discours sur l'histoire universelle* von Anne Robert Turgot, 1765 *La philosophie de l'histoire* von Voltaire).

Aufklärung

In den Zeitläuften der Geschichte meinten sie, den geistigen Fortschritt des Menschen im Hinblick auf Humanität, Weltbürgertum und Freiheit zu erblicken. Grundlage dieser Erkenntnis ist der Glaube an die unabänderlich gute Natur des Menschen und an die Geschichte als einheitliches Geschehen. Giambattista Vico (1668-1744) suchte 1725 in seinem Werk *Scienza Nova* („Neue Wissenschaft"), einer Natur- und Kulturgeschichte, nach allgemeinverbindlichen Regeln (Sprachen, Sitten, Gesellschafts- und Regierungsformen), denen alle Gesellschaften in der Geschichte folgen (soziologische Geschichtsbetrachtung). Vicos Geschichtsbild, welches die göttliche Vorsehung zu beweisen sucht, besteht aus einer Folge von Zeitaltern, die sich periodisch wiederholen. *Verum quia factum* („Als wahr erkennbar ist nur das, was wir gemacht haben") schreibt Vico in bewusster Abkehr von der scholastischen Erkenntnis *Verum est ens* („das Sein ist die Wahrheit").

Bossuet, Vico, Turgot

Voltaire erforschte in *La philosophie de l'histoire* („Philosophie der Geschichte") den Einfluss natürlicher Ursachen, wie Klima, Regierung und Religion, auf den Ablauf der Geschichte und gab der empirischen Erforschung den Vorrang vor Ursprungs- und Endzeitspekulationen (*Ce qui n'est pas dans la nature n'est jamais vrai* („Was in der Natur nicht existiert, ist niemals wahr"). Für Voltaire waren Recht, Gesetz und Religion abhängig von den Normen der Natur und der Vernunft, in der er die gestaltenden Faktoren der Geschichte erblickte. Condorcet sah 1794 in seinem „Entwurf einer historischen Darstellung des menschlichen Geistes" in der Geschichte ein irreversibles, notwendiges, gesetzmäßiges Vorwärtsstreben der Menschheit im Hinblick auf ihre Vervollkommnung ohne Rückschritt.

Voltaire, Condorcet

Literatur: Zum vorausgehenden Kapitel ist grundsätzlich zu vergleichen: Emil ANGEHRN, *Geschichtsphilosophie, Stuttgart, Berlin, Köln 1991; außerdem für Einzelfragen:* BENEDIKT XVI., *Einführung in das Christentum, München* 6*2005; Giambattista* VICO, *La scienza Nuova, hg. von Eric* VOEGELIN, *München 2003;* DERS., *Die neue Wissenschaft. Über die gemeinschaftliche Natur der Völker, Berlin* 2*2000.*

2.1.3 Geschichtsvorstellungen im 19. und 20. Jahrhundert

Die klassische deutsche Geschichtsphilosophie beginnt mit Immanuel Kant (1724-1804), der in seiner „Idee zu einer Geschichte in weltbürgerlicher Absicht" keinen der

Kant

Geschichte zugrunde liegenden Plan im Hinblick auf die Vervollkommnung der Menschheit erkennen kann:

> „Da die Menschen in ihren Bestrebungen nicht bloß instinktmäßig, wie die Tiere, und doch auch nicht, wie vernünftige Wesen nach einem verabredeten Plane, im Ganzen verfahren, so scheint auch keine planmäßige Geschichte [...] von ihnen möglich zu sein. Man kann sich eines gewissen Unwillens nicht erwehren, wenn man ihr Tun und Lassen auf der großen Weltbühne aufgestellt sieht; und bei hin und wieder anscheinender Weisheit im einzelnen, doch endlich alles im großen aus Torheit, kindischer Eitelkeit, oft auch kindischer Bosheit und Zerstörungssucht zusammengewebt findet: wobei man am Ende nicht weiß, was man sich von unserer auf ihre Vorzüge so eingebildeten Gattung für einen Begriff machen soll. Es ist hier keine Auskunft für den Philosophen, als dass, da er bei Menschen und ihrem Spiele im großen gar keine vernünftige eigene Absicht voraussetzen kann, er versuche, ob er nicht eine Naturabsicht in diesem widersinnigen Gange menschlicher Dinge entdecken könne; aus welcher von Geschöpfen, die ohne eigenen Plan verfahren, dennoch eine Geschichte nach einem bestimmten Plane der Natur möglich sei." (Kant, Idee zu einer Geschichte in weltbürgerlicher Absicht)

Allein der Naturzweck, der auf den Grundlagen der Freiheit, Selbsterhaltung und Sicherheit beruht, vermag für Kant in derselben Schrift das Ziel einer weltbürgerlichen Gesellschaft zu erreichen, über deren Wohlergehen eine übergreifende Weltorganisation, ein „Völkerbund" wachen soll:

> „Die Natur hat also die Unvertragsamkeit der Menschen, selbst der großen Gesellschaften und Staatskörper dieser Art Geschöpfe, wieder zu einem Mittel gebraucht, um in dem unvermeidlichen Antagonismus derselben einen Zustand der Ruhe und Sicherheit auszufinden; d. i. sie treibt durch Kriege, durch die überspannte und niemals nachlassende Zürüstung zu denselben, durch die Not, die dadurch ein jeder Staat, selbst mitten im Frieden, innerlich fühlen muss, zu anfänglich unvollkommenen Versuchen, endlich aber nach vielen Verwüstungen, Umkippungen, und selbst durchgängiger innerer Erschöpfung ihrer Kräfte zu dem, was ihnen Vernunft auch ohne so viele traurige Erfahrung hätte sagen können, nämlich: aus dem gesetzlosen Zustande der Wilden hinauszugehen, und in einen Völkerbund zu treten; wo jeder, auch der kleinste Staat seine Sicherheit und Rechte, nicht von eigener Macht oder eigener rechtlichen Beurteilung, sondern allein von diesem großen Völkerbunde (*Foedus Amphictyonum*), von einer vereinigten Macht und von der Entscheidung nach Gesetzen des vereinigten Willens erwarten könnte."

Fichte und Hegel   Johann Gottlieb Fichte (1762-1814) betonte etwa in seinen „Reden an die deutsche Nation" 1808 die historische Erfahrung und Urteilskraft des Menschen gegenüber den von Kant formulierten abstrakten Prinzipen, der so seine Geschichte selbst gestaltet. Georg Wilhelm Friedrich Hegel (1770-1831) vermeinte hinter der Geschichte einen stetig fortschreitenden „Weltgeist", eine über die Welt herrschende Vernunft, zu erblicken, die er mit der göttlichen Vorsehung gleichsetzte. Die Weltgeschichte ist für Hegel „die geistige Wirklichkeit in ihrem ganzen Umfange von Innerlichkeit und Äußerlichkeit". Erst in ihr wird der (objektive) Geist zum allgemeinen „Weltgeist", während das „Weltgericht" als Ausprägung des endlichen (subjektiven wie objektiven) Geistes das absolute Recht verkörpert. In der Weltgeschichte findet nach Hegel die endgültige Versöhnung von Natur und Geist statt, womit der „ewige Friede" erreicht wird. Durch die Versöhnung der Völker hören alle Kriege auf und die Geschichte findet ihre Erfüllung. Der Traum der Freiheit treibt Hegel zu Folge die großen Fortschritte in der Weltgeschichte voran: „Die Weltgeschichte ist ein Fortschritt im Bewusstsein der Freiheit - ein Fortschritt, den wir in seiner Notwendigkeit zu erkennen haben." Für Hegel ist die orientalische Welt das Kindheits- und Knabenalter der Menschheit, die griechische Welt die Jünglingszeit, die römische Welt die Manneszeit und die germanische Welt in Westeuropa das Greisenalter. In der Geschichte der Völker unterschied Hegel erstens die

Periode des „Hervorbringens" großer Werke und zweitens die Periode der „Reflexion" und „Subjektivität" bestehender Tugend- und Moralvorstellungen. Dabei kann nach Hegel ein Volk nur einmal eine weltgeschichtlich bedeutende Rolle spielen. Hegel erkannte die Standortgebundenheit bei der Geschichtsbetrachtung: „Auch der gewöhnliche mittelmäßige Geschichtsschreiber, der etwa meint und vorgibt, er verhalte sich nur aufnehmend, nur dem Gegebenen sich hingebend, ist nicht passiv mit seinem Denken; er bringt seine Kategorien mit und sieht durch sie das Vorhandene."

Gegen Ende des 18. Jahrhunderts wurde die Geschichte zum politischen und sozialen Leit- und Legitimationsbegriff für verschiedene Ideologien. Karl Marx (1818-1883) formulierte in seinem „Manifest der Kommunistischen Partei" zusammen mit Friedrich Engels (1820-1895) 1848 den „Historischen Materialismus" der Geschichte der Menschheit als eine Reihe von gesellschaftlichen Klassenkämpfen (im Wesentlichen: Urgesellschaft, antike Sklavenhaltergesellschaft, feudalistische Gesellschaft, kapitalistische Gesellschaft, sozialistische bzw. kommunistische Gesellschaft) bis nach der Überwindung des Kapitalismus in der Zeit des Kommunismus alle Klassen und das Eigentum an „Produktionsmitteln" aufgehoben sind. Nach der Lehre des Historischen Materialismus bestimmen ökonomische Prozesse, das gesellschaftliche Sein, die gesellschaftliche Entwicklung, und nicht das Bewusstsein das Sein (Lehre von „Basis und Überbau"): Manifest der Kommunistischen Partei

Historischer Materialismus

> „Die materialistische Anschauung der Geschichte geht von dem Satz aus, dass die Produktion, und nächst der Produktion der Austausch ihrer Produkte, die Grundlage aller Gesellschaftsordnung ist; dass in jeder geschichtlich auftretenden Gesellschaft die Verteilung der Produkte, die und mit ihr die soziale Gliederung in Klassen oder Stände, sich danach richtet, was und wie produziert und wie das Produzierte ausgetauscht wird. Hiernach sind die letzten Ursachen aller gesellschaftlichen Veränderungen und politischen Umwälzungen zu untersuchen nicht in den Köpfen der Menschen, in ihrer zunehmenden Einsicht in die ewige Wahrheit und Gerechtigkeit, sondern in Veränderungen der Produktions- und Austauschweise; sie sind zu suchen nicht in der Philosophie, sondern in der Ökonomie der betreffenden Epoche." (Engels, Dühring)

Gesellschaftliches Sein und Bewusstsein, Notwendigkeit und Freiheit stehen in einem dialektischen Verhältnis zueinander („Kampf um die Einheit der Gegensätze"). Der Historische Materialismus überwindet so den Idealismus von Hegel. Marx und Engels haben mit ihrer politischen Philosophie der Wirtschafts- und Sozialgeschichte entscheidende Impulse verliehen. Die große Zeit der Geschichtsphilosophie endet mit Oswald Spenglers (1880-1936) zweibändigem geschichtsphilosophischem Werk „Der Untergang des Abendlandes" von 1918/23. Seine zentrale These ist die Kritik an seiner Zeit, die kulturellen Hinterlassenschaften der Vergangenheit in einer Zeit des angeblichen Verfalls in den 1920er Jahren zu bewahren. Spengler übertrug die biologischen Erkenntnisse der Morphologie auf die Geschichtsphilosophie, um zu erklären, warum auch die großen „Hochkulturen" der Menschheit als lebende Organismen verschiedene Stadien (Jugend, Reifung, Altern, Aussterben) durchlaufen. Spenglers Ideen wurden vielfach rezipiert, darunter von dem bekannten Kulturtheoretiker und einem der letzten Universalhistoriker Arnold J. Toynbee (1889-1975) (*A Study of History* – „Der Gang der Weltgeschichte") oder dem amerikanischen Politikwissenschaftler Samuel P. Huntington (1927-2008) (*Clash of Civilizations* – „Kampf der Kulturen"). Spengler gilt irrtümlich als einer der geistigen Wegbereiter des Nationalsozialismus. Spengler, Toynbee, Huntington

Neben der Geschichtsphilosophie zielte der „Historismus" des 19. Jahrhunderts auf die Etablierung der Geschichte als Wissenschaft ab (vgl. insbes. 1.3.1). Wie bereits er- Historismus wähnt, unterschied Wilhelm Windelband (1848-1915) strikt zwischen Natur- und Kulturwissenschaften. Erstere leiten ihre Erkenntnisse aus Gesetzen ab. Letztere beschreiben einzelne Phänomene auf der Basis der hermeneutischen Methode. Gegenwärtige gesellschaftliche Probleme lassen sich nach Auffassung des Historismus nur historisch verstehen und erklären. Der Fortschrittsglaube der Aufklärung und die geschichtsphilosophischen Ansätze werden vom Historismus ebenso abgelehnt wie eine Hierarchisierung von Epochen oder Kulturen. In Deutschland verwendete der Kulturphilosoph Friedrich von Schlegel (1772-1829) erstmals 1797 diesen Begriff, indem er die Antike nicht philosophisch interpretiert sehen wollte, sondern aus ihrer Zeit heraus zu verstehen suchte.

**„Annales",
Diskursanalyse,
Strukturalismus**

Zur Haltung der französischen „Annales"-Schule und ihrer Vertreter Bloch und Febvre zu Fragen der Geschichtstheorie wurden ebenfalls bereits oben (vgl. 1.1.2) einige zentrale Aspekte angesprochen. Erhebliche Impulse für das Geschichtsdenken gingen auch von Michel Foucault aus, dessen Diskursanalyse - die manche dem von Sprachwissenschaftlern und Ethnologen geprägten Strukturalismus zurechnen - nach dem Zusammenwirken von sprachlichem (und nichtsprachlichem) Handeln und Strukturen und sozialen und institutionellen Strukturen fragt. In Deutschland ist in diesem Zusammenhang der Soziologe Jürgen Habermas zu nennen, dessen Ansatz, der sich von Foucault erheblich unterscheidet, aber für die Geschichtswissenschaft bisher nicht so bedeutend war wie der Foucaults.

Insgesamt war das 20. Jahrhundert von einer zunehmenden Aufsplitterung der Geschichtswissenschaft in Einzeldisziplinen mit unterschiedlichen Zugangsweisen zur Geschichte geprägt. (vgl. 1.4 im Allgemeinen, 1.4.7 im Besonderen).

Literatur: Zum vorausgehenden Kapitel ist - wie zu Kap. 1.4.7 - zu vergleichen: ANGEHRN 1991; Johannes ANGERMÜLLER, Katharina BUNZMANN, Martin NONHOFF (Hg.), Diskursanalyse - Theorien, Methoden, Anwendungen, Hamburg 2001; Siegfried BAUER, Versuch über die Historik des jungen Ranke, Berlin 1998; Paul COBBEN u. a. (Hg.), Hegel Lexikon, Darmstadt 2006; Dina EMUNDTS, Rolf Peter HORSTMANN, Georg Wilhelm Friedrich Hegel. Eine Einführung, Stuttgart 2002 (RUB 18167); Friedrich ENGELS, Herrn Eugen Dührings Umwälzung der Wissenschaft, S. 487. Digitale Bibliothek Band 11: Marx/Engels, S. 8118 (vgl. MEW 20, S. 248f); Michel FOUCAULT, Die Archäologie des Wissens, Frankfurt/M. 1981 (Suhrkamp TB Wissenschaft 356); DERS., Die Ordnung des Diskurses, Frankfurt/M. 1991 (Fischer 10083); DERS., Die Ordnung der Dinge, Frankfurt/M. [20]2008 (Suhrkamp TB Wissenschaft 96); Friedrich FULDA, Georg Wilhelm Friedrich Hegel, München 2003; Georg Friedrich Wilhelm HEGEL, Der allgemeine Begriff der philosophischen Weltgeschichte, *zit. nach* Kurt ROSSMANN, Deutsche Geschichtsphilosophie (ausgewählte Texte von Lessing bis Jaspers), München 1969; Thomas Sören HOFFMANN, Georg Wilhelm Friedrich Hegel. Eine Propädeutik, Wiesbaden 2004; Samuel HUNTINGTON, Kampf der Kulturen - die Neugestaltung der Weltpolitik im 21. Jahrhundert, München [4]1997; Walter JAESCHKE, Hegel-Handbuch. Leben - Werk - Wirkung, Stuttgart 2003; Immanuel KANT, Idee zu einer Geschichte in weltbürgerlicher Absicht; *zit. nach* Kurt ROSSMANN, Deutsche Geschichtsphilosophie (ausgew. Texte von Lessing bis Jaspers), München 1969; Immanuel KANT, Schriften zur Geschichtsphilosophie, hg. von Manfred RIEDEL, Stuttgart 2004 (RUB 9694); Karl MARX, Zur Kritik der politischen Ökonomie, S. 4f. Digitale Bibliothek Bd. 11: Marx/Engels, S. 2896f (vgl. MEW Bd. 13, S. 8f); Georg RÖMPP, Hegel leicht gemacht, Stuttgart 2008; Oswald SPENGLER, Der Untergang des Abendlandes - Umrisse einer Morphologie der Weltgeschichte, Stuttgart 1981 (erstmals in 2 Bdn. 1918 und 1923); Martin WAHLER, Leopold von Ranke und die moderne Geschichtswissenschaft, Stuttgart 1988; Wilhelm WINDELBAND, Geschichte und Naturwissenschaft, Straßburg 1894.

2.2 Geschichte denken und darstellen: Rekonstruktion und Dekonstruktion

2.2.1 Ein Historiker beginnt seine Suche nach der Wahrheit

Nach Beatrice Ziegler sind Rekonstruktion und Dekonstruktion Wortbeschreibungen über den „ganzen Prozess der Erstellung einer historischen Aussage". Dabei nehme man, so Waltraud Schreiber, auf bisher bearbeitete Geschichte Bezug, wenn man von einer geeigneten Fragestellung ausgehend die Quellen der Vergangenheit interpretiert und miteinander in Kontexte stellt. Konstruktionskompetenz liege dann, so Beatrice Ziegler, „in der Bereitschaft, der Fähigkeit und der Fertigkeit, den Prozess der Rekonstruktion vorzunehmen und durchzuführen mit dem Ergebnis einer triftigen Narration." Das klingt zunächst logisch, aber auch sehr technisch. Ist diese Definition zu einfach? Eine Beobachtung der Re- und Dekonstruktionstätigkeit eines Historikers – nennen wir ihn Historiker X – soll nachvollziehbar Antworten auf diese Frage generieren. Historiker X möchte gerne wissen, wie Menschen die ideologische Erziehung in der Hitlerjugend Jahrzehnte später erinnern und welche Aussagen man daraus über die „Architektur" der propagandistischen „Erlebnispädagogik" der HJ folgern kann.

Der fiktive Historiker X

Als Ausgangstext dient ihm ein Ausschnitt aus dem Buch von Melita Maschmann: „Fazit. Mein Weg in der Hitlerjugend. Kein Rechtfertigungsversuch." (vgl. den Quellentext als Anhang nach Kap. 2.2.3). Die Absicht, die Melita Maschmann mit ihrem Buch verfolgte, war Menschen, die sich immer automatisiert zu rechtfertigen versuchen, weil sie Mitglied in der HJ oder der NSDAP waren, dadurch zu helfen, dass die verworrenen Beweggründe aus der Sicht einer Funktionsträgerin dargestellt werden. Es ging der Autorin um eine Enttabuisierung dieser Erfahrungen, darum, dass ein Sprechen und Nachdenken darüber bei Betroffenen und Spätergeborenen einsetzen kann, das nicht bereits von Vorurteilen besetzt ist.

Textbeispiel. Maschmann

Historiker X vollzieht nun nach, was – so Lothar Steinbach – „Droysen als den zweiten Fundamentalsatz geschichtlicher Rekonstruktionsarbeit ansieht: Unsere Methode sei forschend zu verstehen" (Historik, 22). Zuerst denkt Historiker X: Welche Emanzipation von der Ideologie, welche rationale Distanz, welche Selbsterkenntnis (?). Er schaut sich den Text genauer an und kommt ins Zweifeln: Kann man enthusiastisch für etwas kämpfen, worüber man sich anscheinend gar nicht informiert hatte? Kann es eine lebensgeschichtliche Emanzipation sein, wenn sie doch die einfachste Losung der Nazi-Erziehung - Erlebnisse prägen - internalisiert hat und sich dieser selbst in einer kognitiven, rational erklärenden Erinnerungskonstruktion kaum erwehren kann? Denn Sport, Lagerfeuer, Wandern, die sie in „besserer Erinnerung" behält, sind solche prägenden Erlebnisse. Kann sie sich nicht einfach losreißen, anstatt sich der „fatalen Inhaltslosigkeit" und der „sprachlichen Dürftigkeit" zu fügen und Karriere in der Hitlerjugend zu machen? Geschichtswissenschaftliche Kenntnisse sagen Historiker X: Erst 1939 erschienen die Durchführungsbestimmungen für das „Gesetz über die Hitler-Jugend 1936", die die Pflicht zur Mitgliedschaft unter Androhung von Strafe für die Eltern in die Praxis umsetzen konnten. Davor, insbesondere bis zum Oktober 1932, hatte die HJ einen schlechten Ruf und war bekannt für rüpelhaftes Benehmen. Sie spielte schlichtweg

Prozess-simulationen

kaum eine Rolle in Hitlers Zukunftsplänen. „Groß" und „wesentlich" war sie zu dieser Zeit jedenfalls nicht.

Verwendete Sprache

Als nächstes kontrastiert Historiker X die verwendete Sprache („Kampfzeit", „Geländespiele", „Kameradinnen", „Fahrtenbetrieb", „Jungarbeiterinnen" usw.) dem Inhalt und der Gliederung ihrer Erzählung. Sie spricht viel über Langeweile und inszeniert in der Darstellung eine Abkehr vom HJ-System. Die Sprache aber verrät sie. Über dem polarisierten Widerspruch zwischen ihren Gefühlen (Drang, Bindung) und der Ernüchterung, die sie in schmutzigen Kellern verspürt haben will und die sie sprachlich überhöht und periodisch wiederkehrend betont, realisiert sie nicht, dass auch sie von der *Lingua tertii imperii* (der Sprache des Dritten Reiches nach einem Buchtitel Victor Klemperers) innerlich kolonisiert worden war. Scheinbar ist ihr die Politisierung ihrer damaligen Lebenswelt bis heute noch nicht ausreichend bewusst. Im letzten Abschnitt betont sie ihre Enttäuschung gegenüber den kleinbürgerlichen Gefährtinnen in der „arbeitenden Jugend". Damit versucht sie zu zeigen, dass sie der Enge dieser Welt, der leichten Verführbarkeit, vermeintlich entkommen konnte. Diese reflexive Distanz ist aber in Wahrheit nur eine Entschuldigungsmetapher für das „Memento ihrer eigenen Verfügbarkeit", denn der Appell an die menschlichen Schwächen, z. B. schnell aufsteigen und Macht haben zu können – war in der Hitlerjugend doch Programm (Jugend führt Jugend, Jugendführerpositionen: Aufstieg durch ausgeschaltete Selbstreflexion)! Hatte sie dafür sogar eine Disposition? Immer mehr gewinnt Historiker X den Eindruck, dass die Strategien (Polarisieren, nicht zu »diesen« Jungarbeiterinnen gehören etc.) und Argumente, mit denen Melita Maschmann ihre wieder gewonnene kognitive Mündigkeit inszeniert, in Wirklichkeit nur Beweise der Langzeitwirkung ihrer verinnerlichten Gleichschaltung sind (z. B. sich als etwas „Besseres" fühlen?).

Was sagt die Quelle eigentlich?

Darum stellt sich ihm zunächst die Frage, über welchen Aspekt diese Quelle eine Aussage macht: Über eine, wie Heinz Bude es nannte, „Lebenskonstruktion" der Zeitzeugin, in der sich die Entindividualisierung der menschlichen Wahrnehmung, der Gefühle, des Erlebens in dem Dilemma reproduziert, „entnazifiziert" wirken und zugleich diese Lebensepochen nicht wegwerfen zu wollen? Oder über die technische Perfektion, die das System der Nazis in der nachhaltigen Beeinflussung von Menschen aufwies? Ist das die Erzählung einer Frau, die Teile ihrer Lebensgeschichte mental nicht verorten kann, weil ihr Gedächtnis bei den entscheidenden Momenten der Emanzipation still steht und schweigt? Oder ist es eine (ungewollte) Erzählung darüber, wie perfekte Propaganda ins Gehirn der Masse kriecht? Eines ist ihm bereits klar: Eine Vorzeigezeitzeugin ist sie nicht. Sonst würde sie intensiver über ihren eigenen Umgang mit Geschichte reflektieren. Die Kultur des Zweifelns, die seinen Historikergeist okkupiert, behütet ihn vor solcher Banalität.

Literatur: Heinz BUDE, Lebenskonstruktionen als Gegenstand der Biographieforschung, in: Gerd JÜTTEMANN, Hans THOMAE (Hg.), Biographische Methoden in den Humanwissenschaften, Weinheim, Basel 1999, S. 247-258; Wolfgang KEIM, Erziehung unter der Nazi-Diktatur, Bd. II: Kriegsvorbereitung und Holocaust, Darmstadt 1997, Victor KLEMPERER, Victor: LTI, Stuttgart [22]2007 *(zum Begriff der lingua tertii imperii)*; Bedrich LOEWENSTEIN, Identitäten – Vergangenheiten – Verdrängungen, in: Dagmar KLOSE, Uwe UFFELMANN (Hg.): Vergangenheit. Geschichte. Psyche. Ein interdisziplinäres Gespräch, Idstein 1993 (Forschen – Lehren – Lernen 7), S. 13-34, *(zum Phänomen, dass – in Anlehnung an Margarete Mitscherlich – das Vergessen des Bösen bekanntlich die Erlaubnis zu seiner Wiederholung enthalte)*; Melita MASCHMANN, Fazit. Mein Weg in der Hitlerjugend, Stuttgart 1963; Waltraud SCHREIBER, Kompetenzbereich historische Methodenkompetenzen, in: Andreas KÖRBER, Waltraud SCHREIBER, Alexander SCHÖNER (Hg.): Kompetenzen historischen Denkens. Ein Strukturmodell als Beitrag zur Kompetenzorientierung in der Geschichtsdidaktik (Bd. 2), Neuried 2007, S. 194-235; Christoph SCHUBERT-WELLER, Hitlerjugend. Vom „Jungsturm Adolf Hitler" zur Staatsjugend des Dritten Reiches, Weinheim u. a. 1993; Lothar STEINBACH, der Einzelne und das Allgemeine – Überlegungen zu unserem Umgang mit Geschichte aus historistischer und sozialpsychologischer Sicht, in: Dagmar KLOSE, Uwe UFFELMANN (Hg.): Vergangenheit. Geschichte. Psyche. Ein interdisziplinäres Gespräch, Idstein 1993 (Forschen – Lehren – Lernen 7), S. 35-56; Beatrice ZIEGLER: Die Graduierung der Re-Konstruktionskompetenz, in: KÖRBER, SCHREIBER, SCHÖNER (wie oben), S. 523-545.

2.2.2 Der Historiker konstruiert die Geschichte im Spannungsfeld zwischen Erzählung und Kontextwissen

Als Historiker begibt sich Historiker X auf die Suche nach der historischen Wahrheit und dekonstruiert einen solchen Text. Er denkt an Lucien Febvre: „Gelangte man denn durch die Texte zu den Tatsachen? So jedenfalls behauptet man: Geschichte hieß, die Tatsachen feststellen und sie dann ins Werk setzen. [...] lassen sich die Tatsachen direkt ablesen? Keineswegs: geduldige, planvoll zusammenwirkende Arbeiter stellen sie langsam mit Hilfe von tausenden klug ausgewerteten Beobachtungen und Zahlenangaben zusammen [...] Das Wesentliche seiner Arbeit besteht doch darin, die Objekte seiner Beobachtung sozusagen zu erzeugen." Das Gewissen des Historikers X spielt jetzt den Beobachter seiner allmählich reifenden Erzählkonstruktion. „Die Historiographie", so Haydn White, „schafft die Gegenstände, die sie zu beschreiben vorgibt." Historiker X ist sich immer noch nicht sicher, was genau er beschreiben möchte: Melita Maschmanns Biographiekonstrukt oder das in diesem aufblitzende, sich artikulierende (repräsentierende) totale Erfassungssystem der Nationalsozialisten?

Febvre und White: Texte und Tatsachen

Deshalb sucht er nun nach Quellen, nach „Vergangenheitspartikeln" (Schreiber), durch deren Korrelat er sich selbst Klarheit über die Bedeutung dieser Geschichte verschaffen möchte. Zunächst beginnt er mit dem Propagandafilm „Hitlerjunge Quex", der 1933 als UfA-Tonfilm in den Kinos erschien und zehntausende Jugendlicher in die bis dahin unpopuläre Hitlerjugend trieb. Der Film wurde von dem Regisseur Hans Steinhoff nach einem Roman von Karl Aloys Schenzinger gedreht und bezieht sich auf die Biographie des Hitlerjungen Herbert Norkus, der von Kommunisten in Berlin getötet worden war und hier als Märtyrer stilisiert wird. „Hitlerjunge Quex" war einer der ersten Propagandafilme der Nationalsozialisten. Er wurde von der Prüfstelle als „künstlerisch besonders wertvoll" eingestuft. Er durfte wegen des Verbots durch das Oberkommando der alliierten Siegermächte nach dem Krieg nicht mehr aufgeführt werden und galt als „Vorbehaltsfilm". Bis heute ist seine Aufführung nur in Teilen im Rahmen von Bildungsveranstaltungen mit sachkundiger Begleitung erlaubt.

Vergleichsquellen

Es geht um Heini Völker, den Sohn eines kommunistischen Proleten, der sich – hin- und hergerissen zwischen dem politischen Willen seines Vaters und den äußerlichen Verheißungen der HJ – in fast dramaturgischer Qualität mehr und mehr von seinem Elternhaus lossagt und dem Zuschauer schon allein deshalb als mündig und stark erscheint. Doch der Zuschauer wird ein Teil des Plots; in jeder einzelnen Szene muss er sich mitentscheiden, was ihm durch das anfängliche „Abdrehen der Kamera" erleichtert wird. „Größe" und „Wesentlichkeit" spielen für diesen Jungen tatsächlich eine Rolle: Das Gefühl ist mehr als der Verstand. Wenn z. B. Melita Maschmann diesen Film gesehen und seine Wirkungsweise bis heute nicht aufgearbeitet hat, wird Historiker X klar, warum sich der Erfassungsprozess ihres Bewusstseins in der Erinnerungskonstruktion

„Hitlerjunge Quex"

selbst bei anderslautender Intention stetig wiederholt. Als nächstes besorgt er sich den „Dienstplan eines HJ-Lagers" und stellt fest, dass die in Maschmanns Darstellung überbetonten politischen Schulungen eine zeitlich nur marginale Bedeutung hatten – ganz im Gegensatz zu den Erzählanteilen in ihrer Darstellung. Auffällig erscheint Historiker X im Lagerplan auch die zeitintensivere Bedienung individueller Interessen: Es gab Bastelstunden für die „Pimpfe", und als Jugendlicher konnte man in die Motor-, Flieger, Nachrichten-, Reiter- und Marine-HJ gehen und dort z. B. den Flugschein machen. Solche Sondereinheiten standen zwar nicht überall zur Verfügung, stellten sich aber als Ansammlung privilegierter Jungen, Gymnasiasten oder Kindern aus dem gehobenen Mittelstand, dar, die ihre Sonderstellung gegen „Eindringlinge" schützen wollten. Diese Selbsteinschätzung passt sehr gut zu Melita Maschmanns Darstellungen gegenüber den „Jungarbeiterinnen". Historiker X besorgt sich Zeitzeugenerzählungen, bei denen er sich ganz genau die leuchtenden Augen der Jungen und Mädchen vorstellen kann. Er fragt sich dabei, ob Maschmanns verkrampfte Inszenierung dem Leser einen geistigen Befreiungsprozess glaubhaft vermitteln kann?

Recherche in der Fachliteratur

Angesichts solch fulminanter Wahrheitskonstruktionen taucht Historiker X in Fachliteratur ein: Arno Klönne über die Widersprüche in der HJ-Sozialisation, Gisela Miller-Kipp über den Bund Deutscher Mädel in der HJ, Ulrich Herrmanns „Probleme einer nationalsozialistischen Pädagogik". Und als er etwas über den „Erzieherstaat" erfahren möchte, kommt er an Herrmann nicht vorbei. Bei ihm kann er nachlesen, wie die Dialektik zwischen der Erfüllung des Gefühls und der Erfassung der Persönlichkeit die Methode der Nazi-Erziehung wurde. Doch noch ist ihm unklar: War Maschmann nun genau das, was Hubert Steinhaus den „nationalsozialistischen Menschen" nannte, mit allen Eigenschaften, die Baldur von Schirach in seinen Ausführungen zu den Erziehungszielen aufzählte?

Können benachbarte Wissenschaften helfen?

An diesem Punkt bricht er zu einem interdisziplinären Exkurs auf und liest sich ein in Karl Jaspers' „Philosophie der Grenzsituationen", in denen sich die eigene Existenz artikuliere. Für die Zeitzeugin heißt das: Wann wurde sie vom Opfer zum Täter? Dieser Verwandlungsprozess, den Primo Levi oder Robert Frister in ihren Büchern sogar bei KZ-Insassen wahrnehmen und beschreiben, berührt ihn. Melita Maschmann aber blendet diese Möglichkeit in ihrer „retrospektiven Illusion" völlig aus: Dass Menschen in bestimmten Lebenssituationen Eigenschaften annehmen, die ihrem Charakter eigentlich widersprechen, und dass sie diese Verwandlung selbst nicht einmal bemerken: Ist es ihre Angst vor diesem unberechenbaren Moment in sich selbst, die sie zu einer minutiös geplanten Selbstdarstellung, zu einer „Kognitions-Show", verleitet?

Eigentlich ist „Reflexion [...] eine Nachbereitung geschichtlicher Erfahrung, der Versuch, seiner Selbst inne zu werden. Durch Erinnern gewinnen Ursprungserlebnisse einen lebensgeschichtlichen Stellenwert. Allerdings verändern sie sich dabei durch affektive und kognitive Evaluierung", so Lothar Steinbach. Erinnern, sagten bereits die Bertauxs, sei ein aktiver Prozess. Doch wird sie ihrer selbst hier wirklich aktiv „inne". Also: Belügt sie sich und die Leser, wenn sie schreibt: „Kein Rechtfertigungsversuch"? Vielleicht, denkt Historiker X, war das damals in den 1960er Jahren eine Schutzmaßnahme gewesen, als die Aufarbeitung des Nationalsozialismus noch nicht sehr weit vorangekommen war und jede Mitgliedschaft, jede Funktion schon als Beweis der eigenen ideologischen Überzeugung damals galt. Er will sich Schulbücher aus dieser Zeit besorgen und nachschauen, ob der Gegensatz zwischen der Benutzung von Sprachfetzen der „Nazisprache" und dem Zurschaustellen der wieder gewonnenen demokratischen Mündigkeit ein gesellschaftliches Phänomen war. Gut zu erkennen ist diese Ambivalenz z. B. in der Sprache des Inhaltsverzeichnisses des 1960 erschienenen Schulbuchs „Damals und Heute". Historiker X entwickelt die Idee, auch Darstellungen der Geschichtsschreibung in den 1960er Jahren über den Nationalsozialismus sprachlich unter die Lupe zu nehmen.

Das Beispiel der Melita Maschmann wählte Historiker X aus folgendem Grund: Narrative Erinnerungskonstruktionen – biographische Erzählungen – weisen dieselben Prozessmerkmale auf wie die Rekonstruktions- und Dekonstruktionsarbeit des Historikers: Unaufhörlich bewegt sich das Bewusstsein. Es oszilliert zwischen dem Verstand (das weiß ich), dem Gefühl (so könnte es gewesen sein) und dem Gewissen (*Metahistory*). Man kann es sich als dialektische Bewegung vorstellen zwischen Distanzierung und Involvierung, zwischen Kognition und Emotion, zwischen Information und Suggestion, zwischen Isolierung und assoziativer Vernetzung. Diesen Bewegungen ist das Grundsatzthema der Geschichtsschreibung immanent: Der Einzelne und das Allgemeine. Ein solches Bild vom Arbeitsprozess des Re- und Dekonstruierens enthält Facetten, die sehr häufig unter dem Schleier der Wissenschaftssprache begraben liegen oder verdrängt werden.

Prozessreflexionen

Literatur: Vgl. auch aus dem vorhergehenden Kap.: SCHREIBER 2007; STEINBACH 1993; Daniel BERTAUX, Isabelle BERTAUX-WIAME, Autobiographische Erinnerung und kollektives Gedächtnis, in: Lutz NIETHAMMER (Hg.), Lebenserfahrung und kollektives Gedächtnis - die Praxis der Oral History, Frankfurt/M. 1980; Otto BOECK u. a., Damals und Heute - Geschichte für Volksschulen. 7. und 8. Schuljahr, Stuttgart 1960; Pierre BOURDIEU, Die biographische Illusion, in: BIOS 1 (1990), S. 75-81; Karl Dietrich BRACHER, Manfred FUNKE, Hans-Adolf JACOBSEN (Hg.), Nationalsozialistische Diktatur 1933-1945. Eine Bilanz, Düsseldorf 1983 (Bonner Schriften zur Politik und Zeitgeschichte 21) (*mit Berichten ehemaliger Hitlerjungen*); Dienstplan der HJ: Verordnungsblatt der Reichsjugendführung vom 15. März 1934 (Institut für Zeitgeschichte, München DB. 44.02); Lucien FEBVRE, Ein Historiker prüft sein Gewissen, in: Wie Geschichte getrieben wird, Berlin 1990 und 1998, S. 15-29, hier S. 18 f *Febvre (1878-1956) gilt als der Begründer der Historischen Anthropologie*; Roman FRISTER, Die Mütze oder der Preis des Lebens, Berlin 1998 (Erstausg. 1997); Rolf GIESEN, Manfred HOBSCH, Hitlerjunge Quex, Jud Süss und Kolberg. Die Propagandafilme des Dritten Reiches, Berlin 2005; Maurice HALBWACHS, Das kollektive Gedächtnis, Stuttgart 1967; Ulrich HERRMANN: Probleme einer „nationalsozialistischen Pädagogik", in: DERS., „Die Formung des Volksgenossen". Der „Erzieherstaat" des Dritten Reiches. Weinheim/Basel 1986, S. 9-25; DERS., „Völkische Erziehung ist wesentlich nichts anderes denn Bindung", in: ebd., S. 67-79; Karl JASPERS, Was ist der Mensch? Philosophisches Denken für alle. Ausgewählt und mit Kommentaren versehen von Hans SANER, München 2000, S. 129-231; Arno KLÖNNE, Jugend im Dritten Reich. Die Hitler-Jugend und ihre Gegner. Dokumente und Analysen, München 1995; DERS., Widersprüche der HJ-Sozialisation. In: HERRMANN 1986, S. 206-215; Gisela MILLER-KIPP (Hg.): „Auch Du gehörst dem Führer". Die Geschichte des Bundes deutscher Mädel (BDM), Weinheim/München 2001; Primo LEVI, Ist das ein Mensch?, München [17]2009 (Erstausg. 1961); Baldur von SCHIRACH, Die Hitler-Jugend. Idee und Gestalt, Berlin 1934, S. 130f; Hubert STEINHAUS, Die nihilistische Utopie – der nationalsozialistische Mensch. In: HERRMANN 1986, S. 105-116; Haydn WHITE, Auch Klio dichtet oder Die Fiktion des Faktischen. Studien zur Tropologie des historischen Diskurses, Stuttgart 1986, *White S. 64: „Der Historiker muss sein Material interpretieren, insofern, als er die Lücken in seinen Informationen auf der Grundlage von Rückschlüssen und Vermutungen auffüllt"*.

2.2.3 Der Historiker reflektiert seinen eigenen Arbeitsprozess

Historiker X fragt
sich: Technik? -
Hermeneutik!

W. Schreiber über Rekonstruktion und Dekonstruktion: „Idealtypisch ist die Rekonstruktion ein synthetischer Akt, in dem durch die (methodisch regulierte) Bezugnahme auf Vergangenes historische Narrationen, Geschichten, erschaffen werden, und Dekonstruktion ein analytischer Akt, in dem ‚fertige Geschichte(n)‘, Narrationen [...] auf ihre Strukturen hin untersucht werden." In der Entwicklung einer historischen Narration gerinne die endgültige Fragestellung, die Entscheidung über die Fokussierung der Darstellung. All das sollte bestimmten Triftigkeitskriterien (z. B. methodisch nachvollziehbare Quellenkritik) genügen. Doch es wäre eine Illusion zu glauben, dass Rekonstruktion und Dekonstruktion von Geschichte nur eine Technik seien, die ein Historiker als „Anwendung" benutzt, um Aussagen über geschichtliche Zusammenhänge machen zu können. Geschichte treiben ist nicht nur ein Handwerk. Häufig begeht der Historiker einen im Schleiermacherschen Sinn „divinitorischen", also göttlich-schöpferischen Akt: Er begibt sich mit seiner gesamten Persönlichkeit, seinen Erfahrungen, seinem Wissen, seinen biographischen Beständen, seiner Menschlichkeit in den Text, um ihn besser verstehen zu können als der Autor dies tat. Das exponiert die Historiographie von allen anderen Formen der Wissenschaft, weil die Subjekt-Objekt-Trennung im Entstehungsprozess ihrer Narrationen nicht aufrecht zu erhalten und darüber hinaus viel komplexer ist, als es das Bild des „Mauerbaus" suggeriert: Oszillieren des Bewusstseins, Kontextualisieren der Informationen, Perspektivieren scheinbarer Erkenntnisse, Relativieren des eigenen Anteils (Erfahrung, Wissen, Biographie usw.). Eine Mauer – das wusste bereits Aristoteles, ist ja ebenfalls etwas anderes als die Summe ihrer Steine. Auch die im Modell der FUER-Geschichtsbewusstsein-Gruppe aufblitzende und an Jörn Rüsen angelehnte Linearität oder Zirkularität des Rekonstruktions- und Dekonstruktionsprozesses muss kritisch betrachtet werden: Vielmehr enthalten sich die Historizität des Historikers (des Lernenden) und die Geschichtsbilder der Historiographie einander und gehen auseinander hervor: Hier lauern Beeinflussungen, die unterhalb des in diesen Modellen Greifbaren liegen. Historiker sollten sie diskutieren und nicht über die „Triftigkeitskriterien" ihrer Geschichtskonstruktion ausblenden. Solche Sichtbegrenzungen wären unehrlich.

Historiker X
mokiert sich:
Objektivität? –
Rhetorik!

Natürlich sind wissenschaftlich arbeitende Historiker von einem Thukydides oder einem Einhard zu unterscheiden. Es geht ihnen um methodisch gesicherte Erkenntnisse und nicht um Lautmalerei. Doch dass ihre narrativen Produkte objektiv seien, ist vielleicht illusorisch. Haydn White, so Reinhart Koselleck, rücke die Historie wieder in ihre ehemalige Bestimmung: Nämlich Teil der Rhetorik zu sein. Das bedeutet, dass die Geschichtsschreibung sich rhetorischer Stilmittel bedient, um überhaupt arbeiten, also ein Bild von Geschichte erstellen zu können: Metaphern, Metonymie, Synekdoche, Ironie. Das Faktische, das in der Normierung der Methode, also in den Triftigkeitskriterien der Darstellung, für den Laien als solches erscheint, ist nach White immer nur eine Fiktion. Diese liegt z. B. in dem Aspekt begründet, „dass alle Interpretation von der antithetischen Beziehung zwischen Bedeutungen abhängt und nicht von der angenommenen Beziehung zwischen einem Text und seiner Bedeutung." Doch diese Fiktionalität, die durch die Rhetorik entsteht, macht Sinn: Nicht nur Nationen und Gesellschaften, sondern jeder Mensch „fasst", wie Lother Steinbach es ausdrückt, „Vergangenheit, Gegenwart und Zukunft in der Identität einer Bedeutung zusammen." Auf diese Weise, so

L. Steinbach, komme Halt in die Haltlosigkeit der Zeit. „Die Bedeutung, die wir einem Erleben (Erlebtem) zumessen, akzentuiert das Geschehen und macht erst Geschichte aus ihm."

Historiker X darf auch den von B. Guenée in seinem Buch *Histoire et culture dans l'Occident médiéval* (1980) geprägten Begriff „Historische Kultur" nicht vergessen: Die professionelle Ausstattung der Historiker, ihre Bibliothek historischer Werke, andererseits ihr Publikum und die Zuhörerschaft des Historikers. Für Le Goff gehört noch die Beziehung dazu, die eine Gesellschaft in ihrer kollektiven Psychologie mit ihrer Vergangenheit unterhält (s. u.). An dieser Stelle meldet sich das Gewissen des Historikers K. wieder: Ist er der historischen Wahrheit verpflichtet, und die wäre, dass die Nazierziehung und –sozialisation in Menschen bis heute wirkt, und soll er diesen Menschen den Spiegel vorhalten, in dem ihnen ihre Selbstverleugnung, ihre Lebenskonstruktion, als Fratze entgegentritt? Oder erschafft er mit seiner Geschichte eine Vergangenheit, die diese Menschen verkraften können? Schreibt er über den Erfassungsprozess, begibt er sich auf das rutschige Parkett der ersten Möglichkeit. Sollte er das zu einer Zeit tun, wo die Lächerlichkeit der nationalsozialistischen Weltanschauung dem Volk in karikativen und persiflierenden Mediengenres gerade zu schmecken beginnt? Sollte er über die totale Erfassung durch den präsenten Nationalsozialismus im Alltag schreiben, kann sich jeder schadlos halten und als Opfer empfinden. Diese Annahme verdeckt die Selbstreflexion und die Frage nach der eigenen Verantwortung im gesellschaftlichen Leben. Jedenfalls wird ihm wiederum klar, dass es eine intentionslose Darstellung der Geschichte nicht geben kann. Als Historiker hat Historiker X auch Verantwortung für die Auswirkungen seiner Arbeit, weil die Konstruktion der Geschichte ein didaktisches Moment enthält, was Goldhagen seinerzeit mit der provokanten These der *Hitler's willing executioners* etwas verdrängt hatte. Überhaupt kann es manchmal sein, dass Historiker auf Grund ihrer wissenschaftlichen Sozialisation die in ihrer Disziplin vorherrschenden Deutungsschablonen und Interpretationsmuster verinnerlicht haben und es ihnen schwerfällt, aus der „Box" – der Selbsttäuschung über die eigenen Erkenntnisleistungen – hinauszukommen. Insbesondere gilt das für Historiker, die in ihrer Arbeit das Verhältnis zwischen dem Einzelnen und dem Allgemeinen aus dem Blick verloren und sich auf eine Seite geschlagen haben: Zusammengefasst muss das heißen: Nicht nur die Historizität bzw. Biographizität des Historikers und die Geschichte der Historiographie enthalten sich und gehen auseinander hervor. Auch die Geschichtswissenschaft und die Geschichtsdidaktik sind ineinander verwoben. Die eine leistet in ihrer Darstellung bereits Vermittlung, und die andere kann in ihren Prozessen des Historischen Lernens auch Forschungsfragen entwickeln und ihnen nachgehen, auf die die Fachwissenschaft nicht gekommen ist. Doch da wir einen möglichen Sinn des Historischen Lernens mit „Orientierungsfunktion" umschreiben, ist alle Vergangenheitsbewältigung auch sozialer, auch politischer Natur, von der sich der Historiker selbst nur sehr schwer befreit halten kann.

Für gewöhnlich denken wir, dass wir durch die Dekonstruktion und die Rekonstruktion zu einer historischen Aussage gelangen. Doch eigentlich gelangen wir zu einer solchen Aussage über die Reflexion der Erfahrungen, die Historiker im Prozess des Konstruierens gemacht haben. Zum Beispiel ist es schwierig, die vorherrschende Mentalität oder Atmosphäre in einem Dorf, in einer Stadt, in einem Land nachzuzeichnen, deren Kenntnis eine Voraussetzung für triftige Interpretationen und Kontextualisierung

Historische Kultur

Historiker X zweifelt: Historische Erkenyntnis? Historische Erfahrungen in der Konstruktionstätigkeit!

der Quellen wäre. Diese unsichtbaren Felder erklären viel deutlicher, warum Menschen handelten, wie sie es taten, als z. B. Friedrich Hecker 1848 in der Kleinstadt Engen im Hegau Halt machte und die Menschen für die (gewaltsam zu erkämpfende?) Freiheit begeistern wollte. Aus Statistiken über die Durchschnittslöhne oder Tagebüchern könnten die Gründe für das Handeln dieser Menschen ungleich schwieriger destilliert und erklärt werden (zu allgemein oder zu individuell). Mentalitäten und Atmosphären, kulturelle Prägungen sind das Ferment der Geschichtsschreibung, weil in ihnen das Individuelle im Allgemeinen und das Allgemeine im Individuellen enthalten sind. Jacques le Goff: „Ich meine, daß sich die Geschichte der Geschichte nicht nur mit der professionellen Produktion von Geschichte befassen muß, sondern mit einer ganzen Gruppe von Phänomenen, die die historische Kultur oder besser, die historische Mentalität einer Epoche ausmachen. Die Untersuchung von Geschichtsbüchern für den Schulunterricht ermöglicht einen besseren Zugang, doch gibt es diese Bücher praktisch erst seit dem 19. Jahrhundert. Die Untersuchung von Literatur und Kunst kann in dieser Hinsicht weiterführen. Die Stellung Karls des Großen in den Versepen Chansons des Geste [...] usw. legen Zeugnis ab vom Gefallen, den bestimmte historische Gesellschaften an ihrer Vergangenheit fanden."

Mentaliytät einer Gesellschaft

Ob die Mentalität einer Gesellschaft in deren Kultur (Kunststile, Literatur, vgl. auch Kap. 4.1.3) geronnen ist? Ob die Kulturschaffenden – gewollt oder ungewollt – in ihren Werken wirklich diese unsichtbare Atmosphäre, die das Zusammenleben generierte, materialisierten? Sagt diese Betrachtung nicht nur wieder etwas über die „Großen" in der „großen Geschichte" aus? Nun ja, Tagebücher oder Aufzeichnungen von Bauern wird man bekanntlich selten auffinden können. So bleibt Geschichte meist Umweg-Geschichte. Doch wer weiß, dass die bündischen Jugendorganisationen wie z. B. der Nerother Wandervogel, deren Fahrtenwesen hunderttausende junger Menschen selbst in der Bündischen Zeit durch die Weimarer Republik hindurch begleitet hatte, auf dem Hohen Meißner-Treffen 1913 das Prinzip „Jugend führt Jugend" eingeführt hatte und noch vor der Reformpädagogik auf die Erziehung durch gemeinsame Erlebnisse baute, kann erahnen, welche Mentalität in diesen bündischen Jugenden sozialisiert worden und weshalb sie später leicht politisch zu missbrauchen war. Vielleicht war es schwierig für Melita Maschmann, diese Werte nach deren Funktionalisierung durch die Nazis als „böse" und als Teil eines Menschenvernichtungssystems zu betrachten. Das könnte die Verwirrung, die Ambivalenz in ihren Darstellungen erklären.

Arbeitsprozesse der Geschichtswissenschaft

Die Arbeitsprozesse der Geschichtswissenschaft sind kongenial zu dem, was Menschen durchlaufen, wenn sie ihr Leben in ein geordnetes Bild überführen möchten; angereichert durch ein Sieb, durch das das Subjektive fallen soll. Bereits Wilhelm Dilthey umschrieb diese Analogie: „So ist einerseits diese geistige Welt die Schöpfung des auffassenden Subjekts, andererseits aber ist die Bewegung des Geistes darauf gerichtet, ein objektives Wissen in ihr zu erreichen. So treten wir nun dem Problem gegenüber, wie der Aufbau der geistigen Welt im Subjekt ein Wissen der geistigen Wirklichkeit möglich mache." Vielleicht kann man es so greifbarer machen: Rekonstruieren und Dekonstruieren sind die Suche nach einer Identität der Vergangenheit, so wie sie für den Sucher einen Teil seines Identitätsfindungsprozesses sein können, wenn er eine Geschichte konstruiert. Deshalb sind die Re- und die Dekonstruktion von Geschichte mehr als eine Quelleninterpretation auf höherer Ebene, was man ja von der Arbeit des Historikers X bislang hätte annehmen können. War seine Spurensuche vielleicht zu dürftig? Hatte er etwas ausgelassen oder Kenntnisse ausgeschlossen? Hatte er seine Forschungsfrage vielleicht nicht präzise genug gestellt? Dass es kein unkritisierbares Rekonstruieren und Dekonstruieren geben kann, liegt vor allem an den Problembaustellen, die bei Haydn White nachzulesen sind. All das, so fügt Historiker X nun erfahrungsgereift hinzu, hängt davon ab, welche biographischen bzw. beruflichen Erfahrungen ein Historiker bei seiner Arbeit gemacht hat, welche Kenntnisse er z. B. aus Fachliteratur besitzt und wie weit er in der Lage ist, seine in den Arbeitsprozess wirkenden persönlichen Empfindungen und *Points of view* zu relativieren. Trotz alledem ist die Geschichtswissenschaft natürlich eine Wissenschaft. Wem das an dieser Stelle nicht mehr glaubhaft erscheint, sei empfohlen, das Rekonstruieren und Dekonstruieren von X noch einmal genauer zu beobachten, und vielleicht, dabei die eigene Wahrnehmung zu beobachten.

Quellentext

Melita Maschmann: Fazit. Mein Weg in der Hitler-Jugend, München 1979, S. 9-11.

„Wenn ich den Gründen nachforsche, die es mir verlockend machten, in die Hitler-Jugend einzutreten, so stoße ich auch auf diesen: Ich wollte aus meinem kindlichen, engen Leben heraus und wollte mich an etwas binden, das groß und wesentlich war. Dieses Verlangen teilte ich mit unzähligen Altersgenossen.

Da meine Eltern mir nicht erlaubten, Mitglied der HJ zu werden, wurde ich es heimlich. Für mich begann jetzt meine private ,Kampfzeit'. Ich holte nach, was meine neuen Kameraden und Kameradinnen vor 1933 geleistet hatten: die unter persönlichen Opfern erkaufte Zugehörigkeit zur nationalsozialistischen Jugend. Um es vorwegzunehmen: Was zunächst auf mich wartete, war eine bittere Enttäuschung, deren Ausmaß ich mir nicht einzugestehen wagte. Die Heimabende, zu denen man sich in einem dunklen und schmutzigen Keller traf, waren von einer fatalen Inhaltslosigkeit.

Die Zeit wurde mit dem Reinkassieren der Beiträge, mit dem Führen unzähliger Listen und dem Einpauken von Liedertexten totgeschlagen, über deren sprachliche Dürftigkeit ich trotz redlicher Mühe nicht hinwegsehen konnte. Aussprache über politische Texte – etwa aus ,mein Kampf' – endeten schnell in allgemeinem Verstummen [...].

In besserer Erinnerung sind mir die Wochenendfahrten mit den Wanderungen, dem Sport, den Lagerfeuern und dem Übernachten in Jugendherbergen. Gelegentlich gab es dabei Geländespiele mit benachbarten Gruppen. Wenn zwischen ihnen Rivalitäten bestanden, artete das Spiel manchmal in zünftige Prügeleien aus. Was für einen Anblick die sich um einen Wimpel raufenden Mädchen einem Außenstehenden geboten haben mögen, will ich mir lieber nicht ausmalen.

Aber selbst der Fahrtenbetrieb versöhnte mich nicht mit der Langweiligkeit des übrigen ,Dienstes'. In meiner Gruppe war ich das einzige Mädchen, das eine höhere Schule besuchte. Die anderen waren Verkäuferinnen, Büroangestellte, Schneiderinnen und Dienstmädchen. Mein Wunsch, in die Gemeinschaft der ,arbeitenden Jugend' aufgenommen zu werden, hatte sich also erfüllt. Daß die Erfüllung eine schmerzhafte Enttäuschung war, erklärte ich mir folgendermaßen: Diese Mädchen entstammten dem Kleinbürgertum und blickten neidvoll auf die ,Höheren Töchter', denen ich zu entrinnen trachtete. Sie waren nicht die Gefährtinnen, die ich suchte, nämlich ,Jungarbeiterinnen'."

Literatur: Vgl. auch aus den beiden vorhergehenden Kap.: SCHREIBER 2007; STEINBACH 1993; WHITE 1986; Harold BLOOM, A Map of Misreading, Mew York 1975, S. 91; Wilhelm DILTHEY, Der Aufbau der geschichtlichen Welt in den Geisteswissenschaften, Frankfurt/Main ⁵1997; Daniel J. GOLDHAGEN, Hitler's Willing Executioners, New York 1996; Wolfgang HASBERG, Andreas KÖRBER, Geschichtsbewusstsein dynamisch, in: Andreas KÖRBER (Hg.), Geschichte-Leben-Lernen. Bodo von Borries zum 60. Geburtstag, Schwalbach/Ts. 2003, S. 179-202; Reinhart KOSELLECK, Einführung, in: WHITE 1986, S. 1-7; Walter LAQUEUR, Die deutsche Jugendbewegung. Verlag Wissenschaft und Politik, Köln 1978; Jacques LE GOFF, Geschichte und Gedächtnis, Berlin 1999; Walter LAQUEUR, Die deutsche Jugendbewegung. Verlag Wissenschaft und Politik, Köln 1978, und Florian MALZACHER, Matthias DAENSCHEL, Jugendbewegung für Anfänger. Stuttgart ²2004; Vadim OSWALT, Komödien zum Thema „Drittes Reich" als geschichtskulturelles Phänomen und Lernanlass, in:

DERS., Hans-Jürgen PANDEL (Hg.), Geschichtskultur. Die Anwesenheit von Vergangenheit in der Gegenwart, Schwalbach/Ts. 2009, S. 127-138; Jörn RÜSEN, Historische Vernunft, Göttingen 1983, S. 29; Franz WALTER, Angst vor der Geschichte. Hans-Ulrich Wehler, Großhistoriker seiner Generation, legt den letzten Band seiner „Gesellschaftsgeschichte" vor. Und da liegt er dann, in: Frankfurter Allgemeine Sonntagszeitung, 31. August 2008. *Jüngst in scharfer Frontstellung zum konstruktivistischen und dekonstruktivistischem Ansatz und mit einer Aufforderung, zu den Fakten zurückzukehren:* Werner PARAVICINI, Die Wahrheit der Historiker, München 2010.

2.3 Geschichte bewerten: Von der Sachanalyse zum Werturteil

2.3.1 Vom Sinn der Geschichte zu den Dimensionen des Geschichtsbewusstseins

Frage nach dem Sinn

Alle geschichtstheoretischen Ansätze, die hier in der ganzen Bandbreite nicht entfaltet werden können, stellen die Frage nach dem Sinn der Geschichte. Die Geschichtlichkeit des Menschen selbst wie seiner kulturellen Erzeugnisse zieht die Zeitgebundenheit menschlicher Erkenntnis nach sich. Die Geschichtsdidaktik hat daher den von Karl-Ernst Jeismann und Jörn Rüsen in den 1970er Jahren eingeführten Begriff des „Geschichtsbewusstseins" zur zentralen Kategorie ihres Forschungsfeldes erhoben. Nach Jeismann meint Geschichtsbewusstsein „die ständige Gegenwart des Wissens, dass der Mensch und alle von ihm geschaffenen Einrichtungen und Formen seines Zusammenlebens in der Zeit existieren, also eine Herkunft und eine Zukunft haben, dass sie nichts darstellen, was stabil, unveränderlich und ohne Voraussetzungen ist" (1978). Für ihn ist Geschichtsbewusstsein ein erlebter Zusammenhang von Vergangenheitsdeutung, Gegenwartserhellung und Zukunftserwartung als Fähigkeit zur Analyse, Sach- und Werturteil über vergangene Dinge. Geschichte bedeutet daher die Rekonstruktion der Vergangenheit aus gegenwärtiger Sicht und ist daher notwendigerweise perspektivengebunden.

Sachanalyse, Sachurteil, Werturteil

Geschichte als Sinnbildungsprozess nach Jeismann besteht aus dem Dreischritt „Historische Analyse", „Historisches Sachurteil" und „Historisches Werturteil". Die historische Sachanalyse untersucht ausgehend von einer historischen Frage mittels der heuristischen Methode bestimmte Ereignisse und Faktoren, die historische Prozesse und Sachzusammenhänge bedingen. Das historische Sachurteil berücksichtigt die vorherrschenden gesellschaftspolitischen Rahmenbedingungen und Wertmaßstäbe und nimmt so eine historische Einordnung vor. Das historische Werturteil setzt das Sachurteil in Beziehung zur Gegenwart, kommentiert dieses und dient so dem historischen Lernen aus der Vergangenheit.

Für die didaktische Konzeption einer Unterrichtseinheit zur Frage des Scheiterns der Weimarer Republik könnte dieser Dreischritt folgendermaßen aussehen: Zunächst käme es darauf an verschiedene Faktoren zu analysieren, die möglicherweise zum Niedergang des demokratischen Systems führten. Ins Blickfeld gerieten etwa das fehlende demokratische Bewusstsein vieler Deutscher, Schwächen in der Reichsverfassung (Verhältniswahlrecht und Parteienvielfalt, häufige Reichstagsneuwahlen, keine 5-%-Klausel bei der Verteilung von Reichstagsmandaten, keine Verbotsmöglichkeit antidemokratischer Parteien), antidemokratische Parteien und Kräfte, innenpolitische Belastungen durch den Versailler Vertrag, das frühzeitige Zerbrechen der demokratischen „Weimarer Koalition", Inflation und Weltwirtschaftskrise und die Unfähigkeit der demokratischen Parteien einen eigenen, mehrheitsfähigen Kandidaten für die Reichspräsidentenwahl nach dem Tode Eberts zu benennen. Erst nach der Analyse all dieser Faktoren sollten die Schülerinnen und Schüler dann ein historisches Sachurteil bilden, indem Sie den Bezug zur Frage des Scheiterns der Weimarer Republik herstellen und möglicherweise eine Reihenfolge der genannten Gründe vorzunehmen versuchen. Das historische Werturteil schließlich wird eine Einordnung des Sachurteils in den Verlauf der Geschichte versuchen und etwa nach den Konsequenzen des Scheiterns der Weimarer Republik fragen. In erster Linie wird man an den 30. Januar 1933 denken, aber auch an die Lehren aus der Geschichte bei der Abfassung des Grundgesetzes.

Grundsätzlich, wenn auch in unterschiedlicher Tiefe, lässt sich der von Jeismann vorgeschlagene Dreischritt auf allen Ebenen des historischen Unterrichtens und Lernens anwenden. Das historische Verständnis der Lernenden wird für den Lehrenden dann zum Gradmesser in Fragen der Stoffreduktion.

Für das historische Werturteil dürfte der pragmatische Ansatz von Hans-Jürgen Pandel im Hinblick auf das historische Lernen am fruchtbarsten zu nutzen sein. Pandel unterschied sieben Dimensionen des Geschichtsbewusstseins, das „Zeitbewusstsein", das „Wirklichkeitsbewusstsein", das „Historizitätsbewusstsein", das „Identitätsbewusstsein", das „politische Bewusstsein", das „ökonomisch-soziale Bewusstsein" und das „moralische Bewusstsein", denen er Doppelkategorien zuordnete. Das „Zeitbewusstsein" entfaltet sich zwischen „früher" und „heute" bzw. „morgen", das „Wirklichkeitsbewusstsein" zwischen „real" bzw. „historisch" und „imaginär", das „politische Bewusstsein" zwischen „oben" und „unten", das „ökonomisch-soziale Bewusstsein" zwischen „arm" und „reich" und das „moralische Bewusstsein" zwischen „richtig" und „falsch". Die Herausbildung der einzelnen Dimensionen hängt nach Pandel von Entwicklungserfahrungen ab. Danach entstehen die drei „Basiskategorien", das Zeit-, Wirklichkeits- und Historizitätsbewusstsein, als erstes im heranwachsenden Menschen, worauf die anderen vier gesellschaftlichen Dimensionen aufbauen.

Nach wie vor ist jedoch die Strukturierung des Geschichtsbewusstseins in seiner Genese nicht geklärt. In seiner reflektierten Form ist Geschichtsbewusstsein „diejenige Art und Weise des Umgangs mit Geschichte, der historischen Sinnbildung, die sich ihrer eigenen Voraussetzungen und der weiteren Determinanten und Faktoren sowie des Verfahrens, seiner Leistungen und Grenzen bewusst ist" (Körber).

Dimensionen des Geschichtsbewusstseins

Literatur. Karl-Ernst JEISMANN, Didaktik der Geschichte. Die Wissenschaft von Zustand, Funktion und Veränderung geschichtlicher Vorstellungen im Selbstverständnis der Gegenwart, in: Erich KOSTHORST (Hg.), Geschichtswissenschaft. Didaktik – Forschung – Theorie, Göttingen 1977, S. 9-34; DERS., Geschichtsbewußtsein als zentrale Kategorie der Geschichtsdidaktik, in: Jahrbuch der Geschichtsdidaktik 1 (1988), S. 1-24; DERS.: Geschichtsbewusstsein, in: Klaus BERGMANN u. a. (Hg.): Handbuch der Geschichtsdidaktik. Bd. i. Düsseldorf ⁵1997, S. 42-45; DERS., Geschichtsbewusstsein als zentrale Kategorie der Didaktik des Geschichtsunterrichts, in: DERS., Geschichte und Bildung. Beiträge zur Geschichtsdidaktik und zur Historischen Bildungsforschung, hg. und eingel. von Wolfgang JACOBMEYER und Bernd SCHÖNEMANN, Paderborn u. a. 2000, S. 46-72; Andreas KÖRBER: URL: www.erzwiss.uni-hamburg.de/Personal/koerber/texte/refGBW1.html (6. Januar 2010); Horst KUSS, Geschichtsdidaktik und Geschichtsunterricht in der Bundesrepublik Deutschland (1945/49-1990). Eine Bilanz, in: GWU 45 (1994), S. 735-758, Teil I und 46 (1995), S. 3-15, Teil II (*zur bisherigen Geschichte der Geschichtsdidaktik*); Hans-Jürgen PANDEL, Dimensionen des Geschichtsbewusstseins. Ein Versuch, seine Struktur für Empirie und Pragmatik diskutierbar zu machen, in: Geschichtsdidaktik 12 (1987), S. 130-142; Jörn RÜSEN, Grundlagenreflexion und Paradigmenwechsel in der westdeutschen Geschichtswissenschaft, in: Geschichtsdidaktik 11 (1986), S. 388-405.

2.3.2 Vom Wertbegriff zu den Menschenrechten als Kategorien der Geschichte

Wertbegriff

Problematisch ist vor allem das Werturteil über einen historischen Sachverhalt, weil es von einem Wertekanon abhängig ist, der ständig im Fluss ist. Daher bedarf der Wertebegriff an sich einer kurzen Erörterung. Nach Max Weber sind „Wertungen" als „praktische Bewertungen einer durch Handeln beeinflussbaren Erscheinung als verwerflich oder billigenswert" anzusehen und sind Werturteile als „praktische Wertungen sozialer Tatsachen als, unter ethischen oder unter Kulturgesichtspunkten (oder aus anderen Gründen), praktisch wünschenswert oder unerwünscht". Wer wertet, bezieht also eindeutig Stellung. Für Hans Albert ist ein Satz ein „Werturteil", wenn dieser

> „1. den jeweils anvisierten Sachverhalt in positiver und negativer Weise für das Verhalten (Stellungnahme oder Handeln) auszeichnet; 2. dabei ein normatives Prinzip (Wertstandard oder Verhaltensmaxime) als gültig unterstellt, das ein entsprechendes Verhalten fordert; und 3. eine präskriptive Erwartung involviert, dass die Adressaten des Satzes sich mit diesem Prinzip identifizieren und sich daher entsprechend verhalten."

Nach Victor Kraft ist „der Gegenstand, dem ein Wert zugeschrieben wird" der eigentliche „Wertträger", während der „Wert, der ihm zugeschrieben wird" ein „Wertprädikat" ausspricht. Kraft trennt bei einem Wertprädikat wie bei einem Werturteil zwischen einer deskriptiven, also einer die Sache selbst beschreibenden Komponente und einer wertenden, d. h. diese Sache positiv oder negativ auszeichnende Komponente und spricht sich gegen einen Wertabsolutismus, der eine unabhängige Existenz von Werten unterstellt, ab: „Was die Wertarten voneinander unterscheidet und was an jeder ihre spezielle Eigenart ausmacht, das besteht somit offenkundig in einem sachlichen, deskriptiven Gehalt." Theodor Geigers Kritik setzt an dem erkenntnisillegitimen Missbrauch der Sprache an:

> „Die sinnlich-geschmackliche Empfindung ist etwas zur Person Gehöriges, Subjektives. Dies subjektive Verhältnis der Person zum Objekt wird im Werturteil objektiviert, in etwas sachlich Gegebenes umgedeutet, dem Objekte als eine seiner Eigenschaften zugeschrieben, und damit zum Gegenstand einer ihrer Form nach theoretischen Aussage ‚X ist Y' gemacht. Dieses Vorgehen ist erkenntnistheoretisch unzulässig. Die Aussage ist illegitim."

Ethische Maßstäbe

Welches aber sind die Werte, auf deren Basis wir ein historisches Sachurteil bewerten können? Werte sind nicht absolut, sondern verändern sich mit dem Grad der Entwicklung einer Gesellschaft. Ein unterschiedlicher Wertekanon führt häufig zu Konflikten. Wer einen historischen Sachverhalt bewerten will, sollte zunächst die in der jeweiligen Zeit und Gesellschaften herrschenden Wertevorstellungen eruieren. Da in Deutschland vor allem die eigene Nationalgeschichte bzw. europäische Geschichte unterrichtet wird, werfen wir einen kurzen Blick auf die Entwicklung der ethischen Maßstäbe in Europa.

Die Bibel

Zunächst ließen sich die absoluten christlichen Werte heranziehen, die jeder menschlichen Kritik entzogen sind, so die Zehn Gebote Gottes des Alten Testamentes (2. Moses 20,1-17,5; 5. Moses 5,6-21) oder die Bergpredigt des Neuen Testamentes (Mt 5,1 –

7,29). Doch blieb es erlaubt, Andersgläubige zu verfolgen und zu bekämpfen (2. Moses 23,23-32; 3. Moses 25,44).

Dann wäre an die griechische Philosophie zu denken. Aristoteles erkannte in seiner Einleitung zur Nikomachischen Ethik (1,1 1904b 15) das Normenproblem des Guten. Das sittlich Gute und das Gerechte seien in sich strittig und daher unbeständig. Aristoteles fragt nicht wie Platon nach dem Guten an sich, sondern nach dem Guten, welches sich verwirklichen lässt: „Gut ist das, was dem Guten als gut erscheint: und: gut ist der, dem das an sich Gute als gut erscheint, oder zusammengefasst: der Gute ist das Maß für das Gute." (NE 3, 6 1113 a 15 – b 2) Für Aristoteles ist das Gute nicht an und für sich gut, sondern erscheint immer nur als gut in einem bestimmten Handlungszusammenhang. Auf der anderen Seite sah er in seinem Werk „Politik" Sklaverei als rechtmäßig an (Buch I, Kap. 5, 1254b).

Aristoteles

Die Philosophen der Aufklärung forderten die Geltung des Naturrechts. Thomas Hobbes (1588-1679) billigt jedem Menschen im Naturzustand das Selbsterhaltungsrecht zu, welches er mit weiteren Naturrechten an den Staat abgibt. Der Aufklärer Samuel Pufendorf betrachtete die Menschenwürde (*dignatio*) als Teil des Naturzustandes: Der Mensch sei „von höchster Würde, weil er eine Seele hat, die ausgezeichnet ist durch das Licht des Verstandes, durch die Fähigkeit, die Dinge zu beurteilen und sich frei zu entscheiden, und die sich in vielen Künsten auskennt."

Hobbes und Pufendorf

Nach John Locke (1632-1704) soll der Staat, anders als bei Hobbes, die Naturrechte des Menschen schützen und bewahren, um als legitimer Staat gelten zu können. Um dieser Aufgabe gerecht zu werden, forderte er die Teilung der staatlichen Gewalt zwischen Legislative und Exekutive. Charles de Montesquieu (1689-1755) ergänzte dann die Judikative als dritte Gewalt und führte den Grundsatz der gegenseitigen Kontrolle bei der Gewaltenteilung ein.

Locke, Montesquieu

Für Immanuel Kant (1724-1804) sollte der Mensch als vernunftbegabtes Wesen keinem Gesetz gehorchen als dem, das er sich zugleich selbst gibt. Ebenfalls wäre der „kategorische Imperativ" von Kant (vgl. zu ihm auch Kap. 2.1.3) heranzuziehen, womit bestimmte, keinen Widerspruch duldende Aussagen und Gebote gemeint sind. Kant schreibt 1782 in seinem Werk „Grundlegung der Metaphysik der Sitten" (GMS):

Kant

> „Alle Imperativen (sic) gebieten entweder hypothetisch, oder kategorisch. Jene stellen die praktische Notwendigkeit einer möglichen Handlung als Mittel zu etwas anderem, was man will [...] zu gelangen. Der kategorische Imperativ würde der sein, welcher eine Handlung als für sich selbst, ohne Beziehung auf einen anderen Zweck, als objektiv-notwendig vorstellte. [...] Wenn nun eine Handlung [...] bloß als Mittel gut sein würde, so ist der Imperativ hypothetisch. Wird sie als an sich gut vorgestellt, mithin als notwendig in einem an sich der Vernunft gemäßen Willen, als Prinzip desselben, so ist er kategorisch." (GMS 43).

Während der hypothetische Imperativ eine Handlung unter bestimmten Bedingungen gut heißt, verbietet der kategorische Imperativ diese ohne Bedingungen. Kant unterscheidet folgende Formen:

Zunächst die Grundform: „Der kategorische Imperativ ist [...] nur ein einzelner: Handle nach derjenigen Maxime, durch die du zugleich wollen kannst, dass sie ein allgemeines Gesetz werde" (GMS 51), sodann die formale Vorstellungsart: „Der allgemeine Imperativ der Pflicht könnte auch so lauten: Handle so, als ob die Maxime deiner Handlung durch deinen Willen zum allgemeinen Naturgesetz werden sollte" (GMS 51), zum dritten die allgemeine Vorstellungsart: „Handle so, dass du die Menschheit, sowohl

Grundformen des kategorischen Imperativs

in deiner Person als in der Person eines jeden anderen, jederzeit zugleich der Zweck, niemals bloß als Mittel brauchst" (GMS 61) und zum vierten die Vorstellungsart der vollständigen Bestimmung der Maximen: „Handle nach der Maxime, die sich selbst zugleich zum allgemeinen Gesetze machen kann" (GMS 70) „Handle nach den Maximen, die sich selbst zugleich als allgemeine Naturgesetze zum Gegenstand haben können" (GMS 71).

Kant fasste seine Überlegungen zum kategorischen Imperativ im „Grundgesetz der reinen praktischen Vernunft" zusammen: „Handle so, dass die Maxime deines Willens jederzeit zugleich als Prinzip einer allgemeinen Gesetzgebung gelten könne." (KPV I, 1, § 7, S. 140). Der kategorische Imperativ verbietet also jenes Handeln, von dem man nicht wollen kann, dass nach diesem Prinzip alle handeln. Für Kant ist es daher die vorrangige Aufgabe des Rechtsstaates, die Freiheitsrechte zu erhalten und zu sichern, wobei er aber dem Menschen kein Widerstandsrecht gegenüber staatlichen Gesetzen, die die Menschenrechte verletzen, zubilligt.

Rousseau und die Menschenrechte

Jean-Jacques Rousseau (1712-1778) sieht in der natürlichen, bürgerlichen und sittlichen Freiheit die Grundlage des Menschseins. Da von Natur aus alle Menschen frei geboren sind, hätte kein Staat das Recht, den Menschen ihre Freiheit zu nehmen. Die moralischen Vorstellungen der Aristotelischen Philosophie, die christlichen Werte und die Naturrechtslehre der Aufklärung führten also zur Entwicklung der Menschenrechte, die als „subjektive" Rechte jedem Menschen unabhängig von der Staatsangehörigkeit von Geburt an zustehen und universelle Geltung beanspruchen. Menschenrechte sind durch die Prinzipien der „Egalität" (Prinzip der gleichberechtigten Gültigkeit für alle Menschen) und der „Unteilbarkeit" (Prinzip der Gesamtgeltung aller Menschenrechte ohne jede Einschränkung) bestimmt. Keine staatliche Gewalt hat daher das Recht, jemandem die Menschenrechte zu nehmen. Im Gegensatz zu den Menschenrechten lassen sich Bürger- bzw. Grundrechte auf der Basis einer richterlichen Verordnung einschränken.

Menschenrechte und US-Verfassung

Das erste Mal in der Geschichte sind die Menschenrechte in der amerikanischen Verfassung 1776 und in der Französischen Revolution 1789 formuliert worden. In der Präambel der maßgeblich von Thomas Jefferson verfassten Unabhängigkeitserklärung der Vereinigten Staaten vom 4. Juli 1776 heißt es in der ersten deutschen Übersetzung:

> „Wir halten diese Wahrheiten für ausgemacht, dass alle Menschen gleich erschaffen wurden, dass sie von ihrem Schöpfer mit gewissen unveräußerlichen Rechten begabt wurden, worunter Leben, Freiheit und das Streben nach Glückseligkeit sind. Dass zur Versicherung dieser Rechte Regierungen unter den Menschen eingeführt worden sind, welche ihre gerechte Gewalt von der Einwilligung der Regierten herleiten; dass sobald eine Regierungsform diesen Endzwecken verderblich wird, es das Recht des Volkes ist, sie zu verändern oder abzuschaffen, und eine neue Regierung einzusetzen, die auf solche Grundsätze gegründet, und deren Macht und Gewalt solchergestalt gebildet wird, als ihnen zur Erhaltung ihrer Sicherheit und Glückseligkeit am schicklichsten zu seyn dünket."

Menschenrechts-erklärungen

Blickt man weiter in die Geschichte zurück, wird man die *Virginia Bill of Rights* (1776), die englische *Bill of Rights* (1689), den *Habeas Corpus Act* (1679) oder die *Petition of Rights* (1628) heranziehen. Heute ist die international maßgebliche Quelle für den Bestand und Gehalt der Menschenrechte die *International Bill of Human Rights* der Vereinten Nationen von 1948. Weitere die Menschenrechte betreffende Konventionen kamen im Laufe der Zeit hinzu, so die Genfer Flüchtlingskonvention, die UN-Kinderrechtskonvention, die Konvention zur Beseitigung jeder Form von Diskrimi nierung der Frau, die UN-Anti-Folter-Konvention, die Internationale Konvention zur Beseitigung aller Formen von Rassendiskriminierung, die Konvention über die Verhütung und Bestrafung des Völkermords, die Internationale Konvention zum Schutz aller Wanderarbeitnehmer und ihrer Familienangehörigen und die UN-Behindertenrechtskonvention. Regionale Menschenrechtsabkommen, wie die Europäische Menschenrechtskonvention (EMRK) von 1953, sind ebenfalls verabschiedet worden.

Die Menschenrechte selbst lassen sich in bürgerliche und politische Rechte unterteilen. Am wichtigsten sind die Persönlichkeitsrechte, auch grundlegende Rechte genannt, vor allem das Recht auf Leben und körperliche Unversehrtheit. Zu den Freiheitsrechten zählen das Recht auf Freiheit, Eigentum und Sicherheit der Person, die allgemeine, nur durch Gesetz beschränkbare Handlungsfreiheit, der Schutz vor willkürlichen Eingriffen in die Privatsphäre, die Meinungs- und Religionsfreiheit, die Reise- und Versammlungsfreiheit, die Informations- und Berufsfreiheit. Justizielle Menschenrechte sind der wirksame gerichtliche Rechtsschutz bei Rechtsverletzungen, das gerechte Verfahren vor einem unabhängigen und unparteiischen Gericht mit gesetzlichen Richtern, der Anspruch auf rechtliches Gehör, der Grundsatz der Strafe auf der Basis eines vorherigen Gesetzes und die Unschuldsvermutung. Soziale Menschenrechte umfassen das Recht auf Selbstbestimmung, die Gleichberechtigung von Mann und Frau, das Recht auf Arbeit und angemessene Entlohnung, das Recht auf Gründung von Gewerkschaften, der Schutz von Familien, Schwangeren, Müttern und Kindern, das Recht auf einen angemessenen Lebensstandard, das Recht auf den besten erreichbaren Gesundheitszustand, das Recht auf Bildung und das Recht auf Teilhabe am kulturellen Leben.

Einteilung der Menschenrechte

Die Grund- und Menschenrechte sind der heutige Wertmaßstab, um den Entwicklungsgrad einer Gesellschaft zu bestimmen und Werturteile vorzunehmen. Sie sind ein substantieller Leitwert im Hinblick auf die Entwicklung einer humanen und demokratischen Gesellschaft.

Grund- und Menschenrechte als substantieller Leitwert

Literatur: Hans ALBERT, Theorie und Praxis. Max Weber und das Problem der Wertfreiheit und der Rationalität, in: DERS., Ernst TOPITSCH (Hg.), Werturteilsstreit, Darmstadt 1971, S. 200-236; Günther BIEN, Aristoteles. Nikomachische Ethik, Hamburg ⁴1985, S. XXXII; Theodor GEIGER, Ideologie und Wahrheit. Eine soziologische Kritik des Denkens, Neuwied und Berlin, ²1968, S. 49f; Viktor KRAFT, Wertbegriffe und Werturteile, in: ALBERT, TOPITSCH 1971, S. 44; Samuel PUFENDORF, De iure naturae et gentium, 1672, 2. Buch, 1. Kapitel, § 5, nach: Uwe WESEL, Die Geschichte der Menschenrechte (URL: www.dhm.de/ausstellung/grundrechte/katalog/9-14.pdf), 22.04.2010; Max WEBER, zit. nach Herbert KEUTH, Wissenschaft und Werturteil. Zu Werturteilsdiskussion und Positivismusstreit, Tübingen 1989, S. 23f; Max WEBER, Der Sinn der »Wertfreiheit« der soziologischen und ökonomischen Wissenschaften, 1917, in: Gesammelte Aufsätze und Wissenschaftslehre, 1988, S. 489.

3. Geschichte und Forschung

3.1 Geschichtswissenschaftliches Arbeiten: Von der historischen Frage zur Erkenntnis

Im Fach Geschichte gibt es zweifellos viele Daten und Fakten; wohl auch deshalb ist es ein weit verbreiteter Irrtum, dass das primäre Ziel eines Geschichtsstudiums das Erlernen historischen Wissens sei. Gewiss ist ein solides geschichtliches Fachwissen wichtig und notwendig, doch der Inhalt eines Geschichtsstudiums besteht vielmehr in der wissenschaftlichen Bearbeitung ausgewählter historischer Themen, um damit (neue) Fragen und Probleme zu erkennen. Beim wissenschaftlichen Arbeiten sind dabei bestimmte Methoden und Techniken zu befolgen: Von der Literatur- und Quellenrecherche bis zur Präsentation bzw. Abfassung der Erkenntnisse gestaltet es sich als geregeltes Verfahren, in dem Wissen methodisch erarbeitet wird. Das vorliegende Kapitel gibt einen einführenden Überblick über die Grundlagen des (geschichts-)wissenschaftlichen Arbeitens.

3.1.1 Historische Methode

Wissenschaftliches Arbeiten

Wissenschaftlich zu arbeiten bedeutet, systematisch zu arbeiten und dabei bestimmte Methoden (von griech. *méthodos*: Weg zu etwas hin) zu befolgen; es soll dementsprechend nicht einfach aufgeschrieben werden, was einem zum behandelten Thema gerade einfällt, sondern Aussagen müssen auf nachvollziehbaren und überprüfbaren Kriterien beruhen. Im Lexikon der Geschichtswissenschaft wird die historische Methode als „ein kontrolliertes Verfahren zur Herstellung von historischem Wissen" definiert – sie bildet demzufolge die Basis des historischen Erkenntnisprozesses.

Zur Zeit des Historismus (vgl. Kapitel 1.3) orientierte sich die historische Methode an der geisteswissenschaftlichen Vorgehensweise, deren hermeneutischer, auf *Verstehen* abzielender Charakter von naturwissenschaftlichen Praktiken zu unterscheiden war. Die Auseinandersetzungen drehten und drehen sich auch heute noch um die Frage nach den Grenzen und Möglichkeiten methodisch-theoretischer Ansätze. Insbesondere in den vergangenen 40 Jahren erreichten sie angesichts neuer methodischer Ideen und theoretischer Impulse aus anderen Wissenschaften große Brisanz. Daraus resultierte eine Wandlung in den Zielen und Methoden der Geschichtswissenschaft, auf die im Folgenden näher eingegangen wird.

Hermeneutik

Der griechischen Mythologie nach ist Hermes der Götterbote, der den Sterblichen die Botschaft der Götter auf verständliche Weise übergibt. Bei der – vom Namen Hermes abgeleiteten – Hermeneutik (von griech. *hermeneuein*: auslegen, erklären, verkünden) geht es darum, in den Texten nach einem tieferen Sinn zu suchen und sich die Frage zu stellen, was der Autor oder die Autorin seiner Leserschaft mitteilen wollte.

Die hermeneutische Methode machte die Geschichtswissenschaft zu einer von den Naturwissenschaften strikt abgrenzbaren Geisteswissenschaft. Insbesondere der deutsche Philosoph, Psychologe und Pädagoge Wilhelm Dilthey (1833-1911) setzte das *geisteswissenschaftliche Verstehen* einem *naturwissenschaftlichen Erklären* entgegen und verfolgte damit das Ziel, den Geisteswissenschaften eine ebenso erkenntnistheoretische Begründung zu geben, wie Kant (1724-1804) sie für die Naturwissenschaften vorgelegt hatte.

Dieser strikte Gegensatz wird heute kritisch beurteilt und auf die Frage, ob naturwissenschaftliche und geisteswissenschaftliche Methoden so gegensätzlich sind, dass keine gemeinsame Forschungsarbeit möglich ist, gibt beispielsweise der Historiker Philipp Sarasin in seinem Buch über den britischen Naturforscher Charles Darwin (1809-1882) und den französischen Philosophen und Historiker Michel Foucault (1926-1984) eine klare Antwort: Er zeigt, dass die Grenzen zwischen den Natur- und Geisteswissenschaften fließend sind, dass sich die beiden Wissenschaften ergänzen und voneinander profitieren können.

So ist es heute üblich, dass sich eine geschichtswissenschaftliche Studie auch auf empirische (von griech. *empireia*: Erfahrung, auf Beobachtung beruhend) Vorgehensweisen stützt. Bei dieser Vorgehensweise werden Daten gesammelt und bestimmte Aussagen in den Quellen analytisch untersucht und beschrieben, um herauszufinden, wie bestimmte Aussagen zu einer bestimmten Zeit zustande gekommen sind. Die analytische Aussagekraft des Materials liegt dabei im Strukturvergleich bestimmter Gegebenheiten oder Argumenten in unterschiedlichen Zeiten. Wichtig ist der Vergleich und das Finden von Unterschieden: Wann ändert sich etwas? Und weshalb? Empirie

So ist in den letzten Jahrzehnten Bewegung in das Feld der Historiographiegeschichte gekommen und nichthermeneutische Methoden sind aus anderen wissenschaftlichen Disziplinen - insbesondere aus der Sozialwissenschaft - in die Geschichtswissenschaft eingebracht worden. Dies hatte zur Folge, dass eine Vielzahl gängiger Methoden erprobt und damit viele Forschungsansätze - wie beispielsweise *Oral history*, *Diskursanalyse* oder *Visual history* - eingebracht wurden.

„Der Ausgangspunkt des Forschens ist die historische Frage." Johann Gustav Droysen schreibt in seinem Kanon der historiographischen Forschungsregeln, dass weder das Vorhandensein noch das Auffinden historischer Quellen allein für historische Studien und Erkenntnisse maßgeblich seien. Quellen sprechen nicht von selbst zu uns, sondern erschließen sich erst durch gezielte Fragestellungen und entsprechende Analysen. Unterschieden wird dabei das induktive - von außen durch entsprechende Fragen an das Quellenmaterial herangetragene - vom deduktiven Verfahren, bei dem Fragen und Ergebnisse aus dem Material selbst abgeleitet werden. Historische Frage

Am Anfang einer geschichtswissenschaftlichen Arbeit steht ein neugieriger Mensch, der - geleitet durch Interesse und Erfahrung - Zusammenhänge entdecken, beschreiben und erklären möchte. Wonach er fragen soll, dafür gibt es keine Regeln, und seine anfänglich gestellte Frage wird sich während des Arbeitsprozesses immer mehr konkretisieren lassen. Allerdings steht er, bevor er zu fragen beginnt, immer schon in einer Fragetradition; denn unzählige Fragen sind bereits vor ihm gestellt und beantwortet worden. Wissenschaftliches Arbeiten ist daher vor allem auch eine Auseinandersetzung mit anderen Arbeiten, und es ist wichtig, bereits während der Ausarbeitung der Fragestellung den aktuellen Stand der Forschung zu kennen und sich mit anderen Arbeiten auseinanderzusetzen: Was wurde zum entsprechenden Thema bereits herausgefunden? Welche Fragen wurden bereits gestellt?

Relevanz der eigenen Fragestellung

Damit die eigene Fragestellung auch wissenschaftlich relevant ist, hat sie in Bezug auf den Forschungsstand einen Erkenntniszugewinn zu versprechen. Die Untersuchung über einen gewissen Gegenstand muss daher Dinge sagen, die noch nicht gesagt worden sind, oder sie muss Dinge, die bereits gesagt worden sind, aus einem neuen Blickwinkel betrachten. Dementsprechend muss die Fragestellung auf den aktuellen wissenschaftlichen Diskussionsstand Bezug nehmen und ihre Beantwortung einen Beitrag liefern, der die Grundlage für weiterführende Diskussionen darstellen kann. Um eine einheitliche Diskussionsgrundlage herzustellen, müssen wissenschaftliche Arbeiten begriffs- und definitionsscharf gehalten sein, damit sie für das Fachpublikum eindeutig verstehbar sind.

Der Fragestellung kommt innerhalb des Forschungsprozesses eine zentrale Bedeutung zu: Sie beschränkt die Arbeit auf einen Themenkreis und steht in einer permanenten Wechselbeziehung zu den Quellen und Darstellungen, was gegebenenfalls dazu führen kann, dass die Fragestellung im Verlauf der Konzept- und Recherchierphase an die greifbare Literatur angepasst werden muss.

Quelle und Frage

Geschichtswissenschaftliches Arbeiten basiert in der Regel auf der Auswertung von Quellen als die – mehr oder weniger – unmittelbaren, zeitgenössischen Zeugnisse über das entsprechende Thema als auch auf Darstellungen mit den Ergebnissen der bisherigen Forschung. Quellen können auf vielfältige Art und Weise befragt werden. Niemand kann von einer bestimmten Quelle behaupten, sie sei vollständig ausgeschöpft worden, da nicht vorausgesagt werden kann, was künftige Historiker und Historikerinnen aus ihr herausholen werden; denn mit dem Wandel innerhalb einer Gesellschaft wandeln sich auch die Fragestellungen und die daraus resultierenden Forschungsschwerpunkte. Dies bedeutet, dass es nie das absolute Wissen über einen Gegenstand gibt: Jede Gesellschaft stellt andere Fragen und erhält somit andere Antworten, weswegen die Erforschung der Geschichte auch nie erschöpft ist. So war beispielsweise die Geschichtswissenschaft im 19. Jahrhundert stark von der politischen Ereignisgeschichte geprägt. Eine Umkehr zugunsten stärker sozialgeschichtlicher Aspekte erfolgte in Westeuropa seit den 1940er, in Deutschland seit den 1960er Jahren (vgl. Kapitel 1.1.2).

3.1.2 Konkretes historisches Arbeiten

Systematischer Ablauf des geschichtswissenschaftlichen Arbeitens

Bevor eine geschichtswissenschaftliche Untersuchung in Angriff genommen wird, ist es wichtig, sich über den systematischen Arbeitsablauf Gedanken zu machen. Aus diesem Grund werden in den folgenden Abschnitten die einzelnen Schritte geschichtswissenschaftlichen Arbeitens kurz beschrieben:

- Wahl des Forschungsfeldes durch Interesse am Thema bzw. Auftrag
- Forschungsstand erarbeiten (Bibliographieren, Lektüre)
- Fragestellung formulieren
- Materialerschließung
- Wissenschaftliche Analyse (Methodenwahl)
- Darstellung und Kommentierung der Ergebnisse

• Diskussion

Das Finden des Themas steht am Beginn jeder wissenschaftlichen Arbeit. Dafür gilt es, das persönliche Interesse im wissenschaftlichen Feld einzuordnen und eine eigene Fragestellung zu formulieren. Das Interesse muss keineswegs wissenschaftlich begründet sein, sondern kann auch von sehr individuellen Motiven getragen werden. So führt der jeweilige Standpunkt von Historikern und Historikerinnen in der Gegenwart zu einer immer wieder anderen Perspektive auf die Geschichte.

Aufbauend auf die klare Umschreibung des entsprechenden Themas und die Klärung der individuellen Interessen sollte mittels Lektüre der wesentlichen Literatur zum Thema der aktuelle Forschungsstand eruiert werden: Gesucht wird dazu in einschlägigen Bibliothekskatalogen nach Nachschlagewerken, Überblickswerken und Zeitschriften zum entsprechenden Interessensgebiet; neben den zentralen Inhalten ist auch darauf zu achten, welche andere Forschungsliteratur zitiert wird, die für das eigene Forschungsinteresse relevant ist.

Aufbauend auf den persönlichen Interessen und parallel zur Einarbeitung in den Forschungsstand ist eine eigene Fragestellung im wissenschaftlichen Feld zu positionieren, die im Laufe des Forschungsprozesses immer wieder hinterfragt wird.

In einem weiteren Schritt wird das Material erschlossen, um alle Verständnisschwierigkeiten und Wissenslücken auszuräumen. Materialerschließung heißt Quellen wie Darstellungen aufbereiten, deren Inhalt erschließen, unbekannte Namen, Begriffe oder Sachverhalte klaren, den historischen Kontext erarbeiten und das Material kritisch prüfen (vgl. Kapitel 4.1).

Anschließend geht es darum, die Ergebnisse zu formulieren, die sich aus dem Material hinsichtlich der gestellten Frage ergeben. Größere Zusammenhänge werden hergestellt, die anfänglich formulierte Fragestellung womöglich angepasst und theoretische sowie methodische Ansätze gesichtet. Je nach Erkenntnisinteresse und Quellenart kommt eine andere Methode zur Anwendung.

Zum Abschluss sind die Ergebnisse in einer für Leser und Leserinnen oder Hörer bzw. Hörerinnen nachvollziehbaren und überprüfbaren, schriftlichen oder mündlichen Form – beispielsweise mittels eines Referates – darzustellen und zu kommentieren. Außerdem sind die Resultate in Bezug auf die Frage und die Methode zu überdenken. Bei diesem Arbeitsschritt ist es zudem notwendig, alle verwendeten Quellen und Darstellungen zu belegen, um die Nachprüfbarkeit der wissenschaftlichen Argumentation zu gewährleisten. Falls dies nicht geschieht, spricht man von einem Plagiat.

Die publizierten bzw. vorgetragenen Ergebnisse werden vom Fachpublikum aufgenommen und kritisch diskutiert.

Das soeben dargestellte Schema des geschichtswissenschaftlichen Arbeitens zeigt, dass alle Aussagen über historische Sachverhalte sowohl an die – oftmals lückenhaft – vorliegenden Quellen gebunden sind als auch an die Interessen bzw. Absichten der Historiker und Historikerinnen. Was bedeutet das nun für die Ergebnisse? Wie objektiv bzw. werturteilsfrei sind diese?

Der Historiker Reinhart Koselleck meinte 1995 dazu: „Was wir heute über die Vergangenheit sagen, ist ja nicht eine Eins-zu-Eins-Abbildung, sondern der Versuch, ein lückenhaftes Quellennetz zusammenzuflicken." Er spricht die grundlegenden Probleme an, mit denen sich Historiker und Historikerinnen permanent konfrontiert sehen und auseinandersetzen müssen. Vergangene Ereignisse der Gegenwart sind allein in Quellen

---

Marginalia:

Wahl des Forschungsfeldes

Forschungsstand erarbeiten

Fragestellung formulieren

Materialerschließung

Wissenschaftliche Analyse

Darstellung und Kommentierung der Ergebnisse

Diskussion

Objcktivitätsproblem

zugänglich, die nur in limitierter Auswahl zur Verfügung stehen, sei es einerseits weil die zu erforschende Vergangenheit weit zurück liegt und dadurch die Materialbasis schmal und lückenhaft ist, andererseits weil sie gar nicht in der Lage sind, die riesige Quellenfülle - beispielsweise zu einem Thema der neueren Geschichte - zu bewältigen: So bleibt historisches Arbeiten - der Quellenlage entsprechend - immer ein mehr oder weniger lückenhafter Annäherungsversuch an vergangene Wirklichkeiten.

Erkenntnis-theoretisches Dilemma

Diese Lücken und Beschränkungen historischer Erkenntnis treffen mit den subjektiven Bedingungen geschichtswissenschaftlichen Arbeitens, d. h. Interesse bzw. Auftrag, Perspektivität und Standortgebundenheit zusammen, unter denen Historiker und Historikerinnen ihre Fragen an die Geschichte stellen. Koselleck beschreibt 1984 dieses erkenntnistheoretische Dilemma als „produktive Spannung":

> „Es geht in der geschichtlichen Erkenntnis immer um mehr als um das, was in den Quellen steht. Eine Quelle kann vorliegen oder gefunden werden, aber sie kann auch fehlen. Und doch bin ich genötigt, Aussagen zu riskieren. Aber es ist nicht nur die Lückenhaftigkeit aller Quellen - oder deren Übermaß, wie in der neueren Geschichte -, die den Historiker hindern, durch Quelleninterpretation allein sich der vergangenen oder gegenwärtigen Geschichte zu vergewissern. Jede Quelle, genauer jeder Überrest, den wir erst durch unsere Fragen in eine Quelle verwandeln, verweist uns auf eine Geschichte, die mehr ist oder weniger, jedenfalls etwas anderes als der Überrest selber. Eine Geschichte ist nie identisch mit der Quelle, die von dieser Geschichte zeugt. Sonst wäre jede klar fließende Quelle selber schon die Geschichte, um deren Erkenntnis es uns geht."

Da auch Historiker und Historikerinnen fest in ihrer Gegenwart verwurzelt sind und einer bestimmten Nation, einer sozialen Schicht etc. angehören, sind ihre Fragestellungen stets durch Interesse und Erfahrung geleitet. So kann ein historisches Ereignis nach Koselleck unter verschiedensten Gesichtspunkten gedeutet werden - theologisch, wirtschaftlich, politisch, psychologisch, kulturell, gesellschaftlich usw. Diese Deutung entspringt der „theoretischen Vorentscheidung" und beruht auf dem Interesse, die eine Person an das Material „heranträgt". Dies bedeutet nun aber nicht, historische Forschung lasse sich auf rein spekulative Erklärungen und Deutungen reduzieren; denn jede Aussage über vergangene Ereignisse - so Koselleck - muss überprüfbar sein, denn eine Quelle könne nie sagen, was zu sagen ist - sie hindert uns aber, gewisse Aussagen zu machen, sie „schützen uns vor Irrtümern, nicht aber sagen sie uns, was wir sagen sollen."

Zusammenfassung

Zusammenfassend lässt sich Folgendes sagen: Feste Leitlinien für die historische Methode gibt es nicht - die heutige Geschichtswissenschaft zeichnet sich durch eine Methoden- und Blickwinkelvielfalt aus, die als Chance für eine multiperspektivische Geschichtsbetrachtung angesehen werden sollte. Daher bleibt die Frage, wie man eine solche Methode lernen soll, die sich je nach Aufgabenstellung immer wieder ändert. Regeln lassen sich zwar keine aufstellen, aber viel wird aus dem Beispiel gelernt, wenn dieses als Vorbild dafür genommen wird, wie aus einer konkreten Problemlage heraus eine neue Methode erfunden werden kann. Dementsprechend entwickeln Historiker und Historikerinnen in der Durchführung einzelner Forschungsprojekte ihre eigenen Methoden, zugeschnitten auf die jeweilige Fragestellung und bezogen auf die verfügbaren Quellen.

Literatur: Peter BOROWSKY, Barbara VOGEL, Heide WUNDER, Einführung in die Geschichtswissenschaft 1: Grundprobleme, Arbeitsorganisation, Hilfsmittel, (Studienbücher Moderne Geschichte), Opladen [4]1980; Johann Gustav DROYSEN, Grundriss der Historik (1856/57 und 1882), in: Wolfgang HARDTWIG (Hg.), Über das Studium der Geschichte,

München 1990, S. 94; Jan ECKEL, Thomas ETZEMÜLLER (Hg.), Neue Zugänge zur Geschichte der Geschichtswissenschaft, Göttingen 2007; Joachim EIBACH, Günther LOTTES (Hg.), Kompass der Geschichtswissenschaft, Ein Handbuch, Göttingen 2002; Erwin FABER, Imanuel GEISS, Arbeitsbuch zum Geschichtsstudium: Einführung in die Praxis wissenschaftlicher Arbeit, Wiesbaden ³1996 (UTB 1170); Hans-Jürgen GOERTZ (Hg.), Geschichte, Ein Grundkurs, Reinbek bei Hamburg 1998; Thomas HAUSSMANN, Erklären und Verstehen: Zur Theorie und Pragmatik der Geschichtswissenschaft, Frankfurt am Main 1991; Reinhart KOSELLECK, Standortbindung und Zeitlichkeit: Ein Beitrag zur historiographischen Erschließung der geschichtlichen Welt, in: DERS. (Hg.), Vergangene Zukunft: Zur Semantik geschichtlicher Zeiten, Frankfurt am Main ³1984, insbesondere S. 204f; DERS., Ist Geschichte eine Fiktion? In: NZZ-Folio, März 1995; Christian MEIER, Jörn RÜSEN (Hg.), Historische Methoden, München 1988; Otto Gerhard OEXLE (Hg.), Naturwissenschaft, Geisteswissenschaft, Kulturwissenschaft: Einheit – Gegensatz – Komplementarität? Göttingen 1998; Jörn RÜSEN, Hans SÜSSMUTH (Hg.), Theorien der Geschichtswissenschaft (Geschichte und Sozialwissenschaften: Studientexte zur Lehrerbildung 2), Düsseldorf 1980; Philipp SARASIN, Darwin und Foucault: Genealogie und Geschichte im Zeitalter der Biologie, Frankfurt am Main 2009; Volker SELLIN, Einführung in die Geschichtswissenschaft, Göttingen ²2001; Markus VÖLKEL, Methode, historische, in: Stefan JORDAN (Hg.), Lexikon Geschichtswissenschaft: Hundert Grundbegriffe, Stuttgart 2002, S. 211-215.

3.2 Geschichte finden: Nachschlagewerke, Handbücher und Bibliographien

3.2.1 Informationen aus Handbüchern und Nachschlagewerken

Bei der Vorbereitung von Seminaren, Referaten und Hausarbeiten wird man immer wieder auf unbekannte Ereignisse, Begriffe und Personen stoßen. Selbst wenn man sich im Laufe des Studiums bereits ein solides historisches Grundwissen angeeignet hat, ist es nicht nur während des Geschichtsstudiums, sondern auch später bei der Unterrichtsvorbereitung erforderlich, einen Überblick über neue Themen gewinnen und sich Inhalte selbstständig erschließen zu können. Um sich schnell und zuverlässig zu informieren, sollte man dabei nicht wahllos auf die erstbeste Information zurückzugreifen, sondern wissenschaftlich fundierte Hilfsmittel kennen.

> Wo findet man Informationen zu historischen Themen?

Dazu möchte dieses Kapitel mit einigen wichtigen Handbüchern und Handwörterbüchern vertraut machen, die als Handwerkszeug für Geschichtsstudierende grundlegend sind. Die folgende Übersicht erhebt nicht den Anspruch auf Vollständigkeit, sie entspricht vielmehr den Studienschwerpunkten des Geschichtsstudiums an einer Pädagogischen Hochschule und orientiert sich damit an den klassischen Epochenbereichen der Alte Geschichte, des Mittelalters und der Neuzeit mit besonderem Gewicht auf der deutschen Geschichte. Um einen ersten Überblick über ein Thema zu gewinnen, können Geschichtsstudierende fachwissenschaftliche Handbücher und Fachlexika, die als Handwörterbücher bezeichnet werden, verwenden. Die meisten der im Folgenden genannten Nachschlagewerke sind im Lesesaal jeder wissenschaftlichen Bibliothek zu finden.

Tipp: Im Studium sollte bereits im ersten Semester Zeit zum Nachschlagen eingeplant werden, und man sollte sich vornehmen, regelmäßig ein-, besser zweimal in der Woche im Lesesaal der Bibliothek die Inhalte der Lehrveranstaltungen durch Nachschlagen und Lesen in den Handbüchern und verschiedenen Lexika zu vertiefen. Nur so wird man allmählich mit der Ausrichtung und Konzeption der verschiedenen Werke

vertraut. Grundsätzlich gilt: Lieber einmal mehr nachschlagen, als aufgrund einer unge-
klärten Frage oder Begrifflichkeit auf den historischen Holzweg zu geraten.

Handbücher

Handbücher enthalten eine Überblicksdarstellung zur Geschichte bestimmter Regionen, Epochen oder zu gesellschaftlichen Themenbereichen. Anders als es ihr Name
verspricht, sind sie oft nicht gerade handlich, sondern häufig von beträchtlichem Umfang. Ein Handbuch wird man meist nicht von der ersten bis zur letzten Seite durchle-
sen, sondern als Nachschlagewerk benutzen. In dieser Funktion kann es sowohl als erste
Einführung als auch parallel zu den besuchten Vorlesungen und Seminaren herangezogen werden.

Häufig sind Handbücher nach thematischen Gesichtspunkten gegliedert, sie widmen
sich dann der Geschichte einer Region, einer Nation, eines Kontinents oder auch der
weltgeschichtlichen Betrachtung. Handbücher zur Weltgeschichte sind z. B. die als
Taschenbuchreihe in 36 Bänden erschienene „Fischer-Weltgeschichte" oder die
sechsbändige „Propyläen-Geschichte Europas".

Zur europäischen Geschichte gilt das bereits etwas ältere „Handbuch der europäischen Geschichte" als Standardwerk, das den Zeitraum von der Spätantike bis in die
Nachkriegszeit umfasst. Daneben ist das auf neun Bände angelegte „Handbuch der
Geschichte der internationalen Beziehungen" zu nennen, von denen sechs Bände erschienen sind.

- Handbuch der europäischen Geschichte, hg. von Theodor SCHIEDER, 7 Bde. Stuttgart
  1968-1992 (z. T. unveränderte Neuauflagen)
- Handbuch der Geschichte der internationalen Beziehungen, hg. v. Heinz DUCHHARDT,
  Paderborn u. a. 1997ff.

**Grundrisse und
historische
Enzyklopädien**

Einen schnellen Zugriff auf Themen der europäischen und außereuropäischen Geschichte ermöglicht die Reihe „Oldenbourg Grundriss der Geschichte", die nach Einzelthemen chronologisch gegliedert ist. Neben einem sehr knappen ereignisgeschichtlichen
Überblick ist vor allem der Überblick über Forschungsstand und -kontroversen im zweiten Teil des „Oldenbourg Grundrisses" hilfreich, der in Verbindung mit einer Übersicht
zu Quellen und Literatur im dritten Teil eine schnelle Orientierung innerhalb der Forschungsdiskussion zum Thema ermöglicht. Die einzelnen Bände werden regelmäßig
überarbeitet und erscheinen auch broschiert.

Ausgesprochen nützlich und inhaltlich facettenreich ist die auf insgesamt hundert
Bände angelegte „Enzyklopädie deutscher Geschichte". Die Reihe ist von ihren Herausgebern als frei „kombinierbares" Handbuch konzipiert, dessen Bände je nach Interesse
und fachlichem Schwerpunkt genutzt werden können. Der Aufbau der Enzyklopädie
deutscher Geschichte entspricht der des „Oldenbourg Grundriss der Geschichte": Jeder
Band umfasst einen thematischen Überblick, eine Darstellung der Grundprobleme und
Tendenzen der Forschung sowie eine systematische Bibliographie. Dieses umfangreiche
Werk berücksichtigt auch Themen der Kultur-, Mentalitäts- und Umweltgeschichte
stärker, als es in Handbüchern sonst üblich ist.

- - Oldenbourg Grundriss der Geschichte, hg. von Karl Joachim HÖLKESKAMP, Lothar GALL
    und Hermann JAKOBS, z. B. Bd. 7: Hermann JAKOBS, Kirchenreform und Spätmittelal-
    ter 1046-1215, München [4]1999. Bd. 12: Elisabeth FEHRENBACH, Vom Ancien Régime
    zum Wiener Kongress, München [5]2008.

- Enzyklopädie deutscher Geschichte, hg. von Lothar GALL u. a., München 1988ff, z. B. Bd. 84: Frank G. Hirschmann: Die Stadt im Mittelalter, München 2009, z. B. Bd. 86: Jochen OLTMER, Migration im 19. und 20. Jahrhundert, München 2010.

Für die deutsche Geschichte als Standardwerk gilt „Gebhardt - Handbuch zur deutschen Geschichte", das, nach seinem ersten Herausgeber benannt, inzwischen in der 10. Auflage in völlig neuer Aufmachung erscheint. Jeder der insgesamt 24 Bände enthält zusätzlich zur inhaltlichen Darstellung zum Thema auch eine ausführliche Übersicht über Quellen und Forschungsliteratur. Als Handbücher zur deutschen Geschichte ist ferner die im Verlag C. H. Beck erschienene „Neue Deutsche Geschichte" in 10 Bänden zu nennen, die auch eine umfangreiche Bibliographie enthält. Auch als Taschenbuchausgabe erhältlich ist die „Siedler Deutsche Geschichte" in 12 Bänden, deren einzelnen Bände von verschiedenen Experten zum Thema verfasst wurden. Die Reihe wird durch einen Band zur Nachkriegsgeschichte 1945-1990 ergänzt. In Österreich entspricht die 15 Bände umfassende, von Herwig Wolfram herausgegebene „Österreichische Geschichte" dem deutschen „Gebhardt", in der Schweiz das von Hanno Helbling u. a. verfasste „Handbuch der Schweizer Geschichte".

Handbücher zur deutschen, österreichischen und schweizerischen Geschichte

- Gebhardt. Handbuch der deutschen Geschichte. 10., völlig neu bearbeitete Auflage, hg. von Alfred HAVERKAMP, Wolfgang REINHARD u. a., Stuttgart 2001ff.
- Hanno HELBLING u. a., Handbuch der Schweizer Geschichte, 2 Bde., Zürich 1972-1977
- Neue Deutsche Geschichte, hg. von Peter MORAW, Volker PRESS, Wolfgang SCHIEDER, 10 Bde., München 1985-2009;
- Siedler Deutsche Geschichte: Z. B. Bd. 1: Herwig WOLFRAM, Das Reich und die Germanen. Zwischen Antike und Mittelalter, Berlin 1990, TB Berlin 1998. Bd. 5: Heinz SCHILLING, Höfe und Allianzen. Deutschland 1517-1648, Berlin 1989, TB Berlin 1998. Bd. 10: Hagen SCHULZE, Weimar. Deutschland 1917-1933, Berlin 1982, TB Berlin 1998;
- Peter Graf KIELMANNSEGG, Nach der Katastrophe: Eine Geschichte des geteilten Deutschland, Berlin 2000;
- Herwig WOLFRAM, Österreichische Geschichte, Wien 1994-2002.

Handbücher können auch thematische Teilaspekte behandeln, wie z. B. die Kirchen-, Rechts-, Wirtschafts- und Sozialgeschichte. Für die mittelalterliche Geschichte, die bisweilen eng mit der Kirchengeschichte verflochten ist, bietet sich zur Einführung auch das „Handbuch der Kirchengeschichte" an.

Handbücher zu thematischen Teilaspekten

Zu Verfassung und Recht im Mittelalter ist die dreibändige Reihe „Grundstrukturen der Verfassung im Mittelalter" zu empfehlen; vom Spätmittelalter bis in die Zeit der Bundesrepublik reicht die „Deutsche Verwaltungsgeschichte". Der Klassiker in diesem Bereich, die „Deutsche Verfassungsgeschichte" von E. R. Huber, behandelt den Zeitraum von 1789-1933.

Zu Themen der Wirtschafts- und Sozialgeschichte kann man auf das „Handbuch der Europäischen Wirtschafts- und Sozialgeschichte" zurückgreifen oder auch auf das etwas jüngere „Handbuch der Wirtschafts- und Sozialgeschichte Deutschlands".

- Handbuch der Kirchengeschichte, hg. von Hubert JEDIN, 7 Bde. Freiburg, Basel, Wien 1962-1979, Sonderausgabe 1985, Unveränderter Nachdruck 1999;
- Grundstrukturen der Verfassung im Mittelalter, hg. von Hans K. SCHULZE, 3 Bde. Stuttgart, Berlin, Köln 1992-1998;
- Deutsche Verwaltungsgeschichte hg. von Kurt G. A. JESERICH u. a. 5 Bde und Registerband, Stuttgart 1983-1988;

- Ernst Rudolf HUBER, Deutsche Verfassungsgeschichte seit 1789. 7 Bde. und Registerband, Stuttgart 1957-1992;

- Handbuch der Europäischen Wirtschafts- und Sozialgeschichte, hg. v. Wolfram FISCHER u. a. 6 Bde., Stuttgart 1980-1993;

- Friedrich-Wilhelm HENNING, Handbuch der Wirtschafts- und Sozialgeschichte Deutschlands, 3 Bde., Paderborn u. a. 1991-2003

Handbücher zu alltags- und gesellschaftsgeschichtlichen Themen sind die jeweils fünfbändig angelegte „Geschichte des privaten Lebens" und die „Geschichte der Frauen", beide reichen von der Antike bis zur Gegenwart, während die „Deutsche Gesellschaftsgeschichte" von H.-U. Wehler die deutsche Gesellschaft von 1700-1990 in den Blick nimmt.

- Geschichte des privaten Lebens, hg. v. Philippe ARIÈS u. a., 5 Bde. Frankfurt/Main 1989-1993, Paderborn u. a. 1991-2010;

- Geschichte der Frauen, hg. v. Georges DUBY u.a. 5 Bde., Frankfurt/M., Paris 1993-1995;

- Deutsche Gesellschaftsgeschichte, hg. v. Hans-Ulrich WEHLER, 5 Bde. München 1987-2008.

Wichtig ist, sich jeweils den thematischen Schwerpunkt des benutzten Handbuchs klar zu machen, da dieser die inhaltliche Gewichtung der Darstellung bedingt. Ggf. sollte man auf zusätzliche Handbücher zurückgreifen, um weitere Gesichtspunkte einzubeziehen. Schließlich gilt es zu beachten, dass sich der Anspruch von Handbüchern vornehmlich nicht auf die Vertiefung von Forschungsfragen richtet. Handbücher ersetzen also nicht die Lektüre von Monographien zu Einzelthemen.

3.2.2 Handwörterbücher

Während Handbücher meist chronologisch oder auch inhaltlich-systematisch gegliedert sind, bieten Handwörterbücher den Stoff nach Lemmata strukturiert und in alphabetischer Reihenfolge angeordnet. Handwörterbücher sind einerseits geeignet, um sich einen ersten Zugang zum Thema zu verschaffen, andererseits helfen sie bei der Klärung von Fragen bezüglich Begriffen und Ereignissen, die sich bei der Vorbereitung eines Referats, einer Hausarbeit oder der Unterrichtsvorbereitung ergeben. Personen, Daten, Begrifflichkeiten, die man zwar vielleicht schon einmal gehört hat, ohne aber im Einzelnen eine klare Vorstellung davon zu haben, lassen sich durch einen Blick in das passende Handwörterbuch präzisieren.

Konversationslexika

Natürlich kann man zum Nachschlagen auch zuerst zu einem Konversationslexikon wie dem „Brockhaus" oder „Meyers Lexikon" greifen. Konversationslexika ermöglichen eine erste Orientierung, jedoch sind sie keine wissenschaftlichen Fachwörterbücher, sie enthalten keine namentlich gekennzeichneten Artikel und sind daher auch nicht „zitierfähig", sie können also nicht als Nachweis in den Anmerkungen zu einer wissenschaftlichen Hausarbeit benutzt werden. Ältere Auflagen eines Konversationslexikons werden von Historikern und Historikerinnen herangezogen, wenn es darum geht, die Bedeutung einzelner Begriffe in der Vergangenheit zu untersuchen. Für die Frühe Neuzeit gibt das zuerst 1732-1754 erschienene „Zedlers Universallexikon" Einblick in die Weltsicht der Aufklärungszeit.

Eine erste Orientierung in der Begrifflichkeit geschichtswissenschaftlicher Debatten bietet das bei Reclam erschienene „Lexikon Geschichtswissenschaft. Hundert Grundbegriffe", das zentrale Grundbegriffe der geschichtswissenschaftlichen Diskussion für Studienanfänger und Laien verständlich erklärt.

Ein herausragendes Nachschlagewerk im deutschsprachigen Bereich, die „Geschichtlichen Grundbegriffe", widmet sich der Erläuterung von Begriffen der politischen Ideengeschichte. Das siebenbändige Standardwerk ist von der Konzeption und vom inhaltlichen Anspruch einzigartig und gilt als herausragendes Nachschlagewerk im deutschsprachigen Bereich. Man sollte sich mit diesem siebenbändigen Standardwerk lieber früher als später vertraut machen: Es erläutert wichtige Begrifflichkeiten wie z. B. Souveränität, Widerstand, Revolution in ihrer historischen Bedeutung und Entwicklung.

- Geschichtliche Grundbegriffe. Historisches Lexikon zur politisch-sozialen Sprache in Deutschland, hg. von Otto BRUNNER, Werner CONZE, Reinhart KOSELLECK, 7 Bände zuzüglich Registerband, Stuttgart 1972-1997;
- Großes vollständiges Universallexikon aller Wissenschaften und Künste. 64 Bde., Halle, Leipzig 1732-1754. ND Graz 1993-1999. Im Internet unter www.zedler-lexikon.de;
- Lexikon Geschichtswissenschaft. Hundert Grundbegriffe, hg. v. Stefan JORDAN, Stuttgart 2002.

Um sich kurz über historische Begriffe und Ereignisse zu informieren, ist es möglich, auf allgemeine Sachwörterbücher zur Geschichte zurückzugreifen. Es ist hilfreich, ein solches fachübergreifendes Lexikon am Arbeitsplatz permanent zur Verfügung zu haben, um kurz nachschlagen zu können. Als erschwingliche Taschenbuchausgabe ist das nach seinen Herausgebern als „Fuchs/Raab" bezeichnete „Wörterbuch Geschichte" erhältlich. Für Geschichtsstudierende überaus nützlich ist auch das sechsbändige Sachwörterbuch „Geschichte griffbereit" von Imanuel Geiss. Das in weltgeschichtlicher Perspektive angelegte Nachschlagewerk bietet aufgrund der thematischen Struktur der Bände nach Epochen, Daten, Personen, Begriffen Schauplätze und Staaten vielfältige Zugriffsmöglichkeiten. Zum Nachschlagen von Daten und Fakten der Weltgeschichte ist auch der „Große Ploetz" geeignet: Nach Epochen und Regionen gegliedert bietet er eine chronologische Auflistung von Zahlen, Daten, Fakten der Weltgeschichte, wobei der Zugriff ereignisgeschichtlich orientiert ist. Ein nützliches Nachschlagewerk zu Begriffen der Rechtsgeschichte und gesellschaftlichen Institutionen aus Mittelalter und der Frühen Neuzeit ist das „Hilfswörterbuch für Historiker" von Haberkern/Wallach: Hier werden Wörter wie *beneficium*, Domkapitel, Pfalzgraf usw. inhaltlich kurz und präzise erklärt.

- Konrad FUCHS, Heribert RAAB, Wörterbuch Geschichte. München [11]1998. Auch als CD-ROM, allerdings z. Zt. vergriffen;
- Imanuel GEISS, Geschichte griffbereit, 6 Bde., Hamburg 1979-1983;
- Der Große Ploetz. Die Daten-Enzyklopädie der Weltgeschichte. Daten, Fakten, Zusammenhänge, Köln [33]2002;
- Eugen HABERKERN, Joseph Friedrich WALLACH: Hilfswörterbuch für Historiker, Tübingen u. a. [9]2001.

3.2.3 Nachschlagewerke zu einzelnen Epochen und Teilbereichen der Geschichte

Neben diesen grundlegenden Sachwörterbüchern gibt es eine Reihe von Handwörterbüchern und anderen Nachschlagewerken zu einzelnen Epochen und Teilbereichen der Geschichte. Neben den Standardlexika zur Geschichte der Antike, des Mittelalters und der Neuzeit sind solche zur Rechts- und Kirchengeschichte zu nennen. Grundsätzlich ist darauf hinzuweisen, dass für viele Standardwerke gängige Abkürzungen üblich sind. Diese werden nachfolgend jeweils einzeln genannt. Außerdem findet sich eine alphabetische Abkürzungsliste auch noch am Schluss dieses Bandes.

Nachschlagwerke zur Alten Geschichte

Das Standardwerk für die Alte Geschichte ist „Der Neue Pauly" (Abk. DNP). Hier finden sich Artikel zu Stichworten aus der griechischen und römischen Kultur sowie benachbarter Kulturen. Beim Nachschlagen gilt es zu beachten, dass „Der Neue Pauly" einen altertumswissenschaftlichen und einen rezeptionsgeschichtlichen Teil, also sozusagen zwei Lexika in einem, umfasst. In der Regel wird man zu Kultur, wirtschaftlichen und sozialen Verhältnissen zunächst die Bände 1-12 zur Hand nehmen, während die Bände 13, 14 und 15, 1-3 zur Rezeption der Antike vom Mittelalter bis heute informieren, also z. B. über die Kenntnis des Griechischen im Mittelalter, die Ausgrabungen in Pompeji seit dem 18. Jahrhundert oder auch über die Olympischen Spiele in der Neuzeit. „Der Neue Pauly" ist der Nachfolger der im 19. Jahrhundert begründeten „Realencyclopädie der classischen Altertumswissenschaften" (Abk. RE), die fast 70 Bände umfasst. Obwohl sie längst nicht auf dem aktuellen Forschungsstand ist, bietet sie für Spezialfragen dennoch differenzierte, an den Quellen orientierte Information. Für ein schnelles Nachschlagen ist auch das „Lexikon der Alten Welt" (Abk. LAW) geeignet, das sich jedoch weder im Umfang noch vom Anspruch her mit dem „Neuen Pauly" vergleichen lässt.

- Der Neue Pauly. Enzyklopädie der Antike, hg. von Hubert CANCIK und Helmuth SCHNEIDER, 15 Bde. und Registerband, Stuttgart u. a. 1996-2003;

- Paulys Realencyclopädie der classischen Altertumswissenschaften. Neue Bearbeitung unter Mitwirkung zahlreicher Fachgenossen, hg. von Georg WISSOWA, fortgeführt von Wilhelm KROLL und Karl MITTENHAUS, zuletzt von Konrat ZIEGLER, Stuttgart 1894-1980;

- Lexikon der Alten Welt hg. von Carl ANDERSEN, Stuttgart, Zürich 1965. Nachdruck in 3 Bden. Stuttgart, Zürich 1990.

Nachschlagewerke zum Mittelalter

Als Nachschlagewerk zur mittelalterlichen Geschichte kommt dem „Lexikon des Mittelalters" (Abk. LexMA) herausragende Bedeutung zu. In 9 Bänden zuzüglich Registerband informiert es über Geschichte, Kultur und Lebensformen des Mittelalters von ca. 300 n. Chr. bis ca. 1500 n. Chr. Außer dem europäischen Mittelalter finden auch das Byzantinische Reich, die arabisch-islamische Welt und das Osmanische Reich Berücksichtigung. Das „Lexikon des Mittelalters" kann in den meisten wissenschaftlichen Bibliotheken auch als Lizenzausgabe in einer CD-ROM-Version benutzt werden. Von ähnlicher Bedeutung wie das Lexikon des Mittelalters ist die „New Cambridge Medieval History" (Abk. NCMH). Knapper im Zuschnitt und zugleich fundiert ist die nach thematischen Schwerpunkten strukturierte zweibändige Enzyklopädie des Mittelalters. Für Antike und Frühmittelalter ist das „Reallexikon für Antike und Christentum" (Abk. RAC) zu nennen, von dem bislang 23 Bände bis zum Stichwort „Lexikon 2" erschienen sind.

- Lexikon des Mittelalters. Redaktion Liselotte LUTZ, 9 Bde. und Registerband, München u. a. 1980-1999;

- The New Cambridge Medieval History. Cambridge 1995ff;

- Gert MELVILLE, Martial STAUB, Enzyklopädie des Mittelalters, 2 Bde., Darmstadt 2008.

- Reallexikon für Antike und Christentum. Sachwörterbuch zur Auseinandersetzung des Christentums mit der antiken Welt, hg. von Georg SCHÖLLGEN u. a., Stuttgart 1950ff.

Für den Bereich der neueren und neuesten Geschichte gibt es bislang kein abgeschlossenes Standardwerk vom Umfang des „Lexikons des Mittelalters" oder gar eines „Neuen Pauly". Als ein solches konzipiert ist die auf fünfzehn Bände angelegte seit 2005 erscheinende „Enzyklopädie der Neuzeit". Ein vergleichsweise deutlich „abgespecktes", dennoch fundiertes Nachschlagewerk zu Themen der deutschen Geschichte ist das nach seinem Herausgeber auch als „Taddey" bezeichnete „Lexikon der Deutschen Geschichte". Für die Schweiz wäre entsprechend das „Historische Lexikon der Schweiz" und dessen Vorläufer, das „Historisch-biographische Lexikon der Schweiz" zu nennen.

Nachschlagewerke zur Neueren Geschichte

- Enzyklopädie der Neuzeit, hg. von Friedrich JÄGER, bisher Bde. 1-12. Stuttgart 2005ff;

- Lexikon der Deutschen Geschichte. Bd. 1: Ereignisse, Institutionen, Personen. Von den Anfängen bis zur Kapitulation 1945, hg. von Gerhard TADDEY, Stuttgart ³1998. Bd. 2: Ereignisse, Institutionen, Personen im geteilten Deutschland von 1945-1990, hg. v. Michael Behnen, Stuttgart 2002;

- Historisches Lexikon der Schweiz, hg. von der Stiftung Historisches Lexikon der Schweiz, bisher 9 Bde., Basel 2002-2010;

- Historisch-biographisches Lexikon der Schweiz; 7 Bde. + Supplementband, Neuenburg 1921-1934.

Zu Themen der mittelalterlichen Geschichte und der Frühen Neuzeit geben häufig auch die Lexika zur Kirchengeschichte Aufschluss. Neben dem evangelischen Lexikon „Religion in Geschichte und Gegenwart" (Abk. RGG) lohnt sich aus kirchengeschichtlicher Sicht vor allem der Blick in das katholische „Lexikon für Theologie und Kirche" (Abk. LThK), das in neu überarbeiteter Auflage 1993-2001 erschienen ist, und auch in die ökumenisch ausgerichtete „Theologische Realenzyklopädie" (Abk. TRE), deren Artikel meist etwas umfangreicher angelegt sind.

Nachschlagewerke zur Kirchengeschichte

- Lexikon für Theologie und Kirche, hg. von Walter KASPER, 10 Bde. und Registerband mit Abkürzungsverzeichnis. Freiburg ³1993-2001,

- Religion in Geschichte und Gegenwart, hg. von Hans-Dieter BETZ, 8 Bde. und Registerband, völlig neu bearbeitete Auflage Tübingen ⁴1998-2007;

- Theologische Realenzyklopädie, hg. von Gerhard KRAUSE und Gerhard MÜLLER, 36 Bde. und Register, Abkürzungsverzeichnisse, Berlin 1977-2004.

Auch für die Rechtsgeschichte gibt es ein entsprechendes Fachlexikon, das fünfbändige Handwörterbuch zur deutschen Rechtsgeschichte (Abk. HRG).

Nachschlagewerke zur Rechtsgeschichte

- Handwörterbuch zur deutschen Rechtsgeschichte, begründet von Wolfgang STAMMLER, hg. von Albrecht CORDES, 5 Bde. Berlin 1971-1998.

Bei der Vorbereitung von Seminaren und Referaten werden einem mehr als einmal auch unbekannte Personen begegnen, über die man sich am Besten in biographischen Lexika informiert.

Biographische Nachschlagewerke

Biographische Lexika sind als Nationalbiographien angelegt oder auch regional organisiert. Für die deutsche Geschichte sind am Bekanntesten die „Allgemeine Deutsche Biographie" (Abk. ADB) und die „Neue Deutsche Biographie" (Abk. NDB). Maßgeblich und auf relativ neuestem Stand ist die „Neue Deutsche Biographie", die über das Leben und Werk bedeutender Personen des deutschen Sprach- und Kulturraums vom frühen Mittelalter bis zur Gegenwart informiert. Aufgenommen werden nur verstorbene Personen. Die NDB ist auf 28 Bände angelegt und bisher bis Band 24 einschließlich „Stader" erschienen. Sofern man in der NDB keine Informationen zu einer gesuchten Person findet, kann man auf das umfangreiche Vorgängerwerk „Allgemeine Deutsche Biographie" zurückgreifen. Die ADB (erschienen 1875-1912) umfasst Personen, die bis 1900 (Nachträge bis 1912) verstorben sind. Bei der Benutzung der ADB ist stets zu bedenken, dass dieses Werk den Forschungsstand um 1900 spiegelt. ADB und NDB sind auch im Internet zugänglich unter www.ndb.badw.de. Hier lässt sich über eine Suchmaske nicht nur nach dem Namen, sondern auch nach Beruf, Konfession, Geburtdatum einer bestimmten Person recherchieren. Die NDB ist seit 2008 bis einschließlich Band 22 online verfügbar, für die ADB kann auf alle Artikel frei im Internet zugegriffen werden. Neben den beiden „großen" Nationalbiographien ist ferner die „Deutsche Biographische Enzyklopädie" zu erwähnen, deren Artikel in kurzen, knappen Beiträgen ebenfalls über bedeutende Personen des deutschsprachigen Raums informieren.

- Allgemeine Deutsche Biographie, hg. durch die historische Commission bei der Königl. Akademie der Wissenschaften, 56 Bde., Leipzig 1875-1912, Nachdruck Berlin 1971;
- Neue Deutsche Biographie, hg. von der Historischen Kommission bei der Bayerischen Akademie der Wissenschaften, Berlin 1953ff. www.ndb.badw.de;
- Deutsche Biographische Enzyklopädie, hg. von Walther KILLY und Rudolf VIERHAUS, 12 Bde. München 1995-2000.

Geschichtsatlanten   Nicht zu vergessen bei den Nachschlagewerken zur Geschichte sind die Geschichtsatlanten, deren Bedeutung gar nicht hoch genug eingeschätzt werden kann. In letzter Zeit trägt auch Geschichtswissenschaft wieder stärker der Erforschung historischer Räume und ihrer Bedeutung Rechnung. Entsprechende Kartenwerke sind unverzichtbar, um sich in der historischen Topographie zu orientieren: Ländergrenzen verliefen anders, Herrschaftsräume haben sich oft grundlegend verändert. All das und noch anderes mehr wird beim Blick in den Geschichtsatlas offenkundig. Ein Geschichtsatlas gehört daher in die Handbibliothek jedes Geschichtsstudierenden. Der erstmals 1877 erschienene „Historische Schulatlas" von Putzger ist als Überblickswerk inzwischen ein Klassiker. In der neu bearbeiteten Auflage von 2009 entspricht der „Putzger" mit seinen 360 Karten, vielen Abbildungen und einführenden Texte den Ansprüchen an einen modernen, übersichtlichen Geschichtsatlas. Darüber hinaus gibt es zwei umfangreiche Geschichtsatlanten, die zuverlässig und wissenschaftlich hohem Anspruch genügen: der „Große Historische Weltatlas" aus dem Bayerischen Schulbuch-Verlag und der bei Westermann erschienene „Atlas zur Weltgeschichte". Schließlich gibt es eine Reihe kleinerer „Taschenatlanten", die durchaus nützlich sind, auch wenn sie im Detail sicherlich nicht immer wissenschaftlichen Maßstäben entsprechen. Wenn es darum geht, sich über die Herrschaftsverhältnisse und Territorium seit dem Mittelalter zu informieren, kann man auf das „Historische Lexikon der deutschen Länder" von Köbler zurückgreifen. Auch die über das Internet unter ieg.maps.uni-mainz.de verfügbare Datenbank mit

Geschichtskarten des Mainzer Instituts für europäische Geschichte leistet nützliche Dienste.

- Putzger. Atlas und Chronik zur Weltgeschichte, Berlin [2]2009;

- Großer Historischer Weltatlas, hg. vom Bayerischen Schulbuch-Verlag, T. 1: Vorgeschichte und Altertum, München [6]1978, T. 2. Mittelalter. München [2]1979, T. 3: Neuzeit, München [4]1981, ND 1991, T.4: Neueste Zeit, München 1996;

- Großer Atlas zur Weltgeschichte. Erweiterte Ausgabe des Standardwerkes von 1956, hg. vom Westermann Verlag, Braunschweig 1997;

- dtv-Atlas zur Weltgeschichte Kinder hg. von Hermann KINDER, Werner HILGEMANN u.a. Einbändige Sonderausgabe, München 2006;

- Gerhard KÖBLER, Historisches Lexikon der deutschen Länder. Die deutschen Territorien und reichsunmittelbaren Geschlechter vom Mittelalter bis zur Gegenwart, München [6]1999.

3.2.4 Quellen und Literatur finden

Um ein Referat oder eine wissenschaftliche Hausarbeit zu erstellen, ist es erforderlich, sich die vorhandene geschichtswissenschaftliche Literatur zu erschließen und die zu Ihrem Thema relevanten Quellen ausfindig zu machen. Ziel ist, sich in möglichst kurzer Zeit einen Überblick über den Forschungsstand und die Quellen zum Thema zu verschaffen.

Quellen liegen entweder ediert oder in ungedruckter Form vor. Während des Studiums wird man zumeist mit gedruckten Quellen arbeiten, die vom Herausgeber erläutert und ggf. auch übersetzt wurden. Die bei Studierenden sehr beliebten Übersetzungen insbesondere der lateinischen Quellentexte erleichtern zwar den Zugang zum Text erheblich, haben jedoch den Nachteil, dass in der Übersetzung die Begrifflichkeiten der Quelle im Original oft nicht mehr eindeutig erkennbar sind. Um Missverständnissen bei der Interpretation vorzubeugen, gibt es zu einigen Themenbereichen zweisprachige Studienausgaben, die ein paralleles Lesen von Übersetzung und Original und somit eine Kontrolle am lateinischen Text ermöglichen. Nicht edierte Quellen sind Quellen, die bisher nicht eigens abgedruckt wurden: Solche Quellen sind in Archiven und Bibliotheken zu finden (vgl. Kap. 3.3).

Wer wissen möchte, welche Quellen zu einem bestimmten Thema bereits publiziert sind, kann sich in einer Quellenkunde informieren. Quellenkunden verzeichnen und erläutern gedruckte Quellen eines bestimmten Zeitraums. Einen umfassenden Überblick über die mittelalterlichen Schriftquellen gibt die „Kurze Quellenkunde des westeuropäischen Mittelalters" von van Caenegem, die in einer neu aktualisierten Ausgabe in französischer Sprache vorliegt. Für die Neuzeit kann die von Winfried Baumgart herausgegebene „Quellenkunde zur deutschen Geschichte der Neuzeit" herangezogen werden.

Quellenkunden

- Raoul van CAENEGEM, Kurze Quellenkunde des westeuropäischen Mittelalters. Eine typologische, historische und bibliographische Einführung. Göttingen 1964;

- Raoul van CAENEGEM, aktualisiert von L. JOCQUÉ, Introduction aux sources de l'histoire médiévale: typologie, histoire de l'érudition médiévale, grandes collections, sciences auxiliaires, bibliographie, Brepols 1997;

- Quellenkunde zur deutschen Geschichte der Neuzeit von 1500 bis zur Gegenwart, hg. von Winfried BAUMGART, 7 Bde., Darmstadt 1977-2003.

Formen von Publikationen

Bei der Suche nach fachwissenschaftlicher Literatur gilt es zu berücksichtigen, dass Publikationen in unterschiedlicher Form vorliegen. Selbstständig wissenschaftliche Bücher zu einem Thema werden als Monographien bezeichnet. Darüber hinaus gibt es kürzere wissenschaftliche Abhandlungen, die als Aufsätze in einem Handbuch oder Sammelband oder in einer wissenschaftlichen Zeitschrift publiziert sind. Da Zeitschriftenaufsätze und Aufsätze in Sammelbänden zusammen mit anderen Beiträgen erscheinen, werden sie auch als „unselbstständige Veröffentlichungen" bezeichnet. Schließlich fallen als wissenschaftliche Veröffentlichungen auch die Lexikonartikel der Handwörterbücher unter die Rubrik der unselbstständigen Literatur. (vgl. dazu auch Kap. 3.3 2 „Bibliotheken").

Sammelbände, die verschiedene Beiträge enthalten, werden z. B. zur Veröffentlichung der Vorträge wissenschaftlicher Tagungen oder auch als sog. „Festschrift", d. h. anlässlich eines Jubiläums oder Festaktes herausgegeben.

Zeitschriften

Wissenschaftliche Fachzeitschriften erscheinen periodisch und weisen teils spezifische fachliche Schwerpunkte auf. Mit den wichtigsten Zeitschriften der Geschichtswissenschaft sollten Sie sich frühzeitig vertraut machen. Traditionsreich und renommiert ist die „Historische Zeitschrift" (HZ), deren Beiträge epochenübergreifend sind und – mit einem Schwerpunkt auf der deutschen Geschichte – die unterschiedlichsten Themen umfassen. Weiterhin gibt es epochen- bzw. bereichsspezifische Organe, die nicht einzeln aufgeführt werden können, einige wenige Beispiele mögen genügen: Die Fachzeitschriften „Klio" (seit 1897) und „Historia. Zeitschrift für Alte Geschichte" (seit 1950), veröffentlichen Beiträge aus den Altertumswissenschaften. Ein renommiertes Organ der Mediävistik ist das „Deutsche Archiv zur Erforschung des Mittelalters" (DA). Einen Schwerpunkt in der Frühen Neuzeit hat die „Zeitschrift für Historische Forschung. Vierteljahresschrift zur Erforschung des Spätmittelalters und der frühen Neuzeit" (ZHF). In der „Zeitschrift der Geschichtswissenschaft" (ZfG), dem einst offiziellen historischen Organ der DDR, findet man Beiträge zur neueren und neuesten Geschichte. Themen der Sozialgeschichte werden in den Zeitschriften „Geschichte und Gesellschaft. Zeitschrift für Historische Sozialwissenschaft" (GG, seit 1975) und „Past & Present" (seit 1952) behandelt, außerdem in der Monographien-Reihe „Kritische Studien zur Geschichtswissenschaft" (seit 1972), zeitgeschichtliche Fragen in den „Vierteljahrsheften für Zeitgeschichte" (VfZ, seit 1953).

Die meisten wirtschaftsgeschichtlichen Zeitschriften setzen erst in der Mitte des 19. Jahrhunderts ein. Wichtige deutschsprachige Zeitschriften sind z. B. die „Vierteljahrschrift für Sozial- und Wirtschaftsgeschichte" (VSWG) (seit 1903), „Jahrbuch für Wirtschaftsgeschichte" (seit 1960), „Zeitschrift für Unternehmensgeschichte" (seit 1977) und „Bankhistorisches Archiv" (seit 1975). Bekannte internationale Zeitschriften sind z. B.: *Journal of Economic History* (New York seit 1941), *Economic History Review* (Oxford seit 1927), *Explorations in Economic History* (seit Amsterdam 1948), *Journal of European Economic History* (Roma seit 1972), *European Review of Economic History* (Cambridge seit 1997), *Business History* (Abingdon seit 1958), *Business History Review* (Boston seit 1954).

Für Studierende des Lehramts ist als wichtige Fachzeitschrift „Geschichte in Wissenschaft und Unterricht" (GWU) zu nennen. Die Zeitschrift erscheint in monatlichen Themenheften, neben Aufsätzen findet man auch Rezensionen und Nachrichten aus dem Verband der Geschichtslehrer. Geschichtsdidaktischen Fragen widmet sich die seit 2002 im Auftrag der Konferenz für Geschichtsdidaktik herausgegebene „Zeitschrift für

Geschichtsdidaktik" (ZfGD). Sie erscheint jährlich und umfasst Beiträge zu einem thematischen Schwerpunkt, ein Diskussionsforum und Rezensionen. Stärker auf die Unterrichtspraxis ausgerichtet ist die „Zeitschrift Geschichte, Politik und ihre Didaktik. Zeitschrift für historische Bildung, Beiträge und Nachrichten für die Unterrichtspraxis" (GPD). Die beiden zweimonatlich erscheinenden Hefte „Praxis Geschichte" und „Geschichte lernen" enthalten hauptsächlich Unterrichtsbeispiele mit entsprechenden Erläuterungen für die Umsetzung.

3.2.5 Bibliographieren

Nachdem man sich zu einem Thema zunächst mithilfe der Handbücher und Handwörterbücher erste Informationen verschafft hat, ist nun im nächsten Arbeitsschritt gezielt nach fachwissenschaftlichen Publikationen zu suchen. Diese Literaturrecherche wird als „Bibliographieren" bezeichnet. Man unterscheidet dabei „unsystematisches Bibliographieren" und „systematisches Bibliographieren".

Die Bezeichnung unsystematisch ist etwas irreführend, denn man geht beim unsystematischen Bibliographieren durchaus strukturiert vor. Man spricht dann von unsystematischem Bibliographieren, wenn man bei der Literaturrecherche nicht auf das Hilfsmittel einer Bibliographie zurückgreift, sondern von der einem bereits vorliegenden Literatur ausgeht, d. h. wenn man beispielsweise in einem Handbuchartikel oder einem Zeitschriftenaufsatz die Anmerkungen und das Literaturverzeichnis nach Hinweisen auf die Fachliteratur durchsucht. Wer sich, ausgehend von diesen Hinweisen, dann die dort gefundene Fachliteratur vornimmt, wird darin wiederum auf weitere Literaturangaben stoßen usf., weshalb dieses Verfahren auch als „Schneeballsystem" bezeichnet wird. Bei dieser Art der Literaturrecherche sollte man möglichst neuere Publikationen zum Ausgangspunkt nehmen. Je aktueller die Publikation ist, von der man ausgeht, desto eher kann man daraus Hinweise auf die Literatur auch der letzten Jahre entnehmen.

Das unsystematische Bibliographieren ermöglicht es, in kurzer Zeit eine ansehnliche Auswahl an Literatur zu einem Thema zusammenzustellen. Die Nachteile des unsystematischen Vorgehens liegen darin, dass man sich dabei auf die Literaturangaben der benutzten Werke verlässt. Man weiß dabei nicht, ob diese vollständig sind oder eventuell nur eine bestimmte Tendenz innerhalb der Forschungsdiskussion widerspiegeln. Ein weiterer Nachteil besteht darin, dass auf diese Weise nicht die neueste Forschungsliteratur erschlossen werden kann.

Deswegen sollten immer auch die Auswahlbibliographien zum Seminar herangezogen werden. Zumeist erhält man eine solche Literaturliste der Professorin/des Professors zum Seminarthema, die es im Hinblick auf das gewählte Thema gründlich zu studieren gilt. Denn hier finden sich Hinweise zu neueren Zeitschriftenaufsätzen und der aktuellen Forschungsliteratur.

Schließlich lohnt es sich, den Rezensionsteil der historischen Fachzeitschriften auf Buchbesprechungen zum zu bearbeitenden Thema durchzugehen. In manchen Fachzeitschriften werden auch die Neuerscheinungen zu einzelnen Themenbereichen kurz angezeigt. Rezensionen sind Buchbesprechungen eines wissenschaftlichen Experten und ermöglichen anhand der kritischen Besprechung bereits eine erste Einordnung des angezeigten Buches. Allerdings gibt eine Rezension die Einschätzung des Rezensenten

Unsystematisches Bibliographieren

Rezensionen auswerten

wieder, und es lohnt sich darüber nachzudenken, wo dieser in der wissenschaftlichen Diskussion zu verorten ist.

Bibliothekskataloge

Eine weitere Möglichkeit des unsystematischen Bibliographierens besteht in der Suche über die Kataloge der großen Bibliotheken. Relativ leicht lassen sich hier Monographien zu einem bestimmten Thema ermitteln. Auch hier ist das Ergebnis der Literatursuche zufällig: Es hängt von den in der Bibliothek vorhandenen Beständen und von der angewendeten Suchstrategie ab. Verfügt beispielsweise die Bibliothek zu einem bestimmten Spezialthema nur über ältere Literatur, so wird man wichtige Publikationen zu einem Themengebiet übersehen. Studienanfänger tun sich erfahrungsgemäß bei der Eingabe von Begriffen in die Suchmaske schwer, so dass auch vorhandene Bestände nicht unbedingt gefunden werden. Grundsätzlich kann man nach verschiedenen Kategorien wie Autoren-, Stichwort- oder Schlagwortsuche vorgehen. Bei der Autorensuche erhält man alle selbstständig erschienenen Monographien eines Verfassers. Aufsätze in Zeitschriften oder Sammelbänden sind dagegen im Katalog nicht unter dem Namen des Verfassers aufgenommen, sondern müssen unter dem Titel der Zeitschrift oder unter dem Namen des Herausgebers eines Sammelbands gesucht werden. Die Stichwortsuche liefert die Titel, die das gesuchte Stichwort im Titel enthalten. Sie eignet sich, falls man den Titel des gesuchten Buches bereits kennt. Als weitere Möglichkeit steht die Schlagwortsuche zur Verfügung. Unter einem Schlagwort sind Publikationen zu einem bestimmten Thema unabhängig vom Titel erfasst. Der Erfolg der Schlagwortsuche hängt von den gewählten Suchbegriffen ab, daher ist es sinnvoll, sich über den Index einen Einblick in die von der Bibliothek verwendeten Schlagworte zu informieren.

Systematisches Bibliographieren

Systematisches Bibliographieren meint die Literaturrecherche unter Benutzung von Bibliographien, das sind eigens zu diesem Zweck publizierte Bücherverzeichnisse, in denen die Titel nach Sachgebieten geordnet sind. Das systematische Bibliographieren erhebt den Anspruch, alle Bücher und Aufsätze zu einem Thema systematisch aufzuspüren. Das systematische Bibliographieren ist erforderlich, um die „Lücken" in den Ergebnissen der unsystematischen Suche zu schließen. Das betrifft insbesondere die neueste Literatur, möglicherweise aber auch andere Publikationen, die in den von bereits gesichteten Monographien nicht erfasst wurden.

Einzelne Bibliographien

Bibliographien liegen entweder gedruckt oder aber als Datenbanken vor, sie sind z. T. auch online verfügbar. Man unterscheidet dabei zwischen Allgemeinbibliographien zu einzelnen Fächern wie der Geschichte und Spezialbibliographien, die Literatur zu einem Spezialthema auflisten. Wer sich einen Überblick über die vorhandenen Bibliographien verschaffen möchte, greift am Besten zu sogenannten „Bibliographien der Bibliographie". Für den Anfänger leicht zu handhaben und auf die Geschichtswissenschaft zugeschnitten ist das von Winfried Baumgart erarbeitete Bücherverzeichnis zur deutschen Geschichte, das in immer neuer Auflage erscheint. Der „Baumgart" gibt eine Übersicht über eine große Zahl von Einführungen in die einzelnen historischen Spezialdisziplinen, Handbücher und sonstige Nachschlagewerke, sowie über die Bibliographien zur deutschen Geschichte und der anderer Länder. Zudem findet man im „Baumgart" auch Angaben zu den wichtigsten Quellensammlungen. Sehr viel umfangreicher ist der „Totok-Weitzel", ein Handbuch der Bibliographien, in dem Bibliographien zu unterschiedlichen Fach- und Themenbereichen zu finden sind. Hier kann man sich informieren, welche Bibliographien für den zu untersuchenden Themenbereich relevant sind.

- Winfried BAUMGART, Bücherverzeichnis zur deutschen Geschichte. Hilfsmittel – Handbücher – Quellen. München [15]2003;
- Wilhelm TOTOK, Rolf WEITZEL, Handbuch der bibliographischen Nachschlagewerke, hg. von Hans-Jürgen und Dagmar KERNCHEN, 2 Bde. Frankfurt/M. [6]1984-1985;

Nachdem man die zum Thema passende Bibliographie ausgemacht hat, kann man mit dem systematischen Bibliographieren beginnen. Die Arbeit mit Bibliographien ist für den Anfänger oft mühsam und ungewohnt. Um nicht das Ziel angesichts der Bibliographien und ihrer in sich vielfältig spezifizierten Gliederung aus den Augen zu verlieren, ist es wichtig, sich klar zu machen, welche Aspekte das zu behandelnde Thema umfasst. Jede Bibliographie enthält eine Einleitung oder einen eigenen Band, der den Aufbau der Bibliographie und ihre Benutzung erläutert. Man sollte sich mit dieser Erklärung vertraut machen, bevor man beginnt, die einzelnen Unterkapitel der Bibliographie durchzuarbeiten.

Grundsätzlich unterscheidet man abgeschlossene Bibliographien von sogenannten laufenden, d. h. periodisch erscheinenden Bibliographien. Eine abgeschlossene Bibliographie verzeichnet die Literatur bis zu einem bestimmten Stichdatum, sie umfasst somit einen abgeschlossenen Berichtszeitraum. Eine abgeschlossene Bibliographie zur deutschen Geschichte ist die sogenannte „Quellenkunde der deutschen Geschichte", die nach ihren Begründern auch als „Dahlmann-Waitz" bezeichnet wird. Auch wenn der Titel eine „Quellenkunde" verspricht, handelt es sich tatsächlich um eine Bibliographie zur deutschen Geschichte. Der Berichtszeitraum des „Dahlmann-Waitz" geht bis 1960, Nachträge sind bis 1978 verzeichnet. Sucht man allerdings neuere oder gar neueste Literatur, wird man hier nicht fündig.

Abgeschlossene und laufende Bibliographien

Am Besten ist daher auf fortlaufende Bibliographien zurückzugreifen: Diese erscheinen in einzelnen Bänden meist jahresweise und nehmen Neuerscheinungen aus dem jeweiligen Berichtszeitraum auf. Auch hier gilt es zu bedenken, dass etwas Zeit vergeht, bis der jeweilige Band auch gedruckt vorliegt, so dass Neuerscheinungen auch hier nicht unverzüglich greifbar sind. Doch bieten fortlaufende Bibliographien einen kontinuierlichen Überblick über die Neuerscheinungen zu einem Thema.

Fortlaufende Bibliographien

Geschichtsstudierende sollten vor allem die „Jahresberichte für deutsche Geschichte" kennen, die auch online frei verfügbar sind. Diese führen deutsche und fremdsprachige Publikationen zur deutschen Geschichte auf und zwar sowohl Monographien als auch unselbstständige Veröffentlichungen. Die Online-Datenbank enthielt Ende 2009 etwa 460 000 Titeldatensätze ab dem Berichtsjahr 1974. Der jährliche Zuwachs beträgt etwa 26 000 Titel.

Eine wichtige fortlaufende Bibliographie ist auch die „Historische Bibliographie", die seit 1986 jährlich als Buch erscheint. Sie verzeichnet Monographien und Aufsätze nicht nur zur deutschen, sondern auch zur außerdeutschen Geschichte. Auch die »Historische Bibliographie« ist als Datenbank verfügbar, deren Benutzung allerdings kostenpflichtig ist. Wissenschaftlichen Bibliotheken haben zumeist eine Lizenz erworben, die ihre Nutzer zur kostenfreien Recherche berechtigt.

Regionale und
internationale
Bibliographien,
Recherche nach
Zeitschriften-
aufsätzen

Literatur zur Landesgeschichte, einzelnen Regionen und Orten ist in den jeweiligen Landes- und Regionalbibliographien verzeichnet. Am besten recherchiert man dazu über die Virtuelle Deutsche Landesbibliographie, in der man einen „Meta-Katalog zum Nachweis landeskundlicher Literatur in Deutschenland" gleichzeitig in mehreren Landesbibliographien suchen kann. Natürlich können die Landesbibliographien auch einzeln konsultiert werden, so kann man z. B. die Landesbibliographie Baden-Württemberg direkt über die Seite der Württembergischen Landesbibliothek www.wlb-stuttgart.de aufrufen. Die Internetadressen der jeweiligen Landesbibliographien sind ebenfalls über die Virtuelle Deutsche Landesbibliographie verlinkt (www.ubka.uni-karlsruhe.de /landesbibliographie).

Speziell zur Suche nach Zeitschriftenaufsätzen gibt es die „Internationale Bibliographie der geistes- und sozialwissenschaftlichen Zeitschriften" (IBZ), sie verzeichnet ausschließlich wissenschaftliche Beiträge aus Zeitschriften und Sammelwerken, Monographien sind darin nicht berücksichtigt. Auch die IBZ ist online zugänglich.

Tipp: Mittlerweile können die meisten der genannten Bibliographien auch online benutzt werden. Auch die Online-Recherche will jedoch geübt sein. Erst einige Erfahrung im Umgang mit der Schlagwortsuche gibt die nötige Sicherheit bei der Literatursuche. Sinnvoll ist es, zu Beginn Ihres Studiums eine Einführung der Bibliothek der jeweiligen Hochschule in die Nutzung der elektronischen Angebote für Historiker zu besuchen.

- Friedrich Christoph DAHLMANN, Georg WAITZ, Quellenkunde zur deutschen Geschichte (DW), 10. Auflage hg. von Hermann HEIMPEL u. a. 12 Bde., Stuttgart 1969-1999;

- Jahresberichte für deutsche Geschichte, NF, hg. von der Berlin-Brandenburgischen Akademie der Wissenschaften. Berlin 1952ff. Ab 1986 im Internet unter www.bbaw.de/forschung/jdg

- Landesbibliographie von Baden-Württemberg, hg. durch die Kommission für Geschichtliche Landeskunde in Baden-Württemberg in Verbindung mit den Landesbibliotheken Karlsruhe und Stuttgart, Stuttgart 1973ff. www.wlb-stuttgart.de/literatursuche/baden-wuerttemberg/landesbibliographie/

- Historische Bibliographie (Berichtsjahre ab 1986), hg. von der Arbeitsgemeinschaft außeruniversitärer historischer Forschungseinrichtungen in der BRD, München 1987ff. Ab 1990 als Onlineversion unter oldenbourg.de/verlag/ahf

- Internationale Bibliographie der geistes- und sozialwissenschaftlichen Zeitschriften (IBZ), hg. von Wolfram ZELLER. München 2000ff. online unter gso.gbv.de

- Internationale Bibliographie der Rezensionen (IBR), im Internet unter gbv.de

3.2.6 Titelaufnahme

„Klassische"
Titelaufnahme

Man sollte unbedingt die Titel der benutzten Literatur vollständig und gleich zu Beginn notieren, das erspart mühseliges Nachrecherchieren zu einem späteren Zeitpunkt. Bei Exzerpten und Zitaten aus der Literatur muss man unbedingt darauf achten, die Fundstelle einschließlich der Seitenzahl zu notieren. Für die bibliographisch korrekte Aufnahme der Titel gelten die folgenden Regeln, die dem Leser eine schnelle Orientierung ermöglichen (vgl. jedoch die an die Beispiele anschließenden Bemerkungen). Angegeben werden jeweils der Verfasser, der Titel der Publikation und das Erscheinungsjahr bzw. bei Lexika und Zeitschriften die Bandzählung. Angaben zum Verlag sind nicht erforderlich.

Bei Monographien ist die Zahl der Auflage (außer bei der ersten Auflage) hochgestellt vor dem Erscheinungsjahr anzugeben.

Monographie:

Nachname, Vorname, Titel. Untertitel (ggf. Reihentitel mit Bandangabe), Ort $^{\text{Auflage-}}$ Jahr.

- Beispiel: Recker, Marie-Luise, Die Außenpolitik des Dritten Reiches (Enzyklopädie deutscher Geschichte 8), München ^{2}2010.

Aufsatz in einem Sammelband:

Nachname, Vorname, Titel. Untertitel, in: Vorname, Nachname (Hg.): Titel des Sammelwerks, Ort ^{Auflage}Jahr.

Beispiel:

- Wandhoff, Heiko, Jenseits der Gutenberg-Galaxis. Das Mittelalter und die Medientheorie, in: Volker Mertens, / Carmen Stange (Hg.): Bilder vom Mittelalter. Eine Berliner Ringvorlesung, Göttingen 2007, S.13-34.

Aufsatz in einer Zeitschrift:

Nachname, Vorname, Titel des Zeitschriftenaufsatzes, in: Kürzel der Zeitschrift, Band, Jahr, Seitenangabe.

Beispiel:

- Popp, Susanne, Orientierungswissen und »nachhaltiges Lernen« im Geschichtsunterricht. Überlegungen zu den Ergebnissen einer Befragung von Hochschullehrerinnen und -lehrern, in: GWU 60 (2009), S. 646-657.

Lexikonartikel:

Nachname, Vorname, Artikel mit Stichwort, in: Lexikonname Band, Ort ^{Auflage}Jahr, Seiten- oder Spaltenangabe.

Beispiel:

- Hartmann, Elke, Art. Sexualität, in: DNP XI, Stuttgart 2001, Sp. 495-498.

Artikel aus dem Internet:

Nachname, Vorname, Titel. Untertitel, in: Name der Internetseite URL: www.internetadresse-eingeben.de [Datum des Aufrufs]

Beispiel:

- Rößner-Richarz, Maria, Selbstzeugnisse als Quellen adliger Lebenswelten in der Sattelzeit. Eine Bestandsaufnahme, in: zeitenblicke 9, Nr. 1 (2010), URL: www.zeitenblicke.de/2010/1/roessner-richarz/index_html [2.08.2010]

Gelegentlich wird statt des Kommas nach den Autorennamen auch der Doppelpunkt verwendet. Manchmal – wie bei den Literaturangaben im vorliegenden Buch – werden auch die Autoren(nach-)namen in KAPITÄLCHEN gesetzt (das ist nicht identisch mit GROSSBUCHSTABEN, bei KAPITÄLCHEN ist nur der erste Buchstabe groß, die folgenden sind etwas kleiner). Wenn man den Nachnamen in KAPITÄLCHEN setzt, kann auch die an sich korrekte Reihenfolge Vorname und dann erst Nachname gewählt werden – wie bei den Literaturangaben im vorliegenden Buch.

Welche Variante man wählt, ist im Prinzip gleichgültig. Man sollte sich aber unbedingt für eine Variante entscheiden und diese dann auf jeden Fall konsequent anwenden. Nicht akzeptabel ist es, zwischen verschiedenen Zitationsvarianten hin- und herzuspringen.

Andere Nachweismöglichkeiten

3.3 Geschichte recherchieren: Quellen und Fachliteratur beschaffen

Ein wesentliches Qualitätsmerkmal der eigenen Argumentation in Referaten oder Hausarbeiten ist die Verwendung entsprechender Quellen und wissenschaftlicher Fachliteratur. Im vorhergehenden Kapitel wurde dargestellt, wie die relevanten Publikationen für ein bestimmtes Thema ermittelt und gefunden werden können. In den folgenden Abschnitten werden nun die verschiedenen Institutionen des Informations- und Dokumentationsbereichs vorgestellt, in denen die (bereits) bibliographierten Quellen und Darstellungen beschafft werden können: Abgesehen von Archiven und Bibliotheken können diese auch in Museen, an historischen Orten oder aber im virtuellen Raum gefunden werden. Ein Verzeichnis der Archive, Bibliotheken, Museen und *historischen* Orte, die für die Geschichtswissenschaften relevant sind, bietet das geschichtswissenschaftliche Fachportal *Clio online:* (www.clio-online.de/site/lan_de/40208107/Institutionen.aspx).

3.3.1 Archive

Aufgaben von Archiven

Ein Archiv ist eine Einrichtung zur Übernahme, Erhaltung, Erschließung und Benutzung von Schrift-, Bild- und Tonträgern aus dem Bereich der Verwaltung und anderer Institutionen (Verbände, Unternehmen, Organisationen, Privatpersonen usw.). Welche Materialien vom Archivar bzw. der Archivarin als archivwürdig beurteilt werden, hängt im Wesentlichen von den folgenden zwei Faktoren ab: Archive sind einerseits dafür verantwortlich, dass Urkunden und sonstige Schriftstücke, deren rechtliche Beweiskraft zu einem späteren Zeitpunkt noch von Bedeutung sein könnte, sicher aufbewahrt und erhalten werden, damit gegebenenfalls darauf zurückgegriffen werden kann. Andererseits bestimmt der geschichtliche Wert des Materials dessen Archivwürdigkeit; denn jedes Material gibt Auskunft über Geschehnisse in der Vergangenheit und kann somit als Quelle für die historische Forschung dienen. In diesem Sinn streben Archive zwar Vollständigkeit bei den archivwürdigen Unterlagen an, vernichten (auch *skartieren* oder *kassieren* genannt) aber all diejenigen Materialien, die als nicht archivwürdig eingestuft werden. Jedes Archiv erhält eine territorial oder inhaltlich begrenzte Zuständigkeit, was zu unterschiedlichen Sammelgebieten führt. Daher muss vorgängig abgeklärt werden, in welchem Archiv diejenigen Bestände lagern könnten, die zur Beantwortung der jeweiligen Fragestellung relevant sind. Hilfestellung bei der Suche leisten vorab Handbücher des Archiv- und Bibliothekarwesens, Handschriftenkataloge und Inventare der einzelnen Archive.

Nutzung von Archiven

Die öffentlichen Archive – wie beispielsweise gesamtstaatliche Archive, Landes- bzw. Staatsarchive, Gemeindearchive, kirchliche Archive, Schul- und Universitätsarchive – stehen jeder Person zur Nutzung archivalischer Materialien vor Ort offen (zu beachten gilt dabei lediglich die Sperr- bzw. Ausschlussfrist für bestimmte Quellenbestände; i. d. R. dürfen Archivalien erst 30 Jahre nach ihrer Entstehung eingesehen werden). Für Archivbesucherinnen und Archivbesucher und solche, die es werden wollen, bietet die Universität Zürich das Internet-Lernangebot *Ad fontes* (www.adfontes.uzh.ch) an, um praxisnah den Umgang mit handschriftlichem Quellenmaterial zu lernen. Anhand von

Beispielen aus dem Klosterarchiv Einsiedeln (CH), dem Staatsarchiv Zürich und weiteren Archiven kann das Lesen und Datieren sowie das Erschließen und Auswerten von Archivquellen interaktiv genutzt werden. Es gibt übrigens in Deutschland und Österreich nichts mit *Ad fontes* Vergleichbares.

Was unterscheidet ein Archiv von einer Bibliothek? Bibliotheken kaufen und sammeln das Material, das für ihre Aufgabe wichtig ist. Die Kernbestände der Archive hingegen bestehen aus den Abgaben der ihnen zugeordneten Einrichtungen: So übernimmt ein Stadtarchiv beispielsweise die Akten, die bei der Verwaltung der Stadt entstehen, sobald diese für ihren ursprünglichen Verwaltungszweck nicht mehr benötigt werden. Ein weiterer Unterschied zwischen einem Archiv und einer Bibliothek besteht in der Anzahl vorhandener Stücke: In einer Bibliothek werden Texte aufbewahrt, von denen es (in der Regel) noch mehrere Exemplare auf der Welt gibt. Im Archiv verwahrte Unterlagen hingegen besitzen in der Regel Unikatcharakter. Zu erwähnen ist allerdings, dass die Archive fast immer auch über eine Archivbibliothek verfügen, in der diejenige Literatur zusammengestellt ist, die für ihr geographisches und historisches Zuständigkeitsgebiet relevant ist.

Unterschied Archiv – Bibliothek

Literatur: Martin BURKHARDT, Arbeiten im Archiv: Praktischer Leitfaden für Historiker und andere Nutzer, Paderborn u. a. 2006; G. Franz ECKHARDT, Einführung in die Archivkunde, Darmstadt [7]2007; Johannes PAPRITZ, Archivwissenschaft, 4 Bde., Marburg [2]1983 [Nachdruck: 1998]; Archive in Deutschland, Österreich und der Schweiz. Hg. vom Verein deutscher Archivare, Münster [20]2009.

3.3.2 Bibliotheken

Bibliotheken sammeln Druckwerke wie Bücher, Zeitschriften und Zeitungen, verzeichnen sie in Katalogen und machen so Forschungsergebnisse für ein breites Publikum verfügbar. Die bibliographischen Angaben der gedruckten Werke unterscheiden sich je nach Publikationsform und ermöglichen auf diese Weise, dass die einzelnen Werke eindeutig identifiziert und wiedergefunden werden können.

Aufgaben von Bibliotheken

Bei der Literatursuche wird zwischen den *selbstständigen* und *unselbstständigen* Publikationen unterschieden. Bei ersterer handelt es sich gewöhnlich um Druckwerke, die in Form eines Buches gebunden sind, bei letzterer um Aufsätze, die in Büchern oder Zeitschriften erschienen sind. Beispiele für *selbstständige* Publikationen sind Monographien, Sammelbände, Zeitschriften, Zeitungen, Handbücher, Lexika und Hochschulschriften:

Verschiedene Arten von Literatur

Eine *Monographie* ist ein Buch, das von einem oder mehrerer Autoren bzw. Autorinnen zu einer begrenzten historischen Frage verfasst wurde.

Ein *Sammelband* ist ein Buch, das von einem oder mehreren Herausgebern bzw. Herausgeberinnen publiziert wurde, und das Aufsätze verschiedener Autoren und Autorinnen enthält; die einzelnen Beiträge stehen in einem übergreifenden, meist inhaltlichen Bezug zu einem bestimmten Fachgebiet.

Zeitschriften und *Zeitungen* heißen auch Periodika, da sie in festgelegten periodischen Rhythmen erscheinen. Zeitschriften bilden einen wesentlichen Bestandteil der historischen Fachliteratur und bieten eine Plattform für fachliche Kontroversen. Die meisten Zeitschriften enthalten einen Rezensionsteil, in dem neuere Publikationen vorgestellt und kritisch besprochen werden. Die Rezensionen helfen, sich über Neuerscheinungen zu informieren.

Ein *Handbuch* vermittelt die Ergebnisse der Forschung in einem größeren zeitlichen oder sachlichen Kontext (geographische Räume, bestimmte Epochen usw.). Da eine einzelne Person die gesamte Geschichte über Epochen und/oder Themen hinweg nicht mehr überblicken kann, behandeln einzelne Spezialisten und Spezialistinnen jeweils ihren zeitlichen oder thematischen Schwerpunkt.

Ein *Lexikon* stellt einen Begriff oder Namen knapp resümierend vor und eignet sich daher als Erstinformation oder zur Klärung von Verständnisfragen. Lexika geben – alphabetisch geordnet – eine überblicksartige Zusammenfassung zu bestimmten Begriffen, Personen und Phänomenen. Dies erlaubt zwar eine schnelle und gezielte Information, die aber – anders als in den Handbüchern – nicht in den historischen Kontext eingeordnet wird.

Eine *Hochschulschrift* ist eine zur Erlangung eines akademischen Abschlusses oder Titels verfasste Studie wie die Diplomarbeit, Dissertation oder Habilitationsschrift.

Bei *unselbstständiger* Literatur handelt es sich wie gesagt um Texte, die als Teil eines Druckwerks erschienen sind, wie beispielsweise Zeitschriftenaufsätze, Aufsätze in Sammelbänden, Handbüchern usw. Die Suche nach *unselbstständigen* Publikationen gestaltet sich aufwändiger als diejenige nach *selbstständig* erschienenen Büchern, weil sie im Gegensatz zu letzteren nicht selbstständig in Bibliothekskatalogen verzeichnet sind. Dementsprechend können Aufsätze oder Artikel nur über die bibliographischen Angaben desjenigen Druckwerks (Sammelband, Zeitschrift usw.) gefunden werden, in denen sie publiziert wurden.

Bibliothekskataloge

Ob eine Publikation in der Bibliothek vorhanden ist, kann über den Bibliothekskatalog ermittelt werden. Die meisten Bibliotheken weisen ihre Bestände in Datenbanken nach, die per Internet auch außerhalb der Bibliothek zugänglich sind – Zettelkataloge dienen nur noch als Ergänzung zu den elektronischen Katalogen. Vor der Recherche in einer Bibliothek sollte abgeklärt werden, seit welchem Jahr die Bücher elektronisch erfasst werden (ältere Bücher müssten dann im Zettelkatalog gesucht werden). Die Bibliothekskataloge verzeichnen unter anderem den Standort des Buchs in der Bibliothek, die sogenannte Signatur: Handelt es sich beim gefundenen Buch um ein Werk, das im öffentlich zugänglichen Freihandbereich aufgestellt ist, kann das Buch mit Hilfe dieser Signatur selbst aufgesucht werden; falls es sich im Magazin befindet, muss es bestellt werden.

Verschiedene Arten von Bibliotheken

In Deutschland, Österreich und in der Schweiz werden die folgenden Typen von Bibliotheken unterschieden:

- Nationalbibliotheken
- Landes- bzw. Kantonsbibliotheken
- Universitätsbibliotheken
- Instituts-/Fachbibliotheken
- Öffentliche Bibliotheken

Nationalbibliotheken haben in erster Linie den Auftrag, die gesamte in einem Staat erschienene gedruckte Literatur zu sammeln. Jede in einem Land erscheinende Druckschrift muss an die jeweilige Nationalbibliothek abgeliefert werden (vgl. *Pflichtexemplarrecht*):

- Deutsche Nationalbibliothek (www.deutsche-digitale-bibliothek.de/)
- Österreichische Nationalbibliothek (www.onb.ac.at/)

• Schweizerische Nationalbibliothek (www.nb.admin.ch/)

Landes- und Kantonsbibliotheken sammeln außer Literatur, die von allgemeiner Bedeutung ist, insbesondere Druckwerke, die einzelne Aspekte der jeweiligen Region behandeln. Eine Übersicht über die Kantonsbibliotheken der Schweiz ist zu finden beim Internet Clearinghouse Schweiz, der Informationsplattform der Schweizer Bibliotheken (ICH: www.ichschweiz.ch/).

Die Aufgabe der Universitätsbibliotheken besteht in erster Linie darin, Studierenden und Lehrenden die für die universitäre Lehre und Forschung benötigte Literatur zur Verfügung zu stellen. Einen Überblick über die deutsche wissenschaftliche Bibliothekslandschaft im Web bietet das Hochschulbibliothekszentrum des Landes Nordrhein-Westfalen (HBZ: www.hbz-nrw.de/). Unter der Homepage des Österreichischen Akademischen Bereiches sind alle wissenschaftlichen Bibliotheken (inkl. Universitätsbibliotheken) Österreichs mit dazugehörigen Links aufgelistet (www.portal.ac.at/). Im Netzwerk von Bibliotheken und Informationsstellen in der Schweiz (NEBIS: www.nebis.ch) haben sich über 80 Bibliotheken von Hochschulen, Fachhochschulen und Forschungsanstalten mit Schwerpunkt Zürich zusammengeschlossen.

Bei den öffentlichen Bibliotheken handelt es sich zwar nicht um wissenschaftliche Einrichtungen, aber oft wird auch dort wissenschaftliche Literatur gesammelt – somit können sie für einen Überblick über das jeweilige Untersuchungsgebiet durchaus nützlich sein.

Für den Fall, dass ein entsprechendes Werk von einer Bibliothek nicht angeschafft wurde, bieten Verbundkataloge die Möglichkeit, gleichzeitig in mehreren Bibliothekskatalogen zu recherchieren und somit über Fernleihe an Bücher aus anderen Bibliotheken zu gelangen. So kann beispielsweise mithilfe des Karlsruher Virtuellen Katalogs (KVK: www.ubka.uni-karlsruhe.de/kvk.html) gleichzeitig in mehreren ausgewählten Bibliothekskatalogen der Welt recherchiert werden. **Fernleihe**

Um an eine benötigte Publikation zu kommen, die nicht vor Ort vorhanden ist, stellt eine solche Fernleihe der kostensparendste Weg dar. Steht hingegen die Liefergeschwindigkeit im Vordergrund, so bieten sich die kostenpflichtige Dokumentenlieferdienste an. Diese bieten die Möglichkeit, eingescannte Zeitschriftenaufsätzen oder Teile von Büchern in elektronischer Form als E-Mail-Attachment zugestellt zu bekommen (die Lieferung nach Deutschland ist aufgrund der aktuellen Vorgaben durch das Urheberrecht meist auf den Postweg (Kopien) und den Faxversand beschränkt). Der Weg in die Bibliothek wird somit erspart und es kann auch bequem auf Texte zugegriffen werden, die in nahen Bibliotheken nicht greifbar sind. Der bekannteste Dokumentenlieferdienst im deutschen Sprachraum ist subito (www.subito-doc.de/). **Kostenpflichtige Dokumentenlieferdienste und elektronische Zeitschriften**

Viele wissenschaftliche Zeitschriften haben in den letzten Jahren damit begonnen, im Internet die Artikel selbst (kostenpflichtig) zum Download anzubieten. Zumeist werden diese Zeitschriften von Bibliotheken abonniert; wenn man die Bibliothek besucht, kann man dann ohne weitere Kosten einen gewünschten Artikel downloaden und eventuell per Mail an die eigene E-Mail-Adresse verschicken oder aber vor Ort ausdrucken.

In welcher Bibliothek eine Zeitschrift geführt wird, kann zudem über die kostenlose Zeitschriftendatenbank (ZDB) ermittelt werden. Die Internetseite der ZDB verzeichnet ausserdem alle Zeitschriften, die elektronisch erscheinen; und wie für die gedruckten Zeitschriften wird informiert, ob die entsprechende Bibliothek eine Lizenz der elektronischen Ausgabe besitzt.

Literatur: Franz Xaver EDER u. a., Geschichte Online: Einführung in das wissenschaftliche Arbeiten – Literatur- und Informationsrecherche, Stuttgart 2006; Norbert FRANCK, Joachim STARY (Hg.), Die Technik wissenschaftlichen Arbeitens: Eine praktische Anleitung, Paderborn u. a. [15]2003; Fabian FRANKE, Annette KLEIN, André SCHÜLLER-ZWIERLEIN, Schlüsselkompetenzen: Literatur recherchieren in Bibliotheken und Internet. Stuttgart 2010; Marianne DÖRR, Wilfried ENDERLE, Bibliotheken und Sondersammelgebiete, in: Stuart JENKS u. Stephanie MARRA (Hg.), Internet-Handbuch Geschichte, Köln u. a. 2001, S. 167-193; Martin GASTEINER, Peter HABER, Digitale Arbeitstechniken für die Geistes- und Kulturwissenschaften, Stuttgart 2009.

3.3.3 Historische Museen und Historische Orte

Historische
Museen

Historische Museen sind Institutionen, die Quellen für Studien-, Bildungs- und Unterhaltungszwecke fachgerecht und dauerhaft aufbewahren und der Öffentlichkeit in Dauer- oder Wechselausstellungen zugänglich machen. In Museen befinden sich sehr unterschiedliche Quellen: Abgesehen von den dinglichen und bildlichen Quellen, unterhalten viele Museen auch eigene Archivabteilungen mit allen anderen Arten von Quellen – von schriftlichen Dokumenten bis hin zu Gebrauchsgegenständen fällt grundsätzlich alles in ihr Sammelgebiet. Beschränkungen für historische Sammlungen ergeben sich meist nur aufgrund regionaler Aspekte. Zu den ausgestellten Exponaten werden auch Kataloge oder andere Beschreibungen angeboten, die Einblick in den Kontext (Zeit, Ort, Erzeuger/Erzeugerin, Besitzer/Besitzerin) der Exponate geben. Ausstellungs- und Museumskataloge geben Auskunft darüber, in welchen Museen welche Objekte vorhanden sind.

Für Historiker und Historikerinnen sind Museen nicht nur aufgrund der dort ausgestellten Objekte interessant; denn eine wesentliche Aufgabe von Museen besteht darin, ihre Sammlung zu erforschen und zu dokumentieren, um daraus wissenschaftlichen Nutzen ziehen zu können. Viele Museen bieten daher – abseits von ihren sonstigen Angeboten – die Möglichkeit zur wissenschaftlichen Recherche. Für Lehrkräfte und den Geschichtsunterricht in den Schulen sind Museen – als einer der wichtigsten „außerschulischen Lernorte" – von ganz besonderer Bedeutung.

Historische Orte

Grundsätzlich kann jeder Ort zu einem historischen Ort und damit zu einer Quelle erklärt werden – was einen Ort historisch macht, hängt ausschließlich von der Fragestellung ab. Einige Orte wurden beispielsweise mittels Denkmal oder Anschlagtafeln zu historischen Orten deklariert; bei anderen Orten finden archäologische Ausgrabungen statt.

Neben all den explizit definierten Orten wie Archiven, Sammlungen, Gedenkstätten, archäologischen Stätten usw. können Quellen auch an beliebigen Orten vorgefunden werden. Ausgehend von der Definition, dass Quellen u. a. Gegenstände sind, durch die man Information über die Vergangenheit erhält, sind in dieser offenen Kategorie zum Beispiel Orte zu nennen, wo Objekte des täglichen Gebrauchs mit historischer Aussagekraft zu finden sind. Beispiele für solche Quellen sind: Briefe, Tagebücher, Geld, Plakate usw.

3.3.4 Virtuelle Orte

In virtuellen Orten wie dem Internet werden Quellen und Literatur digital abgebildet und online zur Verfügung gestellt. Es gibt bereits erste Ansätze dazu, Archiv- und Bibliotheksbestände online anzubieten. Eine ausgiebige Digitalisierung scheitert aber derzeit noch an rechtlichen, organisatorischen und finanziellen Problemen.

Ein großer Vorteil der Quellen und Literatur in elektronischer Form ist zwar die orts- und zeitunabhängige Recherchemöglichkeit; die offensichtliche Einschränkung einer virtuellen Präsentation bringt aber insbesondere bei den Quellen Nachteile mit sich: Anstatt realer und authentischer Gegenstände können nur Abbildungen in elektronischer Form gezeigt werden.

Die Menge an Literatur, die im Internet in elektronischer Form angeboten wird, nimmt kontinuierlich zu. Der Schwerpunkt hierbei liegt zwar auf der Zeitschriften- bzw. Aufsatzliteratur, aber auch andere Publikationsformen sind zunehmend online verfügbar, sodass bereits vollständige Bücher (kostenfrei) online eingesehen werden können. Vorreiter ist dabei die Suchmaschine *Google* mit ihrer *Google-Buchsuche*: Google arbeitet hierfür weltweit mit Bibliotheken und Verlagen zusammen, um immer mehr Bücher über diesen Dienst digital anbieten zu können. In erster Linie handelt es sich um ältere Werke, die nicht (mehr) urheberrechtlich geschützt sind – aktuelle Bücher sind meistens nur in Ausschnitten einzusehen. *Google Scholar* ist ein Angebot der Suchmaschine Google mit dem Anspruch, die Suche nur auf wissenschaftliche Quellen einzuschränken. Im Übrigen ist hierzu das Kap. 3.4 „Geschichte im Internet" zu vergleichen.

Weiter werden aktuelle Bücher von manchen Verlagen als sogenannte E-Books angeboten. Die von den Bibliotheken lizenzierten E-Books sind meist wie ganz normale Bücher über den Katalog zugänglich – die Bücher liegen in der Regel in Form einer PDF-Datei mit den bekannten Möglichkeiten dieses Formats vor.

Literatur: Vgl. Kap. 3.3.2. und 3.4.

Quellen- und Literaturangebote im Internet

E-Books

3.4 Geschichte im Internet: Suchmaschinen und einschlägige *websites*

3.4.1 Recherchemöglichkeiten – es gibt nicht nur Google!

Das Internet – von manchen als die größte Veränderung des Informationswesens seit dem Buchdruck angesehen – ist eigentlich nichts anderes als ein Zusammenschluss vieler Computernetzwerke (daher auch der Name: *Interconnected Networks*). Der Begriff beschreibt also nur einen technischen Aspekt und sagt noch nichts über die Inhalte aus. Innerhalb dieses Netzwerkverbundes werden zahlreiche unterschiedliche Dienste angeboten, von denen – neben der E-Mail – vor allem das *World Wide Web* wichtig geworden ist. Im allgemeinen Sprachgebrauch hat es sich eingebürgert, „Internet" zu sagen, wenn man eigentlich das „WWW" meint, denn die anderen Dienste (z. B. *ftp*, *gopher*, *telnet* u. a.) haben deutlich an Bedeutung verloren.

Im Internet gibt es keine „Zentrale"; die einzelnen Netzwerke sind ganz eigenständig organisiert. Deshalb gibt es auch keine Stelle, die eine „Aufsicht" über die Inhalte wahrnehmen könnte. Diese dezentrale Struktur ist so gewollt – schließlich soll am Anfang ja der Gedanke gestanden haben, das Netz „atomkriegssicher" zu machen. Sie kann aber auch den Eindruck erwecken, es handele sich beim Internet um einen „rechtsfreien Raum", in dem jeder alles veröffentlichen oder downloaden kann. Das ist aber keines-

Was ist das Internet?

wegs so: zwar erschwert die Internationalität des Web eine Durchsetzung nationaler Gesetze, macht sie aber nicht unmöglich. Das Internet „vergisst" auch nichts, sondern archiviert auch längst vergessene Seiten, und auch die vermeintliche Anonymität des Surfers ist eine Illusion, wie gerade bei Fragen des Urheberrechts, aber auch bei kriminellen Taten immer wieder deutlich wird.

Der Wandel vom passiven Internet-Nutzer hin zum aktiven „Web 2.0"-Autor ist als Tendenz zwar unübersehbar, kann aber hier noch nicht berücksichtigt werden.

3.4.2 Recherchemöglichkeiten – es gibt nicht nur Google!

Die oft kritisierte Unübersichtlichkeit des Web nimmt ständig zu, doch haben sich inzwischen einige allgemein anerkannte Hilfsmittel etabliert, die den Eindruck erwecken, die Informationsflut bändigen zu können.

Google

Das wichtigste dieser Hilfsmittel ist zweifellos die Suchmaschine *Google*. Seit 1998 unter diesem Namen online, hat sie sich inzwischen einen solchen Ruf verschafft, dass weltweit mehr als 80 % aller Suchanfragen über sie laufen – in Deutschland sind es regelmäßig an die 90 %, wie man auf webhits.de im „Web-Barometer" nachverfolgen kann. Ihre monopoloartige Stellung ist bereits häufig kritisiert worden. Es gibt aber noch viele andere Suchmaschinen, die ganz unterschiedliche Stärken und Schwächen aufweisen. Man muss nur einmal die Ergebnisse der gleichen Suchanfrage bei unterschiedlichen Anbietern miteinander vergleichen. Manche schwören auch darauf, dass die Suche nach MP3-Dateien bei *Altavista* (de.altavista.com) erfolgreicher oder Microsofts *Bing* (früher *Live Search* oder *MSN*, www.bing.com) die vertrauenswürdigste Suchmaschine sei, aber dabei handelt es sich doch wohl eher um recht subjektive Einschätzungen. *Ecosia* (ecosia.org) verspricht, mit jeder Anfrage ein Stück Regenwald zu retten, arbeitet dazu mit *Bing* und dem früheren Spitzenreiter *Yahoo* (de.yahoo.com) zusammen und wirbt mit dem Hinweis, dass die Benutzeranfragen nicht gespeichert werden.

Indexbasierte Suchmaschinen

Die gängigsten Suchmaschinen sind „indexbasiert" und arbeiten üblicherweise in drei Schritten: zunächst durchforsten sie das Web mit Hilfe von speziellen Programmen (*Webcrawler* oder *Harvester*), die allerdings nur bei „Volltext-Suchmaschinen" den Inhalt von Webseiten, sonst oft nur die ihnen vorangestellten Stichwortlisten (*Meta-Tags*) erfassen. Daraus bildet die Suchmaschine einen eigenen Index. Nach einer entsprechenden Suchanfrage steht dem Benutzer dieser abgespeicherte Index mit verblüffender Schnelligkeit zur Verfügung. Allerdings gibt es viel Kritik an der Aufbereitung der Ergebnisse: die Kriterien für die Reihenfolge (*Ranking*) werden von den Suchmaschinen meist geheim gehalten, weshalb immer wieder geargwöhnt wird, man könne die eigene Webseite durch Tricks wie geschickte Verlinkung und möglicherweise sogar durch Bezahlung auf die erste Seite der Suchergebnisse bringen. In Wirklichkeit sind die Kriterien nicht sehr geheimnisvoll: die Häufigkeit der Suchbegriffe innerhalb des Dokuments oder die Nennung der Seite in als vertrauenswürdig geltenden Linksammlungen dürften bei allen Suchmaschinen die entscheidende Rolle spielen. Dennoch können – bei Google hat dies schon einiges Aufsehen erregt – Treffer von den Ergebnislisten entfernt werden. Auch wenn dies bei rechtsradikalen oder pornographischen Inhalten gerechtfertigt erscheinen mag, handelt es sich dabei doch um eine Zensur, die in totalitären Staaten immer wieder systemkritische Seiten betrifft.

Meta-Suchmaschinen wie z. B. *MetaGer2* (metager2.de) fragen gleichzeitig mehrere indexbasierte Suchmaschinen ab und fassen deren Ergebnisse zusammen. Da sie keinen eigenen Index abspeichern, dauert die Anfrage länger, erbringt aber auch eine größere Datenmenge. Das Ranking erfolgt durch Mehrheitsfindung: eine bei mehreren Suchmaschinen gelistete Seite rückt nach oben, was natürlich nur ein oberflächliches Kriterium darstellt.

Meta-Suchmaschinen

Zwischen diesen beiden Typen gibt es Hybridformen, dazu auch noch eine ganze Reihe von Spezial-Suchmaschinen für besondere Aufgaben.

Recht neu sind „semantische" Suchmaschinen, von denen vor allem *Wolfram Alpha* (www.wolframalpha.com) vor einiger Zeit auf sich aufmerksam gemacht hat. Sie akzeptieren Eingaben in Sätzen und gelten als „intelligenter" als ihre indexbasierten Konkurrenten. Gibt man bei *Wolfram Alpha* beispielsweise „Wann ist Luther geboren?" ein, übersetzt die Suchmaschine dies zunächst ins Englische und interpretiert die Anfrage als „Suche nach dem Geburtstag von Martin Luther", der dann auch einschließlich der Sonnenauf- und Untergangszeiten am 1. November 1483 angezeigt wird. Die Bearbeitung solcher Anfragen dauert natürlich etwas länger, und bislang ist der Datenbestand von *Wolfram Alpha* noch recht bescheiden. Dennoch ist absehbar, dass solche Suchmaschinen in Zukunft eine größere Bedeutung gewinnen werden.

Von den Suchmaschinen zu unterscheiden sind die Web-Kataloge: Hier werden zum Aufspüren geeigneter Seiten keine Software-Tools eingesetzt, sondern es sind Menschen am Werk, die solche Seiten auswerten und in einem Inhaltsverzeichnis nach Kategorien ordnen. Web-Kataloge sind deshalb nicht so sehr zur Suche nach Einzelbegriffen geeignet, liefern aber dafür qualitativ hochwertige, von den Redakteuren geprüfte Verweise. Das bekannteste und größte dieser Webverzeichnisse ist das *Open Directory Project (ODP)* (www.dmoz.org) mit inzwischen über 4,5 Millionen Einträgen.

Web-Kataloge

Obwohl die Suchmaschinen und Kataloge Unmengen an Daten nachweisen können, bleibt ihnen doch der größte Teil des Web verborgen: das *Deep Web* ist entweder noch nicht von ihnen erschlossen (es kommen ja täglich neue Seiten hinzu) oder kann nicht erfasst werden, weil die Seiten nicht öffentlich zugänglich sind (z. B. Angebote, für die sich ein Benutzer erst registrieren muss; dazu gehören auch die meisten Fachdatenbanken). Das *Deep Web* ist sicherlich weitaus größer als das „Oberflächen-Web"!

Deep Web

3.4.3 Wie sucht man richtig?

Suchmaschinen bieten dem Anwender eine Eingabezeile, in die man den gesuchten Begriff eintippt. Versucht man es bei Google beispielsweise mit „Bismarck", erhält man Links zum Reichskanzler Otto von Bismarck, aber auch zum gleichnamigen Schlachtschiff, zu mehreren Städten (z. B. der Hauptstadt von North Dakota) und Hotels, einem Mineralwasser, einem Berg in Simbabwe und so weiter. Um nur den Reichskanzler zu finden, sind genauere Angaben erforderlich. Gibt man nur die drei Wörter Otto von Bismarck ein, so wird die Anfrage als Verknüpfung mit „oder" interpretiert: die Suchmaschine listet nun alle Seiten auf, in denen „Bismarck" oder „Otto" vorkommen (das „von" wird als zu allgemein ignoriert).

Prominente Namen

Weniger prominente Namen

Bei weniger prominenten Namen werden nach einigen Links zur „richtigen" Person dann nur noch Seiten angezeigt, auf denen irgendein anderer Otto vorkommt. Setzt man die Suchanfrage in Anführungszeichen („Otto von Bismarck"), muss der Name in genau dieser Form auf der Seite vorkommen - alle „Bismarck, Otto von" werden dann ignoriert. Weil aber die Wahrscheinlichkeit groß ist, dass auch bei der falschen Eingabe „Bismark" der Reichskanzler gemeint ist, schlagen die Suchmaschinen häufig alternative Schreibungen vor („Meinten Sie: Bismarck?"). Dies scheint komfortabel, birgt aber auch ein Problem: die Suchmaschine prognostiziert, was man wohl gemeint haben könnte, und entscheidet selbst, dass man doch wohl nicht den Enkel des Reichskanzlers, den gleichnamigen CDU-Bundestagsabgeordneten, suchen will. Besonders auffällig wird dies bei der Suche nach selten benutzten Fachbegriffen oder Personennamen. Bei einer Suche, die zu viele Treffer erbringt (bei Google gibt es zu „Bismarck" über 8 Millionen Treffer!), werden meistens nur die ersten zwei, vielleicht drei Seiten der Ergebnisliste überhaupt beachtet - es empfiehlt sich dann, eine neue Suche mit zusätzlichen Suchbegriffen einzuengen („Bismarck+Reichskanzler+Friedrichsruh"). Die zulässige Syntax der Eingabe („Boolesche Operatoren") wird von den Suchmaschinen meist auf einer „Hilfe"-Seite erklärt; die „erweiterten Suchfunktionen" bei Google werden z. B. auch in der Wikipedia erläutert.

3.4.4 Wikipedia – demokratisches Wissen für alle?

Chancen von Wikipedia

Auch die Wikipedia hat sich inzwischen zu einem dieser allgemein akzeptierten Hilfsmittel entwickelt, mit denen die Informationsflut im Web bewältigt werden soll. Studierende geben sie fast regelmäßig als die erste Anlaufstelle an, wenn sie etwa eine Seminararbeit vorbereiten. Es ist ja auch eine faszinierende Sache: das Wissen der Welt wird - ganz im Sinne der alten Enzyklopädisten - in einer kollektiven Anstrengung zusammengetragen und für jeden verfügbar gemacht und das auch noch kostenlos. Das dahinter stehende Konzept der Demokratisierung von Wissen ist überaus sympathisch, und die Mitwirkung vieler Autoren macht sachliche Fehler immer unwahrscheinlicher, je länger ein Artikel im Web steht. Die Selbstkontrolle funktioniert tatsächlich; man kann sich auf Sachinformationen z. B. zum Schmelzpunkt von Kupfer, dem wissenschaftlichen Namen des Kleinen Abendseglers oder zu den Lebensdaten Bismarcks wirklich verlassen.

Probleme von Wikipedia

Um die Erstellung und Verbesserung der Artikel bemüht sich eine überraschend kleine Gruppe von Menschen, die allerdings anonym bleiben und deshalb nicht wie bei wissenschaftlichen Veröffentlichungen einer bestimmten Richtung oder Schule zugeordnet werden können. Anders als z. B. beim Brockhaus gibt es keine verantwortliche Redaktion, die mit ihrem guten Namen für die Qualität der Beiträge garantiert. Die anonymen „Administratoren" fällen aber andererseits durchaus selbstherrliche Entscheidungen und streichen manchmal ganze Schlagwörter aus nicht immer nachvollziehbaren Gründen, was allenfalls auf den Diskussionsseiten erläutert wird. Wegen „Irrelevanz" werden beispielsweise manche personenbezogene Artikel wieder gelöscht (andere werden dafür von Mitarbeitern der gewürdigten Person „betreut", wie man beispielsweise bei einigen Bundestagsabgeordneten beobachten konnte).

Vergleicht man die Wikipedia mit dem traditionellen Brockhaus, so bietet dieser auf der Ebene der Sachinformationen auch nicht mehr, die Artikel sind meist viel kürzer, und medial ist die Wikipedia eindeutig überlegen. Inzwischen hat sie zudem den Charakter eines Webkatalogs bzw. eines Portals entwickelt: man findet zu den Artikeln weiterführende, geprüfte Links und Literaturempfehlungen.

Allerdings ist eine dauerhaft „im Werden" begriffene Online-Enzyklopädie auch mit Vorsicht zu verwenden: arbeiten mehrere Autoren an einem Text, so kann das Ergebnis nur konsensbasiert sein; es wird so lange abgewandelt, bis es wirklich von jedem akzeptiert werden kann. Dies führt zu einer deutlichen Begünstigung des „Mainstream": Ob abweichende Meinungen genannt werden, liegt im Ermessen der Bearbeiter. Es ist also Glückssache, ob man bei komplexeren historischen Zusammenhängen auf sinnvolle Artikel trifft – auch eine Wikipedia-interne Auszeichnung ist da keine Hilfe.

Darf man die Wikipedia eigentlich in einer wissenschaftlichen Arbeit zitieren? Grundsätzlich ist dies zu verneinen: günstigstenfalls entsprechen die Wikipedia-Artikel denen in einer gedruckten Enzyklopädie wie z. B. dem Brockhaus, und dieser gilt ja als nicht zitierwürdig, da er lediglich unstrittiges „Allgemeinwissen" darbietet. Zitiert man eine Enzyklopädie dennoch, muss es dafür einen besonderen Grund geben (den man dann auch nennen sollte). Zudem sind die in den Artikeln vorgenommenen Interpretationen oder Bewertungen eben genau das: Meinungen, die nicht einmal namentlich gekennzeichnet und mitunter heftig umstritten sind. Besonders die Beiträge zu aktuellen Themen verändern sich zudem ständig; ihre Verlässlichkeit ist also eingeschränkt. Deshalb wird von Peter Haber (weblog.histnet.ch/archives/4024) empfohlen, Wikipedia-Artikel immer mit einem „Permalink" zu belegen (also nicht mit einem Verweis auf das Stichwort, sondern mit dem URL der tatsächlich benutzen Version der Seite).

Zitierwürdigkeit

Eine besondere Möglichkeit der Wikipedia soll aber nicht unerwähnt bleiben: man kann von jedem Artikel zu denen in anderen Sprachen umschalten und so (entsprechende Sprachkenntnisse vorausgesetzt) ganz unmittelbar die oft immer noch national geprägten Geschichtsbilder miteinander vergleichen – z. B. den Bismarck-Artikel in der deutschen, der französischen oder der polnischen Wikipedia.

3.4.5 Qualitätskriterien

Wie kann man nun die Qualität einer Webseite erkennen? Die Geschichtsdidaktik hat dazu Kriterienkataloge entwickelt, die aber häufig unter einer zu starken Konzentration auf formale Aspekte leiden. Dabei kann es aber durchaus vorkommen, dass ein engagierter Amateur gute, sinnvolle Informationen zusammenträgt, diese aber mit verspielten Animationen garniert oder aus finanziellen Gründen die verpönten Werbebanner integriert. Andererseits können sich bewusst irreführende Seiten einen seriösen Anstrich geben, worauf besonders die rechte Szene zu achten scheint.

Einige Kriterien sind aber doch anwendbar:

Die Kriterien im Einzelnen

1. Wer sind die Verfasser? Stehen sie zu ihrem Werk und geben Namen, Mail-Adressen oder die Zugehörigkeit zu einer wissenschaftlichen Einrichtung an? Es gibt aber z. B. in der „Esoterik-Ecke" und bei der so genannten „alternativen Geschichtswissenschaft" auch „Forschungsinstitute", die frech erfunden wurden. Handelt es sich bei den Verantwortlichen um Schüler, Hobbyhistoriker oder ausgewiesene Wissenschaftler? Sind sie

mit Suchmaschinen auffindbar? Gibt es (z. B. auf der Startseite) Aussagen zu ihrer Motivation? Manchmal entlarven sich unseriöse Angebote bereits hier, wenn sie gegen die „arrivierte" Forschung wettern.

2. Werden die Aussagen belegt? Gibt es Fußnoten und Nachweise für die benutzten Medien (z. B. Bilder) und die Literatur? Können die zitierten Werke als seriös gelten? Stehen Sie in den namhaften Bibliotheken? Auch das lässt sich leicht über das Netz herausfinden.

3. Werden abweichende Meinungen erwähnt oder diskutiert oder gibt es ein „geschlossenes Geschichtsbild", das die alleinige Wahrheit für sich beansprucht? Ist eine ideologische Absicht erkennbar?

4. Gibt es Kommentare von Benutzern? Gerade auf rechtsextremen Seiten wimmelt es von lobenden Bemerkungen, deren Verfasser schon durch die gewählten Namen demonstrieren, wes Geistes Kind sie sind.

Dies sind natürlich „weiche" Kriterien, die man zudem nicht in einer Punkteskala aufaddieren kann. Insofern ähnelt der Umgang mit diesen Webseiten stark der von Historikern ohnehin geforderten Quellenkritik – die dabei anzuwendenden Kriterien können ohne weiteres übertragen werden.

3.4.6 Seriöse Informationsangebote

Welches sind denn überhaupt „seriöse" Webseiten für Geschichtsinteressierte?

Clio-Online An erster Stelle steht sicherlich Clio-Online, das „Fachportal für die Geschichtswissenschaften" (www.clio-online.de), das von einem gemeinnützigen Verein getragen wird und gleich mehrere Informationssysteme miteinander verbindet. Clio-Online enthält ein sehr nützliches Web-Verzeichnis, das Quellensammlungen, Materialien, Online-Findbücher, Studienangebote, Nachschlagewerke und sogar Lehrmaterialien verzeichnet (besonders eindrucksvoll: die „Schlüsseldokumente zur deutschen Geschichte" mit Quellentext und ausführlicher Kommentierung) – eigentlich braucht man gar nichts anderes mehr. Allerdings muss man sich an die Benutzerführung erst gewöhnen. Vom (leider nicht thematisch geordneten) „Netzwerk Internetressourcen Geschichte" aus findet man eine große Fülle an Material (bis hin zur digitalen MGH).

h-soz-kult Zu „Clio" gehört hsozkult.geschichte.hu-berlin.de, das Fachforum mit fachwissenschaftlichen Nachrichten und Publikationen. Es eignet sich zwar weniger zum Nachschlagen von Informationen, bietet aber Rezensionen, Tagungsberichte, Stellenanzeigen und sogar eine Unterkunftsvermittlung z. B. für kurzfristige Archivbesuche.

Historicum.net Historicum.net – Geschichtswissenschaften im Internet (www.historicum.net) bietet unter anderem Links zu vielen Sondersammelgebieten und virtuellen Fachbibliotheken sowie zu einer noch recht neuen Publikationsplattform für Geschichtsstudierende (www.aventinus-online.de). Es empfiehlt sich, bei diesen Portalen öfter nachzusehen – die Angebote werden ständig erweitert. Brauchbare Webseiten, die beim Geschichtsstudium hilfreich sein können, lassen sich natürlich auch über Google auffinden – das Stichwort „Linksammlung Geschichte" bringt Verweise zu den zahlosen, oft von den studentischen Fachschaften der Universitäten zusammengestellten Links, die sich natürlich häufig überschneiden und manchmal wenig gepflegt werden.

Hier eine eigene Linkliste anzuschließen, bringt wenig: das Web ist schnelllebig, es kommen ständig neue Angebote hinzu, weshalb gedruckte Verzeichnisse rasch veralten. Sinnvoller ist es deshalb, einige beispielhafte Portale aufzuführen.

3.4.7 Portale und Lernumgebungen

Ein Klassiker ist *Lemo*, das „Lebendige virtuelle Museum online" (www.dhm.de/lemo), ein gemeinsames Projekt des Deutschen Historischen Museums und des Hauses der Geschichte der Bundesrepublik Deutschland. Es enthält Informationstexte zu den historischen Epochen und dazu viele Medien – darunter Abbildungen von Objekten aus den Museumssammlungen, aber auch Film- und Tondokumente, die sich für Referate oder den Unterricht verwenden lassen.

Deuframat steht für „Deutsch-französische Materialien für den Geographie- und Geschichtsunterricht" (www.deuframat.de) und wird vom Georg-Eckert-Institut für internationale Schulbuchforschung getragen: Hier gibt es zu vielen Themen der deutsch-französischen Beziehungsgeschichte umfangreiche, medial gut ausgestattete Beiträge, bei denen man jederzeit zwischen der deutsch- und der französischsprachigen Fassung umschalten kann. An *Deuframat* haben ausgewiesene Fachleute mitgewirkt.

Auch *Vimu*, das „Virtuelle Museum" (vimu.info), erlaubt den Wechsel zwischen zwei Sprachen. Es wurde vom Institut für schleswig-holsteinische Zeit- und Regionalgeschichte in Zusammenarbeit mit der Syddansk Universitet erarbeitet. Zwar ist *Vimu* stark an Themen orientiert, die den deutsch-dänischen Grenzraum betreffen, aber es stellt ein gelungenes Beispiel dafür dar, was man im Web alles machen kann – besonders die unter dem Reiter „Lernen" erreichbaren interaktiven Angebote sind bemerkenswert.

Natürlich ist diese Liste nicht vollständig; manche gelungene Angebote sind viel bescheidener dimensioniert, auf bestimmte Nutzergruppen zugeschnitten oder zum Nachschlagen weniger geeignet.

3.4.8 Hilfsmittel

Besonders hilfreich z. B. bei der Vorbereitung von Hausarbeiten sind die online-Bibliothekskataloge, welche von den jeweiligen Hochschulbibliotheken angeboten werden. In ihre Nutzung lässt man sich am besten von seiner Bibliothek einweisen.

Von allgemeinem Interesse ist der wohl wichtigste online-Bibliothekskatalog, der „Karlsruher virtuelle Katalog" (www.ubka.uni-karlsruhe.de/kvk.html), mit dem man gleichzeitig nicht nur die großen deutschen Zentralkataloge abfragen kann, sondern ebenso die Nationalbibliotheken von Australien bis zu den USA, den einschlägigen Buchhandel (einschließlich des ZVAB – Zentrales Verzeichnis antiquarischer Bücher).

Auch Quellensammlungen finden sich im Internet, und sie werden ständig weiter ausgebaut. Man kann sie leicht über Clio-Online auffinden. Dennoch sollen einige wichtige Beispiele genannt werden: das „Internet History Sourceboos Project" (www.fordham.edu/halsall), die auf Europa konzentrierten EuroDocs (eudocs.lib.byu.edu), das „Historical Text Archive" (historicaltextarchive.com), sodann das „DokumentArchiv" (www.dokumentarchiv.de) mit Schwerpunkt auf der deutschen

Lemo

Deuframat

Vimu

Karlsruher Virtueller Katalog

Quellensammlungen

Geschichte oder das „Projekt Gutenberg" (gutenberg.spiegel.de, besser noch die englischsprachige Seite www.gutenberg.org) und viele andere mehr.

Da das *World Wide Web* nahezu uferlos ist, könnte die Liste noch beliebig weitergeführt werden. Einige nützliche Adressen seien aber noch genannt, auch wenn sie nicht nur auf das historische Lernen bezogen sind:

- der „Lehrerfreund" (www.lehrerfreund.de) mit Informationen rund um Bildung und Schule

- *Leo* (www.leo.org), das wohl beste Online-Wörterbuch in derzeit sechs Sprachen

- *Google Earth* (earth.google.com) - die gesamte Welt in Satellitenbildern, einschließlich aller sichtbaren historischen Bauten und mit einer wachsenden Zahl an historischen Karten

- schließlich für die vielen nützlichen Hilfsprogramme zur Grafikbearbeitung, zur Medienwiedergabe und zu allen nur denkbaren Aufgaben, die man mit dem PC erledigen will: der Downloadbereich von www.chip.de oder www.heise.de/software.

Literatur: Angelika EPPLE, Vom Nutzen und Nachteil des Internet für die historische Erkenntnis, Zürich 2005 (Geschichte und Informatik 15.2004); Waldemar GROSCH, Geschichte im Internet. Tipps, Tricks und Adressen, Schwalbach/Ts. 2002; DERS., Das Internet als Raum historischen Lernens - eine Bestandsaufnahme, in: Uwe DANKER, Astrid SCHWABE (Hg.), Historisches Lernen im Internet. Geschichtsdidaktik und Neue Medien, Schwalbach/Ts. 2008 S. 13-35; Uta HARTWIG, Intertnet im Geschichtsunterricht, Stuttgart, Düsseldorf, Leipzig 2001; Stuart JENKS, Internet-Handbuch Geschichte, Köln, Weimar, Wien 2001 (UTB 2255); Stuart JENKS, Paul TIEDEMANN, Internet für Historiker. Eine praxisorientierte Einführung. Darmstadt ²2000; Matthias MÜLLER, Alte Geschichte online. Probleme und Perspektiven althistorischen Wissenstransfers im Internet, St. Katharinen 2003 (Computer und Antike 6); Wolfgang SCHMALE, Digitale Geschichtswissenschaft, Köln u. a. 2010.

4. Geschichte und Grund- bzw. Hilfswissenschaften

4.1 Quellen: Einteilung, Aussagekraft und Möglichkeiten der Interpretation

4.1.1 Definition

Im Grunde sagt der berühmte Satz des Historikers Paul Kirn bereits das Wesentliche, was zum Thema der historischen Quelle zu sagen ist. Nach Kirn sind Quellen „alle Texte, Gegenstände oder Tatsachen, aus denen Kenntnisse der Vergangenheit gewonnen werden" können. I. d. R. sind Texte die für Historiker wichtigste Quelle. Für manche Epochen der Geschichte gibt es jedoch wenige Textquellen, für manche – etwa die Vor- und Frühgeschichte – gar keine. Man ist dann darauf angewiesen, auf Gegenstände oder Tatsachen zurückzugreifen. Gegenstände können z. B. archäologische Funde sein, aber auch Dinge, die nicht von Archäologen aus dem Boden geholt werden müssen, also Gebäude, Waffen, Bilder, Kleider, Möbel, Besteck, Geschirr, Münzen usw. Tatsachen, die zu historischen Quellen werden, können z. B. Wörter sein: Für etliche Sachverhalte gibt es in der der deutschen Sprache Lehnwörter aus dem Lateinischen. Man kann also aus dieser Tatsache allgemein folgern, dass es Kontakte zwischen den Deutschen bzw. ihren Vorfahren und den Römern gegeben hat, und man kann präziser folgern, dass die Deutschen bzw. ihre Vorfahren ursprünglich keine *fenestra*, keinen *murus*, keinen *persacus* und kein *vinum* kannten, sondern dass sie Fenster, Mauer, Pfirsich und Wein aus der lateinisch sprechenden Kultur übernommen haben. Bei den Lehnwörtern muss man nicht Jahrtausende zurückgehen: Auch aus der Tatsache, dass das *Internet*, der *Browser* und die *E-Mail* nicht der deutschen Sprache entstammen, kann man folgern, dass all dies nicht im deutschen Sprachraum entwickelt wurde – während umgekehrt die im heutigen Englischen und Französischen üblichen Begriffe *Kindergarten*, *Waldsterben* und *Angst* deutlich zeigen, welche pädagogischen Einrichtungen und angeblichen Eigenschaften des sog. deutschen Volkscharakters ins Ausland gewandert sind.

Natürlich kann man Kenntnisse über die Vergangenheit auch aus einem historischen Handbuch, aus einer beliebigen Biographie über irgendeine historische Persönlichkeit oder sogar aus einem banalen Schulbuch entnehmen. Aber solche Bücher sind keine Quellen, sondern es handelt sich um Interpretationen historischer Quellen, um mehr oder minder anspruchsvolle (historische Fach-)Literatur. Diese Interpretationen mögen einleuchtend und stimmig sein, das ändert aber nichts an ihrem Grundcharakter als Interpretation einer (oder meist: vieler) Quellen. Literatur kann aber durch äußere Umstände, insbesondere durch Quellenverlust selbst den Charakter einer Quelle bekommen: So haben in den Jahrzehnten nach dem Ersten Weltkrieg etliche Militärfach-

> Quellen = Texte, Gegenstände, Tatsachen

> Historische (Fach-)Literatur

leute aus den Akten des Potsdamer Militärarchivs eine vielbändige Geschichte des Weltkrieges erarbeitet. Das war ursprünglich eindeutig historische Fachliteratur. Aber als 1945 das Potsdamer Archiv bei einem Luftangriff verbrannte, gewannen die veröffentlichten Bände notgedrungen Quellencharakter. Nirgendwo sonst waren derart ausführlich die militärischen Operationen des Weltkrieges dargestellt worden. Das Ganze ist zugleich ein Beispiel, an dem sich die Begriffe Primär- und Sekundärquelle illustrieren lassen: Selbstverständlich sind die veröffentlichten Bände nur sekundäre Quellen überall dort, wo noch die primären Quellen zur Geschichte des Ersten Weltkriegs vorhanden sind, z. B. in Stuttgart, das alle württembergischen Truppenteile des Ersten Weltkrieg betrifft, oder in Wien, wo die Akten über die österreichischen Truppenteile ebenfalls erhalten geblieben sind.

Literatur: Die nachfolgenden Titel enthalten alle z. T. ausführliche Ausführungen zum Thema „Quellen"; sie sind grundsätzlich auch für die Kap. 4.1.2, 4.1.3, 4.1.4 zu vergleichen: John H. ARNOLD, Geschichte. Eine kurze Einführung, Stuttgart 2001; Wilhelm BAUER, Einführung in das Studium der Geschichte, Frankfurt/M. [3]1961; Peter BOROWSKY, Einführung in die Geschichtswissenschaft, Tl. 1: Grundprobleme, Arbeitsorganisation, Hilfsmittel, Opladen [5]1989, Tl. 2: Materialien zu Theorie und Methode, Opladen [3]1993; Egon BOSHOF, Grundlagen des Studiums der Geschichte, Köln [5]1997; Ahasver von BRANDT, Werkzeug des Historikers. Eine Einführung in die Historischen Hilfswissenschaften, Stuttgart [17]2007 (Urban TB 33); Karl BRUNNER, Einführung in den Umgang mit Geschichte, Wien [2]1991; Bertrand Michael BUCHMANN, Einführung in die Geschichte, Wien 2002; Peter BURSCHEL, Geschichte. Ein Tutorium, Freiburg i. Br. 1997; Sören DENGG, Inge SWOLEK, Uni-Training Geschichtswissenschaft. Geschichtsschreibung und Geschichte, Stuttgart, Dresden 1996; Walther ECKERMANN, Hubert MOHR (Hg.), Einführung in das Studium der Geschichte, Berlin [4]1986; Birgit EMICH, Geschichte der Frühen Neuzeit studieren, Konstanz 2006 (UTB 2709); Erwin FABER, Immanuel GEISS, Arbeitsbuch Geschichtsstudium. Einführung in die Praxis wissenschaftlichen Arbeitens, Heidelberg [3]1996; Nils FREYTAG, Wolfgang PIERETH, Kursbuch Geschichte. Tipps und Regeln für wissenschaftliches Arbeiten, Paderborn u. a. 2004; Hans-Werner GOEZ, Proseminar Geschichte: Mittelalter, Stuttgart [2]2000; Martha HOWELL, Walter PREVENIER, Werkstatt des Historikers. Eine Einführung in die historischen Methoden, Köln u. a. 2004; Paul KIRN, Joachim LEUSCHNER, Einführung in die Geschichtswissenschaft, Berlin [6]1972 (Sammlung Göschen 270); Michael MAURER (Hg.), AHW 4, Quellen, Stuttgart 2002 (RUB 17030); Horst MÖLLER, Udo WENGST, Einführung in die Zeitgeschichte, München 2003; Vera NÜNNING, Ralf SAAL, Uni-Training Geschichtswissenschaft. Einführung in die Grundstrukturen des Fachs und Methoden der Quellenarbeit, Stuttgart, Dresden 1995; Ernst OPGENOORTH, Günther SCHULZ, Einführung in das Studium der Neueren Geschichte, Paderborn u. a. [7]2010; Heinz QUIRIN, Einführung in das Studium der mittelalterlichen Geschichte, Stuttgart [5]1991; Bernd-A. RUSINEK (Hg.), Einführung in die Interpretation historischer Quellen, Paderborn u. a. 1992 (UTB 1674); Theodor SCHIEDER, Geschichte als Wissenschaft. Eine Einführung, München [3]1968; Jörg SCHMIDT, Studium der Geschichte, München 1975; Luise SCHORN-SCHÜTTE, Geschichte Europas in der Frühen Neuzeit. Studienhandbuch 1500-1789, Paderborn u. a. 2009 (UTB 1654); Gerhard SCHULZ, Einführung in die Zeitgeschichte, Darmstadt 1992; Winfried SCHULZ, Einführung in die neuere Geschichte, [4]2002 (UTB 1422); Volker SELLIN, Einführung in die Geschichtswissenschaft, Göttingen [2]2001; Gerhard THEUERKAUF, Einführung in die Interpretation historischer Quellen, Schwerpunkt Mittelalter, Paderborn u. a. 1991 (UTB 1654)

4.1.2 Quellenwert und Quellenkritik

Damit ist bereits das Problem des Quellenwerts angesprochen. Natürlich wären die Historiker froh, wenn sie noch die Potsdamer Originalakten besäßen. Ihr Quellenwert war zweifellos höher als der durch Wertungen und Interpretationen beeinflusste Quellenwert des vielbändigen Werks über den Ersten Weltkrieg. Doch wie wird der Quellenwert ermittelt?

Grundsätzlich gibt es einige elementare Regeln, wie der Quellenwert einzuschätzen ist. Man bezeichnet das Vorgehen bei der Ermittlung des Quellenwertes auch als Quellenkritik. Die sog. äußere Quellenkritik beschäftigt sich zunächst einmal mit der Frage der Echtheit von Quellen. Das ist keineswegs so banal, wie es dem Anfänger scheinen mag. Im Mittelalter gibt es eine unüberschaubare Zahl unechter bzw. gefälschter Urkunden. Wer das nicht weiß, wird zu fatalen Fehlschlüssen kommen. Aber auch in der Neuzeit spielt die Frage von Echtheit und Fälschung eine erhebliche Rolle. Die angeblichen Hitler-Tagebücher sorgten 1983 für einen Medienskandal. Aber auch die Echtheit des Tagebuchs der Anne Frank wurde angezweifelt. Während die Hitler-Tagebücher als Fälschung entlarvt werden konnten, hat sich die Echtheit des Frank-Tagebuchs bestätigt. Die äußere Quellenkritik fragt: Sind das verwendete Papier, die Typen der Schreibmaschine, der Duktus der Handschrift, die Tinte, die Schreibmaterialien echt? Bei den Hitler-Tagebüchern stellte sich rasch heraus, dass Papier, Einband inklusive dort vorkommender Initialen nicht aus der Zeit vor 1945 stammten.

Äußere
Quellenkritik

Die innere Quellenkritik beschäftigt sich dagegen nicht mit Fragen der materiellen Echtheit, sondern fragt, inwieweit der Inhalt der Quelle plausibel ist: Es wäre ja möglich gewesen, dass der Fälscher der Hitler-Tagebücher auf das richtige Papier geschrieben und dass er Einbände und Buchstaben aus der Zeit vor 1945 verwendet hätte – aber bei der inneren Überprüfung der von der Handschrift her gut gefälschten Tagebücher fiel auf, dass es auffällig viele Parallelen zu dem Werk von Max Domarus über Hitler gab. Der Fälscher hatte gar zu offenkundig dort abgeschrieben.

Innere
Quellenkritik

Elementar für den Umgang mit Quellen sind einige Grundregeln, die ebenfalls in den Bereich der inneren Quellenkritik gehören: Je näher Quellen den jeweiligen historischen Ereignissen zeitlich oder räumlich liegen, desto größer ist ihr Quellenwert.

Zeitliche und
räumliche Nähe
der Quelle

Um dies an einigen Beispielen zu erläutern: Das Tagebuch eines Zeitzeugen, das gleich am Abend nach den Ereignissen niedergeschrieben wurde, ist glaubwürdiger als die Erinnerungen, die ein Zeitzeuge an seinem Lebensabend im Abstand von vielen Jahrzehnten zu den Ereignissen niederschreibt. Der Bericht eines unmittelbaren Zeitzeugen ist aber immer noch wertvoller als der Bericht von jemandem, der gar nicht vor Ort war und von den Ereignissen seinerzeit selbst nur vom Hörensagen wusste. Grundsätzlich hat man nach den Erkenntnissen der psychologischen Erinnerungsforschung bei Aussagen, die in größerem zeitlichem Abstand von den Ereignissen entstanden sind, immer damit zu rechnen, dass sich mehrere Erinnerungsebenen überlagern: Ohne es unbedingt zu beabsichtigen, vermengen sich die eigenen Erinnerungen mit Informationen, die der Aussagende später erhalten hat und die er nun als seine eigenen ansieht.

Eine weitere Grundregel lautet: Je mehr die Aussage einer Quelle der zu erwartenden Tendenz der Quelle widerspricht, desto glaubwürdiger ist die Quelle.

Tendenz
einer Quelle

Ein erstes Beispiel: Schimpft z. B. ein politisch eher rechts stehender Politiker im Nachhinein über eher linken Konkurrenten (oder umgekehrt) und unterstellt diesem finstere Motive, mag das zwar korrekt sein, könnte sich aber auch aus der grundsätzlichen Aversion gegen den parteipolitischen Gegner erklären. Hebt dagegen der rechte Politiker seinen linken Konkurrenten (oder umgekehrt) als fairen Menschen heraus, mit dem man eigentlich immer gut ausgekommen sei, dann widerspricht das der zu erwartenden Tendenz und ist besonders glaubwürdig. Ein zweites Beispiel: Schreibt ein Kommunist, er sei von den Nazis übel behandelt worden, mag das zwar ebenfalls stimmen, besonders glaubwürdig wäre es aber, wenn er hervorhebt, dass vielleicht diese oder jene Einzelperson unter den Nazis sich ihm gegenüber menschlich verhalten habe.

Der Sieger schreibt die Geschichte

Eine dritte Grundregel lautet: Der Sieger schreibt die Geschichte. Wir erfahren z. B. von den Punischen Kriegen nur aus der Perspektive der römischen Sieger. Karthagische Geschichtsschreibung – sofern es sie gegeben hat – wurde von den Siegern vernichtet. Wir kennen nicht die Sicht der Karthager über die Punischen Kriege. Ähnliches gilt auch für den Gallischen Krieg Caesars: Caesars eigene Sicht der Dinge ist genau überliefert – die der besiegten Gallier nicht. Was hier für zwei Beispiele der Antike gesagt wurde, gilt selbstverständlich auch für das Mittelalter und die Neuzeit bis in die Gegenwart hinein.

Schlechte Quellen besser als gar keine Quellen

Grundsätzlich muss, wer Geschichtswissenschaft betreibt, immer misstrauisch sein wie ein Kriminalbeamter oder ein Ermittlungsrichter. Der Wert vieler Quellen relativiert sich rasch, wenn man ihre Bedingtheit erkennt. Aber es gibt eine weitere Grundregel: Eine schlechte Quelle ist immer noch besser als gar keine. Oft muss der Historiker oder die Historikerin mit solchen schlechten Quellen vorliebnehmen, und es ist seine bzw. ihre Pflicht, trotzdem – soweit dies möglich ist – den grundsätzlichen Prinzipien der Geschichtsschreibung gerecht zu werden: Nämlich so objektiv es geht, *sine ira et studio* (Tacitus), im Sinne Leopold von Rankes herauszufinden, „wie es eigentlich gewesen sei". Dabei muss man sich darüber klar sein, dass völlige Objektivität zwar anzustreben, aber nie zu erreichen sein wird. Voreingenommenheit für die eine oder die andere Position jedenfalls, und geschehe sie aus moralisch noch so edlen Motiven, disqualifiziert jede historische Arbeit von vorneherein.

Objektivität als nicht erreichbares, aber anzustrebendes Ziel

Man kann dem Ziel der Objektivität näherkommen, wenn man verschiedene Quellen zur Verfügung hat und die Methode des Vergleichs anwenden kann. Hat man mehrere verschiedene Quellen, so werden diese niemals völlig übereinstimmen, und aus den Unterschieden und Widersprüchen der verschiedenen Quellen kann man dann bessere Rückschlüsse auf die tatsächlichen Verhältnisse ziehen. An dem grundsätzlichen Bestreben, Objektivität anzustreben, ändern natürlich auch neuere Ansätze der Geschichtswissenschaft nichts – weder der *Linguistic turn*, noch das Bewusstsein, dass alle Geschichte konstruktivistischen Charakters ist, noch alle – notwendigen – Bestrebungen zur Dekonstruktion einer Quelle. Wer die genannten Grundregeln zum Umgang mit Quellen beherzigt, wer das hat, was bereits für die Historiker des 19. Jahrhunderts selbstverständlich war, nämlich eine differenzierte philologische Ausbildung, die entsprechende sprachliche Sensibilität und ein umfassendes Fachwissen, der tut im Grunde genau dasselbe wie das, was heute als Re- und Dekonstruktion bezeichnet wird. Zentral bleibt so oder so der Blick auf die Quelle und der analytisch-interpretatorische Umgang mit ihr.

Literatur: Vgl. Kap. 4.1.1.

4.1.3 Traditionsquellen

Historiker haben seit dem 19. Jahrhundert immer wieder versucht, die Quellen in unterschiedliche Gruppen einzuteilen und zu kategorisieren, etwa – nach der Nähe zu den historischen Ereignissen – als Primär- oder Sekundärquellen. Manchmal wird auch von Primär*quellen* und Sekundär*literatur* geredet; ein solcher Sprachgebrauch führt aber leicht zu Unklarheiten und sollte vermieden werden. Als besonders ergiebig hat sich die Unterteilung in Traditions- und Überrestquellen herausgestellt. Diese Unterscheidung ergibt sich hauptsächlich aus der vorhandenen oder nicht vorhandenen Intention der Traditions- und der Überrestquellen.

Traditionsquellen sind Quellen, die von Beginn an die Absicht haben, die Nachwelt zu informieren. Dazu gehören z. B. die Werke griechischer oder römischer Historiographen – also etwa die Geschichte des Peloponnesischen Krieges des Thukydides, die Römische Geschichte des Livius, aber auch die zahlreichen Chroniken des Mittelalters oder die Hofgeschichtsschreibung, wie sie v. a. in der Frühen Neuzeit weit verbreitet war. Alle diese Werke waren ursprünglich nichts anderes als Fachliteratur, wenn aber die ihnen zugrundeliegenden Quellen nicht erhalten sind, hat diese Historiographie oft den Charakter einer Quelle gewonnen – genau wie im oben beschriebenen Beispiel des zerstörten Potsdamer Militärarchivs und der vielbändigen Geschichte des Ersten Weltkrieges.

Traditionsquellen wenden sich an die Nachwelt

Es ist offenkundig, dass derartige Geschichtswerke einen höchst subjektiven Standpunkt haben und keine objektive Sicht der Dinge vermitteln können. Man muss sich bei der Interpretation solcher historiographischer Quellen also ihrer jeweiligen Tendenz bewusst sein.

Historiographen vermitteln i. d. R. die Geschichte von Staaten oder Regionen. Wem es weniger um die Staatengeschichte an sich geht, sondern um die Rolle, die man – als historisch agierende Persönlichkeit – im Rahmen der Geschichte gespielt hat, der schreibt Memoiren. Auch Memoiren sind also Traditionsquellen, allerdings mit anderem Ziel als die genannte Historiographie; die Persönlichkeit, die die Memoiren verfasst, spielt eine zentrale Rolle als in der Historiographie. Manchmal gibt es Übergangsformen zwischen Historiographie und Memoiren, wie z. B. die *Res gestae divi Augusti*, die Taten des Kaisers Augustus, aber in den meisten Fällen ist der Memoirencharakter doch eindeutig.

Memoiren und Autobiographien

Mit den Memoiren verwandt sind Autobiographien. Bei ihnen steht das Individuell-Persönliche noch mehr im Vordergrund, politische Aspekte im unmittelbaren Sinn spielen nur eine nachgeordnete Rolle. Autobiographien werden meist von Personen geschrieben, die selbst nicht als politische Akteure hervorgetreten sind – bis hin zu den autobiographischen Schriften einfacher Bauern, Knechte, Mägde und Arbeiter, die in den letzten Jahrzehnten als wichtige Alltagsquellen ein wachsendes Interesse der Geschichtswissenschaft gefunden haben.

Bei Memoiren und Autobiographien, die man seit geraumer Zeit zusammen mit einigen kleineren Quellengattungen auch als Ego-Dokumente bezeichnet, muss man grundsätzlich mit Phänomenen rechnen, die im Zusammenhang mit dem Quellenwert und der Quellenkritik bereits angesprochen wurden: Die eigene Rolle wird besonders betont, und sie wird vom Verfasser meist wenig kritisch gesehen. Memoiren und Autobiographien neigen dazu, eigene Verdienste zu übertreiben, eigene Schuld oder Verantwortung für irgendetwas, das negativ war, zu minimieren, zu rechtfertigen oder gleich ganz abzustreiten.

Tendenzen der Beschönigung

Das heißt nicht, dass Memoiren und Autobiographien ohne Quellenwert wären – im Gegenteil, sie können von ganz außerordentlicher Bedeutung sein und vermitteln oft Einblicke, die andere Quellengattungen nicht zu vermitteln vermögen. Aber man muss sich der Tücke der Memoiren und Autobiographien bewusst sein – der im Kap. 2.2

vorgestellte autobiographische Text von Melitta Maschmann ist ein Beispiel für die Probleme, die bei derartigen Quellen auftauchen. Man muss bei Memoiren und Autobiographien mit kühler Distanz zu Werke gehen und wissen, wo die Schwierigkeiten dieser Quellengattungen liegen. Hilfreich ist hier die o. e. Methode des Vergleichs. Wenn man mehrere parallele Quellen hat, wird man rasch herausfinden, wo es der einen Quelle an Glaubwürdigkeit fehlt.

Offizielle Tagebücher

Nun sind Memoiren und Autobiographien nicht die einzigen Traditionsquellen. Auch Tagebücher und Zeugenaussagen sind Traditionsquellen, denn auch die sind ja für die Nachwelt geschrieben oder gesprochen worden. Dabei muss man bei Tagebüchern jedoch unterscheiden: Es gibt z. B. in Kriegen die offiziellen Kriegstagebücher verschiedener militärischer Großverbände. Sie sollen im offiziellen Auftrag den vorgesetzten Behörden und Regierungen, aber eben auch der Nachwelt vermitteln, was sich im jeweiligen Kriegsgebiet abgespielt hat. Obwohl die Führer solcher Kriegtagebücher an sich zur Objektivität angehalten waren, haben sie notwendigerweise doch eine deutsche, amerikanische, französische, sowjetische Sicht der Dinge geliefert. Auch bei Politikern gibt es durchaus solche offiziellen Tagebücher. NS-Propagandaminister Joseph Goebbels hat seine Tagebücher führen lassen, um irgendwann nach dem „Endsieg" Material für eine Art offizielle Geschichte des NS-Staats zu haben; eine Version der Goebbels-Tagebücher war von Beginn an für die Veröffentlichung vorgesehen. Bei Tagebüchern der beschriebenen Art ist offenkundig, wie sehr sie für die Nachwelt verfasst sind.

Private Tagebücher

Etwas anders sieht die Situation bei Tagebüchern aus, die ganz privat geschrieben werden. Sie enthalten oftmals allerlei Intimitäten, und es wäre den Verfassern peinlich, wenn diese Tagebücher in fremde Hände gelangen. Viele der interessantesten Tagebücher wurden deshalb von den Verfassern in höherem Lebensalter auch vernichtet. Wenn ein Tagebuch dieser Art vorliegt, das nicht für Außenstehende bestimmt war, dann tritt der Traditionscharakter zwar nicht so stark hervor, er ist aber gleichwohl doch noch vorhanden: Auch wenn jemand nur für sich selbst schreibt, schreibt er doch für die Nachwelt – wenn auch die Nachwelt nach seinem Willen manchmal nur aus ihm selbst bestehen soll. Der Quellenwert von Tagebüchern ist abhängig vom Grad ihrer Privatheit. Natürlich wird man bei den Goebbels-Tagebüchern mehr Stilisierung erwarten können, und es liegt nahe, dass allzu Kompromittierendes weggelassen ist. Bei Tagebüchern, die nicht für die Öffentlichkeit bestimmt waren, ist der Quellenwert besonders groß, schließlich wurden sie in unmittelbarer zeitlicher und räumlicher Nähe zum Dargestellten geschrieben.

Zeugenaussagen

Zeugenaussagen kommen in zwei Formen vor: Entweder hat man schriftliche Vernehmungsprotokolle (oft nur Vernehmungsnotizen), oder man hat – was insbesondere für die Zeitgeschichte wichtig ist – rein mündliche Aussagen (u. U. Mitschnitte). Es handelt sich dann um die sog. *Oral history*, die einer schriftlichen Fixierung und einer nachfolgenden Auswertung in ganz besonderer Weise bedarf. Auch hier liegt es nahe, dass Zeugen sich ähnlich verhalten wie die Verfasser von Memoiren und Autobiographien.

Beispiele für schriftliche Vernehmungen sind alle Gerichts- oder Polizeiprotokolle. Berühmt sind natürlich die Vernehmungsprotokolle der Nürnberger Prozesse von 1945/46, wobei man sich – bei aller angehäuften erdrückenden Schuld der dort angeklagten NS-Führer – darüber klar sein muss, dass auch hier insofern ein einseitiges Bild entsteht, als Themen, welche die Sieger belastet hätten (z. B. das Massaker von Katyn oder der Bombenkrieg des Marschalls Harris) gar nicht behandelt werden durften und damit auch nicht Gegenstand der Zeugenaussagen werden konnten. Entsprechendes gilt für Prozesse, die gegen die japanischen Verantwortlichen am Zweiten Weltkrieg geführt wurden, wo selbstverständlich nicht die Atombombenabwürfe auf Hiroshima und Nagasaki thematisiert werden durften.

Beispiele für Befragungen nach den Regeln der *Oral history* liegen in großer Zahl vor **Oral History** und sind mittlerweile Grundlage vieler voluminöser Werke historischer Fachliteratur, erwähnt seien beispielsweise die Arbeiten von Margarete Dörr über Frauen und Kinder in der NS-Zeit. Im Zusammenhang mit der *Oral history* kursiert oft der Satz, der Zeitzeuge sei der „natürliche Feind des Historikers". Für Juristen – und sie sind bei ihren Untersuchungsmethoden den Historikern nicht unähnlich – ist der Zeugenbeweis sowieso der schlechteste Beweis, den es gibt. Juristische Fachbücher sind voll von Beispielen über teilweise gravierende Irrtümer von Zeugen.

So sehr also eine skeptische Haltung gegenüber Aussagen historischer Zeitzeugen berechtigt sein mag – es sei noch einmal an die Überlagerung der Erinnerung durch spätere Erfahrungen erinnert – so sehr würde man mit einer überkritischen Haltung das Kind mit dem Bade ausschütten. Aussagen von Zeitzeugen können hoch problematisch sein – aber es ist die Aufgabe der Geschichtswissenschaft, durch innere Quellenkritik, insbesondere durch Vergleiche, Widersprüche herauszufinden und die belastbare Substanz der Aussagen herauszufiltern.

Damit sind die wichtigsten Gruppen der Traditionsquellen vorgestellt. Erwähnt wer- **Pseudo-Quellen** den müssen in diesem Zusammenhang aber noch einige Quellen, die eigentlich nur Pseudo-Quellen sind, die aber gleichwohl erheblichen Einfluss haben: die historischen Romane und die seit geraumer Zeit in immer größerer Zahl auftauchenden historischen Filme. Pseudo-Quellen sind dies, weil es sich ja nicht um tatsächliche Hinterlassenschaften vergangener Zeiten handelt, sondern um Produkte, die lediglich bei Nicht-Fachleuten den Eindruck erwecken, es handle sich um Authentisches. Die Breitenwirkung solcher Pseudo-Quellen und ihr Einfluss auf die Meinungsbildung sind groß – ihr tatsächlicher Quellenwert gering, oftmals sogar gleich null. Für den Laien ist dies häufig schwer zu erkennen, insbesondere wenn Romane und Filme authentisches Material mit fiktivem vermengen.

Literatur: Vgl. Kap. 4.1.1; außerdem zu Ego-Dokumenten: Andreas BÄHR (Hg.), Selbstzeugnisforschung transkulturell, Köln u. a. 2007 (Selbstzeugnisse der Neuzeit 19); Kaspar von GREYERZ (Hg.), Selbstzeugnisse in der Frühen Neuzeit: Individualisierungsweisen in interdisziplinärer Perspektive, München 2007 (Schriften des Historischen Kollegs: Kolloquien 68); Winfried SCHULZE (Hg.), Ego-Dokumente: Annäherung an den Menschen in der Geschichte, Berlin 1996 (Selbstzeugnisse der Neuzeit 2); Peter STADLER, Memoiren der Neuzeit, Beobachtungen zu erinnerten Geschichte, Zürich 1995; *vgl. die Reihe* „Selbstzeugnisse der Neuzeit", Köln u. a. 1995ff, *– zu populären Autobiographien insbesondere die Reihe* „Damit es nicht verlorengeht", Wien u. a. seit 1983, bisher über 50 Bde.; *– außerdem zur Oral History:* Thomas CHARLTON (Hg.), Handbook of Oral History, Lanham 2006; Alexander C. T. GEPPERT, Forschungstechnik oder historische Disziplin: Methodische Probleme der Oral History, in: GWU 45 (1994), S. 303-323; Helmut HOFFMANN, Axel WENDNER, Technik und Taktik der Befragung. Stuttgart 2009 *(an sich juristisches Werk, das aber für die oral history hervorragend eingesetzt werden kann)*; Lutz NIETHAMMER (Hg.), Lebenserfahrung und kollektives Gedächtnis. Die Praxis der „Oral History", Frankfurt/M. 1984; Lutz NIETHAMMER (Hg.), Fragen an das deutsche Gedächtnis. Aufsätze zur Oral history, Essen 2007; Wolfgang SANNWALD (Hg.), Erlebte Dinge, erinnerte Geschichte. Soziale Geschichtsprojekte, oral history und Alltagsgeschichte in der Diskussion, Gomaringen 1995; Herward VORLÄNDER (Hg.), Oral History. Mündlich erfragte Geschichte, Göttingen 1990; Dorothee WIERLING, Oral History, in: AHW 7: Neue Themen und Methoden der Geschichtsiwssenschaft 7, Stuttgart 2003 (RUB 17033), S. 81-151; Valerie L. YOW, Recording Oral History. A Guide for Humanities and Social Sciences, Lanham 2005

4.1.4 Überrestquellen

Nichtschriftliche Überrestquellen

Überrestquellen sind nicht mit der Absicht entstanden, die Nachwelt zu informieren. Sie sind vielmehr das, was unwillkürlich übrig bleibt, wenn Geschichte geschieht. Insofern ist ihr Quellenwert tendenziell höher als der Quellenwert von Traditionsquellen. Der Nachteil von Überrestquellen liegt in ihrer Sprödigkeit. Während die Traditionsquelle den Stoff zu einem Thema sozusagen mundfertig aufbereitet und eine klare Sicht der Dinge und damit eine Interpretation bequem mitliefert, ist das bei den Überrestquellen nicht der Fall. Das gilt zunächst einmal für die eingangs erwähnten Gegenstände und Tatsachen. Wenn Archäologen bei ihren Ausgrabungen etwas finden – Gebeine, Waffen, Gegenstände des täglichen Lebens oder auch nur Bodenverfärbungen – dann sagen diese Funde i. d. R. nicht von alleine, worum es sich handelt und wie das alles zu interpretieren ist. Das gilt analog auch für Tatsachen. Optimal ist es deshalb, wenn sowohl Traditions- als auch Überrestquellen vorliegen. Man kann dann mithilfe der Überrestquellen die Stichhaltigkeit der Traditionsquellen überprüfen (wenn auch meist nur punktuell), und man kann mithilfe der Traditionsquellen schwer zu deutende Überrestquellen leichter in einen historischen Kontext einordnen. Liegen nur Überrestquellen vor – was nicht selten ist – bedarf es einer erheblichen Fachkompetenz und eines großen Vorwissens, um die Überreste einordnen und interpretieren zu können.

Schriftliche Überrestquellen

Neben den Gegenständen und Tatsachen gibt es natürlich auch schriftliche Überrestquellen. Sie spielen für Historiker eine große Rolle. Die weitaus meisten schriftlichen Erzeugnisse dienen nicht der bewussten Information der Nachwelt, sondern sind lediglich zur Anwendung in der Gegenwart geschrieben – angefangen von banalem Geschäfts-Schriftverkehr über Gerichtsakten bis hin zum Verwaltungsschriftgut, das jedes Büro und jede Behörde täglich produziert.

Akten

Wer sich mit der Geschichte von Staaten, Organisationen, Parteien u. ä. befasst, wird auf das sog. Geschäftsschriftgut zurückgreifen. Dieses ist darüber hinaus aber auch durchaus für sozialhistorische Fragestellungen von Bedeutung, also keineswegs nur für politik-, diplomatie-, organisations- und parteigeschichtliche Ansätze. Was ist das Geschäftsschriftgut? Es handelt sich um alle diejenigen schriftlichen Produkte, die in Behörden, Kanzleien, Büros etc. entstehen. Das häufigste schriftliche Produkt, das dort verfasst wird, sind Akten. Sie dokumentieren den alltäglichen Geschäftsgang und können zunächst einmal zur Beurteilung von behörden- oder bürointernen Entscheidungsprozessen von Bedeutung sein. Welche Überlegungen wurden z. B. im Vorfeld eines Krieges von den Politikern angestellt, bevor es zu einer Kriegserklärung kam? Welche Argumente und welche Personen sprachen für einen Krieg, welche dagegen? Nicht minder wichtig sind aber auch die Sachinformationen, die in den Akten stecken können: Im Vorfeld eines Krieges konnte das z. B. das zusammengetragene Datenmaterial sein: Wie viele Soldaten, Waffen, Munition hat der eigene Staat, wie viel der potentielle Gegner? Wie ist die beiderseitige Wirtschaftskraft, Stimmung, Propaganda? All das sind Fragen, die zu untersuchen im Vorfeld eines Krieges in den staatlichen Akten nahe liegen. Akten enthalten aber auch eher versteckte Informationen: Gibt es eine schichten-, geschlechter-, nationalitätsspezifische jeweils differierende Haltung zum bevorstehenden Krieg? Aus Musterungslisten früherer Jahrhunderte, die eigentlich nur zu militärischen Zwecken erstellt wurden, erfährt man auch vieles zur Sozialgeschichte allgemein. Man kann z. B. fragen: Wie viele Einwohner wurden überhaupt gemustert? Wie groß war die daraus zu berechnende Bevölkerungszahl? Gab es Zusammenhänge zwischen dem Umfang des Besitzes und der Musterung? Wie alt waren die Gemusterten? Lassen sich daraus Informationen über die Altersstruktur einer Bevölkerung ganz allgemein ableiten?

Um bei der Auswertung von Akten nicht Fehlinterpretationen aufzusitzen, muss man zunächst einmal wissen, wie die Behörde, die Kanzlei oder das Büro aufgebaut war, das die Akten produzierte, d. h. man muss wissen, wer innerhalb der jeweiligen Bürokratie wem was vorlegen musste und wer letztlich etwas zu entscheiden hatte, man muss also Behördenstruktur und Geschäftsgang kennen. Z. B. findet man in Prozessakten aus der Frühen Neuzeit Vernehmungsprotokolle, Berichte über angerichtete Schäden und über durchgeführte Fahndungsmaßnahmen, Stellungnahmen von Regierungsräten, Universitätsjuristen, Geheimräten, sog. Resolutionen des Landesfürsten, Protokolle über die Urteilsverkündung und ggf. – wenn es zu einer Todesstrafe kam – über die Hinrichtung. Hier muss man genau wissen, in welcher Reihenfolge und in welcher Über- bzw. Unterordnung die einzelnen Schritte abliefen und wer eher untergeordneter Berichter und wer übergeordneter Entscheider war.

Wer hat in einer Behörde was zu sagen?

Urkunden sind eine weitere wichtige Form schriftlicher Quellen. Mit den ebenfalls als „Urkunden" bezeichneten Schriftstücken, die man zur vieljährigen Mitgliedschaft in einem Verein erhält, haben sie nichts zu tun. Vielmehr dokumentieren Urkunden, mit denen es die Geschichtswissenschaft zu tun hat, grundsätzlich Rechtsakte: Verkäufe, Schenkungen, (Friedens-)Verträge und Ähnliches. Urkunden sind die wichtigste schriftliche Quellengattung bis zum Ende des Hochmittelalters. Erst mit dem Spätmittelalter sind Akten in nennenswerter Menge vorhanden. Akten aus der Zeit vor dem Spätmittelalter sind fast keine erhalten geblieben, es hat sie – mangels Papier, man hatte nur das teure Pergament – wohl auch nur in geringem Umfang gegeben. Urkunden haben gegenüber den äußerlich oft unscheinbaren Akten eine repräsentative, oft geradezu feierliche äußere Form. Sie folgen einem strikt festgelegten inneren Aufbau, sie sind – da als Schriftstück von großer Bedeutung – z. T. noch bis ins 18./19. Jahrhundert hinein auf Pergament geschrieben, und sie sind, um Rechtsgültigkeit zu erlangen, immer von den Urkundenausstellern besiegelt (vgl. auch Kap. 4.2.5 Sphragistik).

Urkunden

Der Aufbau einer Urkunde sei kurz genannt: Sie besteht aus den drei Hauptteilen Protokoll, Kontext und Eschatokoll. Das Protokoll seinerseits besteht aus der Invocatio, einer formelhaften Anrufung Gottes, der Intitulatio, die den Urkundenaussteller nennt, worauf oft die Inscriptio folgt, die den Urkundenempfänger nennt. Der Kontext, also der eigentliche Hauptteil der Urkunde, beginnt meist mit der Arenga, einer formelhaften Begründung, weshalb die Urkunde ausgestellt werde. Nicht selten schließt sich die Promulgatio an, die sich an die Allgemeinheit wendet. Dann folgt ein inhaltlich für die Geschichtswissenschaft besonders wichtiger Teil, die Narratio, d. i. eine Erzählung, wie es zur Ausstellung der Urkunde gekommen ist. An die Narratio schließt sich die nicht minder wichtige Dispositio an, in der der Urkundenaussteller das eigentliche Rechtsgeschäft (Verkauf, Schenkung etc.) nennt, um das es in der Urkunde geht. Mittelalterliche Urkunden enthalten dann meist die Poenformel, in der Strafen für alle die angedroht werden, die gegen den Inhalt der Urkunde verstoßen. In der dann folgenden

Aufbau einer Urkunde

Corroboratio wird angekündigt, dass der Urkundenaussteller die Urkunde mit Siegel und evtl. Zeugen bekräftigt. Damit ist der Kontext beendet, und es beginnt das Eschatokoll, in dem der Urkundenaussteller selbst unterschreibt. Das Eschatokoll schließt mit der Orts- und Datierungsnennung, auf die häufig noch die Aufzählung der anwesenden Zeugen folgt. Zwar wird man im Studium an einer Pädagogischen Hochschule schwerlich Fachseminare zur Urkundenlehre anbieten, für die Studierenden und ihren späteren Einsatz als Lehrkräfte ist es aber durchaus sinnvoll, sich über den feierlichen und formalisierten Aufbau einer Urkunde klar zu werden: Schließlich hat auch heute jeder Mensch – und sei es nur in Form notarieller Kaufverträge oder Testamente – immer wieder mit Urkunden zu tun. Und diese gleichen den alten historischen Urkunden durchaus in einem gewissen Maße.

All diese Quellen – Gegenstände, Tatsachen, Schriftquellen mit Akten und Urkunden – wurden nicht für die Nachwelt erstellt, sondern für den jeweils gegenwärtigen Gebrauch. Sie sprechen als Überrestquellen insofern unmittelbarer als die Traditionsquellen.

Akten und Urkunden im Studium

Im Studium wird man u. U. bereits in Hauptseminaren, mit größerer Wahrscheinlichkeit in Abschlussarbeiten mit Akten zu tun haben. Dabei wird kaum einmal jemand, der an einer PH studiert, in die großen Bundesarchive kommen, um dort die Berliner, Wiener oder Berner Politik zu erforschen. Wahrscheinlicher sind regionale oder lokale Archive, wo man es in relativer räumlicher Nähe zum Hochschulstandort und mit vertretbarem zeitlichem Aufwand durchaus mit Originalakten (seltener mit Originalurkunden) zu tun haben wird. Wichtig ist dabei, sich immer ein überschaubares Thema auszusuchen: Lieber die Bauakten einer Nebenbahn aus dem 19. Jahrhundert genau auswerten und die möglichen sozial- und wirtschaftsgeschichtlichen Ergebnisse untersuchen, als an einem überdimensionierten Vergleich zwischen Hitler und Mussolini scheitern! Bevor man aber selbstständig mit Akten arbeiten kann, stellen sich einige grundsätzliche Fragen: Die banalste, aber zugleich eine der schwierigsten, ist die der Lesbarkeit. Spätestens wenn man ins 19. Jahrhundert vorstößt, sind alle Akten handschriftlich – und wer die Handschriften nicht lesen kann, braucht mit seinem Forschungsvorhaben gar nicht erst zu beginnen. Diese Feststellung führt aber direkt ins nächste Kapitel hinein – die Historischen Grund- bzw. Hilfswissenschaften.

Literatur: Vgl. Kap. 4.1.1.

4.2 Historische Grund- bzw. Hilfswissenschaften

Insbesondere bei Studienanfängern findet man häufig die irrige Ansicht, dass ein Geschichtsstudium vor allem darin besteht, möglichst viel Handbuchwissen zu möglichst vielen Themen und Epochen zu lernen. Zweifellos ist ein solides Überblickswissen unumgänglich (vgl. dazu das Kapitel „Überblickswissen" im Bd. 2), aber das allein macht nicht den wissenschaftlichen Charakter eines Studiums aus.

Zum Historiker, der wissenschaftlich denkt und arbeitet, wird man nicht, wenn man bloß Sekundärtexte anderer Historiker aufnehmen und reproduzieren kann. Man wird dies erst, wenn man in der Lage ist, aus den Quellen eigenständig historische Sachverhalte zu erarbeiten (vgl. dazu auch Kap. 3.1). Die Quellen erweisen sich aber zum Entsetzen vieler als spröde, ja geradezu unzugänglich: Dass man im deutschen Sprachraum die bis Mitte des 20. Jahrhunderts massenhaft gedruckte Frakturschrift lesen können muss, wenn man Geschichte studiert, sollte zwar selbstverständlich sein, erzeugt bei manchen Studierenden aber doch staunende Augen. Noch komplizierter ist es, wenn Quellen in handschriftlicher Form vorliegen. Oft kann man eine Quelle nicht einmal entziffern, weil diese Handschrift schwer lesbar oder gar (wenigstens zu Beginn) ganz unlesbar ist. Dann tauchen in der Quelle möglicherweise auch noch Begriffe auf, die man nicht versteht – oder die Quelle ist überhaupt in einem altertümlichen Deutsch abgefasst, das irritiert oder gar völlig unverständlich ist. Oft ist die Quelle sogar in einer Fremdsprache abgefasst: besonders häufig in Latein, aber auch Französisch und Englisch sind viel verwendete Quellensprachen. Man merkt rasch: Ein guter Historiker sollte neben seiner Muttersprache auch noch mit anderen Sprachen so vertraut sein, dass diese zumindest gelesen und verstanden werden können. Am Schluss einer schriftlichen Quelle steht dann vielleicht auch noch ein rätselhaftes Datum, z. B., dass diese Quelle am Dienstag nach Mariä Lichtmess im 5. Regierungsjahr dieses oder jenes Kaisers ausgestellt worden sei. Wann aber war das?

Schwierigkeiten
im Umgang
mit Quellen

Und schließlich und endlich gibt es Quellen, die gar nicht in gedruckter Form oder in Handschriften vorliegen: Man findet an Gebäuden, auf Bildern, auf Grabsteinen oder Denkmälern Inschriften, die gemalt oder in Stein gehauen sein können. Man findet an vielen alten Briefen oder Urkunden Siegel, die – neben Siegelinschriften – seltsame Zeichen enthalten, Zeichen, die häufig auch auf Wappen auftauchen, man findet Stammbäume und Ahnentafeln, historische Landkarten, und man findet nicht zuletzt Sachquellen im Boden, die von Archäologen zwar gefunden, von Historikern aber interpretiert und in geschichtliche Zusammenhänge eingeordnet werden müssen. Erst wer mit all diesen Quellen umgehen kann, beherrscht das „Werkzeug des Historikers" – so der Titel eines weit verbreiteten Buches.

Da diese Spezialwissenschaften die Grundlage jeder quellenbasierten historischen Arbeit sind, bezeichnet man sie auch als historische „Grundwissenschaften". Der früher meist verwendete Ausdruck „Historische Hilfswissenschaften" untertreibt: Insbesondere Laien meinen, man könne auf Teildisziplinen leicht verzichten, die nur „Hilfs-" Wissenschaften seien. Aber alle diese Spezialwissenschaften helfen nicht nur auf dem Weg zur historischen Erkenntnis. Sie sind vielmehr deren unabdingbare Grundlage. So wie ein Ingenieur oder Physiker nicht ohne die Grundwissenschaft der Mathematik auskommt, kommt ein Historiker nicht ohne die skizzierten Grundwissenschaften aus. Nun führt der Umgang mit jeder der Teildisziplinen in eine hoch entwickelte Spezialwissenschaft. Niemand kann von sich behaupten, alle Quellengattungen und alle Grundwissenschaften gleich gut und perfekt zu beherrschen. Aber gewisse Grundfertigkeiten sollte man sich im Studium durchaus aneignen, und man sollte die Historischen Grundwissenschaften zumindest so gut kennen, dass man ihre Bedeutung erkennen und sie einordnen kann. Und im Zweifelsfall sollte man wissen, wo man nachschlagen oder wen man fragen kann, um ein solches grundwissenschaftliches Problem zu lösen.

Teildisziplinen

Literatur: Vgl. außer den bei den folgenden Kapiteln genannten Spezialtiteln jeweils auch die in Kap. 4.1.1 genannte Literatur, insbesondere Ahasver von BRANDT, Werkzeug des Historikers. Eine Einführung in die Historischen Hilfswissenschaften, Stuttgart [17]2007 (Urban TB 33).

4.2.1 Historische Chronologie: Möglichkeiten der Zeitrechnung und Epochengliederung

Zweck der Historischen Chronologie

Die erste der Historischen Grundwissenschaften ist die Historische Chronologie. Die Geschichtswissenschaft operiert *per definitionem* in einem Meer aus Zeit, und wer sich in diesem Meer nicht orientieren kann, ist rettungslos verloren. Historische Prozesse strukturieren sich erst durch ihren zeitlichen Ablauf. Um die Logik historischer Prozesse zu verstehen, muss man wissen, in welcher zeitlichen Reihenfolge die einzelnen Ereignisse zu einander stehen.

In der jüngeren Vergangenheit sind im abendländisch-europäischen Kulturkreis die Verhältnisse noch vergleichsweise einfach: Für uns alle ist die Datierung nach durchgezählten Monatstagen, Monatsbezeichnungen und Jahren („20. Januar 2010") eine Selbstverständlichkeit. Aber schon wenn man in andere Kulturen schaut, erkennt man rasch, dass diese völlig andere Datierungen und völlig andere chronologische Systeme haben. Um nur einige zu nennen: Muslime, Buddhisten, Hindus, Mayas, Inkas und Azteken, die alten Ägypter und die alten Germanen – sie alle datierten und datieren anders, und sogar der uns so vertraut scheinende abendländische Kulturkreis hat sich zu der heutigen griffigen Datierung erst als Resultat einer langen Entwicklung durchgerungen.

Astronomische Fakten

Grundlage aller Chronologie sind einige astronomisch fundierte Tatsachen: Der Tag, der Monat und das Jahr. Leider stehen diese drei Grundeinheiten der Zeitrechnung nicht in glatten Zahlen zueinander. Zwar hat man den Tag in 24 gleich lange Stunden eingeteilt, aber der Monat (also der Zeitraum zwischen zwei Neumonden) und das Jahr (der Zeitraum, in dem die Erde einmal die Sonne umläuft) stehen in einem sehr unebenen Verhältnis zur Länge eines Tages. Der Monat dauert astronomisch gesehen 29 Tage, 12 Stunden und 44 Minuten, das Jahr 365 Tage, 5 Stunden, 48 Minuten und 46 Sekunden.

Die verschiedenen Kulturen haben aus diesen Tatsachen sehr unterschiedliche Konsequenzen für ihre Zeitrechnung gezogen. So arbeiten manche Kulturen mit dem Mondjahr und fügen zwölf (Mond-)Monate zu einem Jahr zusammen, das dann etwa 360 Tage lang ist. Die fehlenden fünf Tage führen binnen relativ kurzer Zeit dazu, dass der Mondkalender sich nicht mehr mit den Jahreszeiten deckt oder dass religiöse Feiertage und Festzeiten wandern und zu ganz unterschiedlichen Jahreszeiten stattfinden können. Der muslimische Fastenmonat Ramadan ist hierfür ein bekanntes Beispiel.

Mondjahr, Sonnenjahr, Julianischer Kalender

Weiter verbreitet ist das Sonnenjahr, das man mit 365 Tagen ansetzt. Die zum astronomischen Sonnenjahr fehlenden knapp sechs Stunden gleicht man mit dem Schalttag aus, der jedes vierte Jahr auf 366 Tage anwachsen lässt. Im europäischen Bereich ist hier vor allem die Kalenderreform des Julius Caesar zu nennen, die das beschriebene Modell erstmals eingeführt hat (sog. Julianischer Kalender). Da auch mit dem Schalttag keine exakte Übereinstimmung mit der Umlaufdauer der Erde um die Sonne zu erreichen ist, hat man zu Beginn der Frühen Neuzeit einen differenzierteren Kalender entwickelt, der in den Jahren 1700, 1800 und 1900 den Schalttag hat entfallen lassen (sog. Gregorianischer Kalender). Damit und mit einem Zeitsprung von zehn Tagen (auf den 4. Oktober 1582 folgte gleich der 15. Oktober) hatte man wieder die Übereinstimmung des Kalenders mit dem Frühlingsbeginn (21. März = völlige Tag- und Nachtgleiche) hergestellt. Da der Gregorianische Kalender von Papst Gregor XIII. eingeführt wurde, weigerten sich die protestantischen Staaten lange Zeit, diesen Kalender einzuführen, obwohl er dem alten Julianischen Kalender zweifellos überlegen war.

Als Resultat dieser religiös bedingten Blockadehaltung waren zwischen 1582 und 1700 in den katholischen und protestantischen Ländern Europas unterschiedliche Kalendersysteme in Gebrauch, der Kalender alten Stils (= der Julianische) und der Kalender neuen Stils (= der Gregorianische), der dem Kalender alten Stils immer um zehn Tage voraus war. Um Missverständnisse zu vermeiden, enthielten die meisten zwischen 1582 und 1700 entstandenen Dokumente zwei Tagesangaben: Es hieß dann z. B. 6./16. Oktober 1615. Erst 1700 führten fast alle protestantischen Länder den Kalender neuen Stils ein. Manche, so insbesondere England und Schweden, warteten sogar bis zur Mitte des 18. Jahrhunderts, bis sie sich zum neuen Kalender bequemten. Im osteuropäisch-orthodoxen Bereich halten die Kirchen bis heute am alten Julianischen Stil fest. In Russland war der Julianische Kalender bis 1918 auch offizielle staatliche Zeitrechnung. Das hat beispielsweise dazu geführt, dass die als Oktoberrevolution bekannte Revolution des Jahres 1917 nach unserem Gregorianischen Kalender eigentlich eine Novemberrevolution wäre. Die auf dem Julianischen Kalender basierende Benennung als Oktoberrevolution hat sich in der Geschichtsschreibung aber durchgesetzt.

Mit dem bisher Gesagten sind zwar einige astronomische Grundtatsachen der Zeitrechnung beschrieben, noch unerwähnt sind aber verschiedene rein kulturell bedingte Elemente der Zeitrechnung. So ist z. B. die Festsetzung des Jahresbeginns letztlich ganz willkürlich und ohne jede astronomische Begründung. Die Römer begannen ihr Jahr mit dem 1. März (nach diesem Jahresbeginn sind die Monate September, Oktober, November und Dezember als der „7.", „8.", „9." und „10." völlig logisch benannt – obwohl sie heute der 9., 10., 11. und 12. sind). Im Mittelalter begann man das Jahr meist mit dem Weihnachtsfest, also dem 25. Dezember. Regional abweichende Termine für den Jahresbeginn kamen aber vor (z. B. der 25. März = Maria Verkündigung oder Ostern. Letzteres hatte aber die kuriose Folge, dass der Jahresbeginn mit dem Osterfest ständig wanderte). Der heutige Jahresbeginn 1. Januar setzte sich erst im Laufe der Frühen Neuzeit durch.

Ähnlich willkürlich und rein kulturell bedingt war auch die Zählung der Jahre. Heute wird allgemein die im 6. Jahrhundert von Dionysius Exiguus eingeführte Zählung „nach (oder vor) Christi Geburt" verwendet (obwohl Christus nach heutigem Kenntnisstand wohl im Jahre 6 v. Chr. geboren sein müsste – aber das wusste Dionysius Exiguus nicht so genau). Nicht-christliche Gesellschaften wie die kommunistischen Staaten des früheren Ostblocks vermieden den Christusbezug, indem sie die Bezeichnung „nach (oder vor) unserer Zeitrechnung", abgekürzt „n. u. Z." oder „v. u. Z." verwendeten. Erwähnenswert ist, dass es ein Jahr 0 nie gegeben hat. Auf das Jahr 1 v. Chr. folgt gleich das Jahr 1 n. Chr. Die Jahrhunderte werden immer nach dem abschließenden vollen Jahrhundert gezählt: Das 1. Jahrhundert umfasst die Jahre 1-100, das 2. die Jahre 101-200 usw., das 20. Jahrhundert also die Jahre 1901-2000 (was im Jahre 2000 zu erbitterten Leserbriefschlachten geführt hat, in denen selbst ernannte Chronologie-Spezialisten

Gregorianischer Kalender

Jahresbeginn

Zahlung der Jahre

nachzuweisen versuchten, dass schon mit dem Jahr 2000 und nicht erst 2001 das neue Jahrhundert bzw. Jahrtausend beginne).

Vor Einführung der christlichen Zeitrechnung war lange Zeit das (angebliche) Gründungsjahr der Stadt Rom (753 v. Chr.) der Basispunkt der Zeitrechnung. Das Jahr 1000 *ab urbe condita*, also seit Gründung der Stadt, entspricht mithin dem Jahr 257 n. Chr. Parallel benutzten die Römer aber bis 535 n. Chr. auch eine Datierung nach den Konsulatsjahren der jeweils amtierenden Konsuln.

Andere Kalendersysteme

Andere Kulturkreise haben völlig andere Basisjahre: Die Muslime rechnen von der Hedschra an, also der Flucht Mohammeds von Mekka nach Medina (= 622 n. Chr.). Noch komplizierter wird die muslimische Zeitrechnung, weil ihr ein Mondjahr von 354 bzw. 355 Tagen zugrunde liegt. Die Juden nehmen die Erschaffung der Welt, die 3761 v. Chr. stattgefunden haben soll, als Basisjahr ihrer Jahreszählung. Die christlich-orthodoxen Staaten verwendeten z. T. bis ins 16./17. Jahrhundert wieder ein anderes Basisjahr, nämlich das der sog. Byzantinischen Weltära (= 5508 v. Chr.).

Neue Basisjahre hat man aber auch in der Neuzeit einzuführen versucht. So hat man in der Französischen Revolution mit dem 22. September 1792 eine neue Zählung begonnen und rechnete von da an das „Jahr I der Republik". Zugleich setzte man an die Stelle der siebentägigen Woche eine zehntägige Dekade, von denen drei zu einem neuen Monat zusammengefügt wurden. Die Monate bekamen völlig neue Namen und deckten sich auch hinsichtlich ihres Beginns nicht mit den traditionellen Monaten. Fünf bzw. sechs monatsfreie Ergänzungstage füllten das Jahr auf 365 bzw. 366 Tage auf. Durchgesetzt hat sich dieser Revolutionskalender nicht. Napoleon schaffte ihn 1805 wieder ab. Ebenso wenig von langer Dauer war der von Mussolini 1922 eingeführte Kalender der faschistischen Ära.

Neben all diesen verschiedenen Basisjahren erscheinen insbesondere in mittelalterlichen Quellen auch noch andere Jahres-Datierungen, wenn auch meist nur ergänzend zu der Datierung nach Basisjahren: So geben Päpste, Kaiser und Könige an, im wievielten Jahr ihrer Herrschaft eine Urkunde ausgestellt wurde, oder es findet sich die Datierung nach Indiktionen, d. i. nach einem 15-jährigen Steuerzyklus ursprünglich römischen Ursprungs.

Monats- und Tageszählung

Selbstverständlich datierte man nicht nur nach Jahren, sondern auch nach Monaten und Tagen (die Woche, die keinerlei astronomische, sondern rein kulturelle Grundlagen hat, spielte in diesem Zusammenhang keine Rolle). Im *Imperium Romanum* war eine Tagesdatierung nach Kalenden, Nonen und Iden üblich. Die Kalenden waren der erste Tag eines Monats, die Nonen der jeweils 5. oder 7., die Iden der 13. oder 15. Tag eines Monats. Diese römische Tageszählung wurde im Mittelalter allmählich verdrängt durch eine Datierung nach Heiligentagen. Am einfachsten ist es, wenn ein Datum auf den Tag eines berühmten Heiligen fällt: So ist eine Urkunde leicht datierbar, wenn es heißt, sie sei am Martinitag des Jahres 1338 ausgestellt – der Martinitag war, wie damals allen Menschen bekannt war, der 11. November. Komplizierter wird es, wenn es heißt, eine Quelle sei am Mittwoch nach dem Martinitag oder gar am Mittwoch nach Ostern ausgestellt worden, denn das Osterfest fällt jedes Jahr auf einen anderen Termin.

Die Probleme lassen sich aber lösen: Seit Generationen kann die Geschichtswissenschaft auf das in zahlreichen Auflagen erschienene Taschenbuch der Zeitrechnung von Grotefend zurückgreifen, in dem man nach kurzer Einarbeitungszeit in vielen Dutzend

Tabellen so gut wie jedes komplizierte Datierungsproblem auflösen und in die heute gängige Datierung nach Tageszahl, Monat und Jahr umrechnen kann.

Teil der Chronologie ist auch die Gliederung der historischen Zeit in Epochen. Das ist keineswegs so einfach, wie es auf den ersten Blick scheinen mag. Natürlich gibt eine Gliederung in die Großepochen Urgeschichte, Vor- und Frühgeschichte, Altertum, Mittelalter und Neuzeit eine erste Orientierung. Es soll hier nicht grundsätzlich diskutiert werden, inwieweit diese Untergliederung sinnvoll ist. Es muss aber zweierlei festgestellt werden: Erstens: Es handelt sich um eine europazentrische Einteilung. Wenn man die Geschichte anderer Kulturen beschreiben will, passen diese Epochen meist nicht. Zweitens: Mit der Untergliederung in Großepochen ist noch gar nichts gesagt, wann denn die einzelnen Epochen begannen und wann sie endeten. Darüber hinaus wird die oben erwähnte Grobgliederung noch verfeinert: So gliedert man aus dem Altertum bzw. der Antike oft noch eine Spätantike aus, das Mittelalter teilt man im deutschen Sprachraum gängigerweise in ein Früh-, Hoch- und Spätmittelalter ein, und die Neuzeit zerlegt man meist in die Frühe Neuzeit (bis zur Französischen Revolution), die Geschichte seit der Französischen Revolution bis zum Ersten Weltkrieg („Langes" 19. Jahrhundert) und die Zeitgeschichte, d. i. die Periode, aus der noch Zeitzeugen leben (d. h. die Zeitgeschichte ändert mit dem Sterben der jeweils ältesten Generation ihre Grenze ständig).

Epochen

Relativ leicht definiert ist auch das Ende der Ur-, Vor- und Frühgeschichte: Sie sind allesamt schriftlose Epochen und enden mit dem Aufkommen der Schrift, wobei die Urgeschichte sich mit besonders weit zurückliegenden Perioden befasst. Meist beschäftigt sich das Geschichtsstudium auch nicht mit Ur-, Vor- und Frühgeschichte, die i. d. R. eigene Studiengänge bilden. Da die Schrift aber in den einzelnen Teilen Europas zu sehr unterschiedlichen Zeiten aufkam, kann man keine einheitliche zeitliche Grenze zwischen Vor- und Frühgeschichte einerseits und Antike andererseits ziehen. Eine Sonderstellung nehmen die ägyptische Hochkultur und die Hochkulturen des Mittleren Ostens ein, die durchaus Schriftkulturen waren, aber die jeweils von Spezialwissenschaften wie der Ägyptologie oder Assyrologie erforscht werden. Die Antike im engeren Sinne beginnt im griechischen Raum erst deutlich nach dem Jahr 1000 v. Chr.

Ur-, Vor-, Frühgeschichte

Meist kommt man aus der Schule mit dem Basiswissen, dass die Antike etwa mit dem Jahr 500 zu Ende gehe, das Mittelalter ungefähr 1500. Das wird für die Antike mit Ereignissen wie dem Beginn der Völkerwanderung oder der Absetzung des letzten weströmischen Kaisers Romulus Augustulus 476 oder mit dem Tod des oströmischen Kaisers Justinian 565, der noch einmal den gesamten Mittelmeerraum beherrschte, in Verbindung gebracht. Für das Ende des Mittelalters nennt man die Erfindung des Buchdrucks (um 1440), die Eroberung Konstantinopels durch die Osmanen 1453, das Ende der spanischen Reconquista 1492, die Entdeckung Amerikas durch Kolumbus ebenfalls 1492 oder den Thesenanschlag Luthers 1517 und den dann folgenden Beginn der Reformation als entsprechende Daten. Selbstverständlich ist dieses Schulbuchwissen nützlich, man sollte sich aber darüber klar sein, dass die Frage der Epochengrenzen von der Geschichtswissenschaft seit langem intensiv diskutiert wird und dass etliche ganz andere Zeitgrenzen gezogen werden können: So ziehen manche Historiker die Dauer der Spätantike noch Jahrhunderte über 500 hinaus, und insbesondere wirtschaftshistorische Ansätze weisen darauf hin, dass die mittelalterliche Agrar- und Wirtschaftsverfassung keineswegs um 1500 geendet habe, sondern erst um 1800. Auch die schulmäßige Untergliederung des Mittelalters - Frühmittelalter bis etwa 1050, Hochmittelalter 1050-

Altertum und Mittelalter

1250, Spätmittelalter 1250–1500 – wird von der akademischen Geschichtswissenschaft z. T. anders gesehen. Schon im französischen Sprachraum hat man für das Mittelalter keine Dreier-, sondern nur eine Zweiereinteilung – *le Haut Moyen Âge* und vom 12. Jahrhundert an *le Bas Moyen Âge*.

Frühe Neuzeit

Die Geschichte der Frühen Neuzeit (engl.: *Early modern history*, frz.: *Histoire moderne*) hat sich erst in den letzten 40 Jahren etabliert und untersucht die Zeit zwischen dem 16. und 18. Jahrhundert Die Frühe Neuzeit wird genauer eingeteilt in den Anbruch der Renaissance (ca. 1350-1450), das Zeitalter der Entdeckungen (1415-1531 – was sich beides oft mit dem Untersuchungszeitraum von Spätmittelalter-Historikern überschneidet), das Zeitalter der Reformation und der Glaubensspaltung (Konfessionalisierung) (1517-1648), die Zeit des Absolutismus und der Aufklärung (ca. 1650-1789) sowie in die Zeit der Französischen Revolution (1789-1815). Der Beginn ist durch die Reformation, die Entwicklung der Staatsrechtslehre (Niccolò Machiavelli (1469-1527), Jean Bodin (1529-1596), Thomas Hobbes (1588-1679)) und der Entstehung des modernen Fürstenstaates sowie durch den Export europäischer Ideen und Technologien gekennzeichnet, z. B. in der Conquista Latein- und Mittelamerikas. In Deutschland und seinen Nachbarstaaten ist zweifellos auch der Dreißigjährige Krieg (1618-1648) ein gravierender Epocheneinschnitt, ferner das Jahr 1740 (Tod des letzten männlichen Habsburgers Karl VI., Beginn des Österreichischen Erbfolgekriegs und des Aufstiegs des friderizianischen Preußen).

Epocheneinschnitte Neuzeit

Als Ende der Frühen Neuzeit wird ziemlich einhellig das Jahr 1789 mit dem Beginn der Französischen Revolution als Epocheneinschnitt gesehen, weiterhin wäre zweifellos 1806 und das Ende des Heiligen Römischen Reichs deutscher Nation zu nennen. Europaweit von Bedeutung sind die Revolutionsjahre 1848/49 und der Beginn des Ersten Weltkriegs 1914. In weltgeschichtlicher Perspektive spielt das Jahr 1917 eine zentrale Rolle (Revolutionen in Russland mit dem Beginn der kommunistischen Herrschaft und mit dem Kriegseintritt der USA das Auftauchen Nordamerikas auf der weltpolitischen Bühne). Weitere Epocheneinschnitte sind zweifellos der Zweite Weltkrieg 1939-1945 und das Ende der Nachkriegszeit mit dem Zusammenbruch der kommunistischen Staaten um 1990 und der 11. September 2001.

Literatur: Hermann GROTEFEND, Taschenbuch der Zeitrechnung des deutschen Mittelalters und der Neuzeit. Hannover [14]2007; Leofranc HOLFORD-STREVENS, Kleine Geschichte der Zeitrechnung und des Kalenders. Stuttgart 2008 (RUB 18463); Hans LIETZMANN, Zeitrechnung der römischen Kaiserzeit, des Mittelalters und der Neuzeit für die Jahre 1-2000 nach Christus. Berlin [4]1983 (Sammlung Göschen 1085); Hans MAIER, Die christliche Zeitrechnung. Ihre Geschichte - ihre Bedeutung. Freiburg 2008; Wolfgang TRAPP, Heinz WALLERUS, Handbuch der Maße, Zahlen, Gewichte und der Zeitrechnung. Stuttgart [5]2006; Wolfgang TRAPP, Kleines Handbuch der Maße, Zahlen, Gewichte und der Zeitrechnung, Stuttgart [2]1996 (RUB 8737); - *zur Epochenfrage allgemein:* Romano GUARDINI, Das Ende der Neuzeit. Ein Versuch zur Orientierung Ostfildern, Paderborn [11]2006; Michael MAURER (Hg.), AHW 1: Epochen, Stuttgart 2005 (RUB 17027); Lutz NIETHAMMER, Posthistoire. Ist die Geschichte zu Ende? Reinbek 1989; Stephan SKALWEIT, Der Beginn der Neuzeit. Epochengrenze und Epochenbegriff, Darmstadt 1982; - *Zusammenfassungen zur Epochenfrage bei:* Alfred HAVERKAMP, Perspektiven des Mittelalters. In: Gebhardt. Handbuch der deutschen Geschichte, Bd. 1, Stuttgart [10]2004, S. 1-146, hier 43-48; Wolfgang REINHARD, Probleme deutscher Geschichte 1495-1806, in: Gebhardt. Handbuch der deutschen Geschichte, Bd. 9, Stuttgart [10]2001, S. 1-110, hier 47-63; Jürgen KOCKA, Das Lange 19. Jahrhundert, in: Gebhardt. Handbuch der deutschen Geschichte, Bd. 13, Stuttgart [10]2001, S. 23-43

4.2.2 Paläographie: Die Entwicklung der Schrift

Paläographie ist die Wissenschaft von der Entwicklung der Schrift. Die am meisten **Beschreibstoffe**
verwendeten Beschreibstoffe sind Wachstafeln, Papyrus, Pergament und Papier. Wachstafeln sind selten erhalten und insofern von geringer Bedeutung. Auch Papyrus spielt in
Europa eine untergeordnete Rolle, da es sich im hier meist feuchten Klima kaum einmal
erhalten hat. Seit dem frühen Mittelalter trat neben den Papyrus das Pergament, eine
Tierhaut, die vorzugsweise aus dem Leder von Schaf, Ziege oder Kalb gewonnen wurde.
Pergament ist robust und von langer Lebensdauer, aber es ist teuer. Eine Kultur wie die
des Mittelalters, die sich auf Pergament als Schriftträger stützte, musste zwangsläufig
relativ schriftarm sein. Erst die Einführung des im Fernen Osten schon lange bekannten
Papiers im Laufe des Hoch- und insbesondere des Spätmittelalters (erste Papiermühle in
Deutschland in Nürnberg kurz vor 1400) veränderte die Verhältnisse vollkommen: Jetzt
stand ein kostengünstiger Beschreibstoff zur Verfügung, mit dessen Hilfe man die riesigen Datenmengen sammeln konnte, die die Informationsrevolution der beginnenden
Neuzeit möglich machten.

Als Schreibgeräte standen jahrhundertelang Schreibgriffel für Wachstafeln zur Ver- **Schreibgeräte**
fügung (die Griffel wurden noch bis ins 20. Jahrhundert auch in Elementarschulen zum
Beschreiben von Schiefertafeln verwendet). Wesentlich wichtiger war Tinte als Schreib-
mittel, in der ursprünglichen Form die aus Galläpfeln hergestellte, hinsichtlich ihrer
Lebensdauer für Jahrtausende haltbare Eisengallustinte. Gängiges Schreibgerät für Tinte
war bis ins 18./19. Jahrhundert der Federkiel, der erst dann allmählich von Stahlfedern
und dem heute noch verwendeten Füllfederhalter verdrängt wurde. Bleistifte waren
ursprünglich tatsächlich holzummantelte Stifte aus Blei, seit dem Spätmittelalter dann
aber meist die noch heute üblichen Graphitstifte. Andere Schreibgeräte – Buntstifte,
Kugel- und Filzschreiber u. ä. – gehören fast alle erst dem 20. Jahrhundert an, ebenso
die sich von der Handschrift emanzipierenden Schreibgeräte wie die Schreibmaschine
und der Computer bzw. Computerdrucker.

Es ist zwar aufschlussreich, die Entwicklung der Handschriften seit der römischen **Bedeutung**
Antike zu verfolgen, in der Praxis des Studiums und erst recht der Schule spielt die **für Studium**
lange Geschichte der Schrift indessen keine große Rolle. Im Studium wird man es – von **und Schule**
speziellen Paläographie-Seminaren abgesehen – fast nie mit den Original-Handschriften
zu tun haben, sondern fast ausschließlich mit Editionen. Für den Schulalltag gilt dies
noch viel mehr. Im Zusammenhang mit Examens-, Magister- und Masterarbeiten kann
die Arbeit mit handschriftlichen Originalquellen allerdings erhebliche Bedeutung gewinnen. Sie kann dann vorkommen, wenn man es mit spätmittelalterlichen, frühneuzeitlichen und neuzeitlichen Themen bis in die erste Hälfte des 20. Jahrhunderts hinein
zu tun hat. Hier ist die Masse der Quellen nicht ediert, so dass der Umgang mit den
Originalen unumgänglich ist – und schon so manches spannende Thema konnte nicht
bearbeitet werden, weil der Interessent frustriert feststellen musste, dass er die Quellen
nicht lesen konnte. Dabei erweist sich das Lesen von Handschriften, wie viele erfolgrei-
che studentische Arbeiten zeigen, als keineswegs unüberwindliches Hindernis. Man
muss nur konsequent am Thema dran bleiben und darf sich nicht durch Enttäuschun-
gen in den ersten Wochen entmutigen lassen. Es sind verschiedene Lesehilfen verfügbar, die den Einstieg ins Entziffern und schließlich ins flüssige Lesen von Handschriften
erleichtern.

Literatur: Bernhard BISCHOFF, Paläographie des römischen Altertums und des abendländischen Mittelalters, Berlin ³2004 (Grundlagen der Germanistik 24); Harald HAARMANN, Universalgeschichte der Schrift, Frankfurt ²1991; Kurt DÜLFER, Hans-Enno KORN, Karsten UHDE, Schrifttafeln zur deutschen Paläographie des 16.–20. Jahrhunderts, Marburg ¹¹2004; Paul Arnold GRUN, Leseschlüssel zu unserer alten Schrift. Görlitz 1935 (Reprint Limburg 1984 = Grundriß der Genealogie 5); Jörg HEINRICH, Martin KLÖPFER, Abkürzungen und Schriftbesonderheiten in der Frühen Neuzeit aus altwürttembergischen Quellen. Stuttgart 2003; Karin SCHNEIDER, Gotische Schriften in deutscher Sprache, I. Vom späten 12. Jahrhundert bis um 1300, II. Die oberdeutschen Schriften von 1300 bis 1350, jeweils Text- und Tafelbd., Wiesbaden 1987, 2009; Karin SCHNEIDER, Paläographie und Handschriftenkunde für Germanisten. Eine Einführung, Tübingen 1999 (Sammlung kurzer Grammatiken germanischer Dialekte B, Ergänzungsreihe 8).

4.2.3 Epigraphik

Inschriften auf Stein, Holz

Die Epigraphik ist im Grunde eine Sonderform der Paläographie. Während die Masse der Schrift auf den traditionellen Beschreibstoffen Papyrus, Pergament und – vor allem – Papier steht, gibt es eine gewisse Menge schriftlicher Überlieferung auf unkonventionellen Beschreibstoffen: Tontafeln, Holz, Stein, Metall. Schrift auf Tontafeln spielte in den frühen Hochkulturen eine bedeutende Rolle. Die Keilschrift ist z. B. fast ausschließlich auf solchen Tontafeln überliefert. In Europa ist dagegen der Stein der wichtigste Inschriftenträger neben dem Papier (und dem teuren und raren Pergament). Das leichter vergängliche Holz spielt als Inschriftenträger eine geringere Rolle, ebenso die verschiedenen Metallarten.

Relevanz für die Schule

Während die Paläographie in der Praxis des Geschichtsunterrichts keine nennenswerte Rolle spielt (sie wird erst dann wichtig, wenn die Lehrkräfte selbst – was fast ausschließlich auf lokaler oder regionaler Ebene geschieht – forschend tätig werden), ist die Epigraphik von größerer praktischer Bedeutung, und zwar insbesondere im Rahmen außerschulischer Lernorte. Der künftige Lehrer und die künftige Lehrerin werden in ihrer Umgebung immer wieder auf Inschriften stoßen: Fast immer finden sich Inschriften in Kirchen, insbesondere auf den dort befindlichen Grabsteinen. Natürlich gehören auch die Inschriften auf den Grabsteinen ganz normaler Friedhöfe hierher, nur haben die Gräber und die dazu gehörigen Grabinschriften heutzutage oft keine lange Verweildauer: Bei einem „Ruherecht" von nur 15 Jahren – länger dauert heute für viele Tote die angeblich „ewige" Ruhe nicht – verschwinden auch die Grabinschriften entsprechend rasch. Man wird aussagekräftige Inschriften deshalb eher auf den relativ wenigen alten Friedhöfen finden, die nicht mehr dem ständigen Beerdigungsbetrieb dienen.

Aber nicht nur kirchliche Inschriften und Grabinschriften kommen in Frage: Auch Inschriften auf Bauwerken – und sei es nur eine ganz banale Jahreszahl – enthalten oft historische Informationen, die andernorts nicht überliefert sind.

Insbesondere Inschriften auf Stein haben den großen Vorteil, dass sie wesentlich dauerhafter sind als Inschriften auf anderen Materialien. Wir wissen z. B., dass die Römer im Gebiet des heutigen Deutschland, Österreich oder der Schweiz eine umfangreiche schriftliche Verwaltung hatten, die meist Papyrus als Schreibstoff verwendete. Dieser vergängliche Stoff ist – anders als in Ägypten, wo im trockenen Klima Manches erhalten geblieben ist – längst dahin. Aber was die Römer in Stein haben meißeln lassen, das ist auch in Mitteleuropa noch da. Fast unser gesamtes Wissen über die Römer rings um den Rhein und die Donau stammt (soweit es sich nicht überhaupt um die Resultate archäologischer Ausgrabungen handelt) aus Bau-, Weihe- und Grabinschriften. Ganz selten sind römische Militärdiplome auf Metalltafeln erhalten, noch viel seltener kleine Texte auf Wachstafeln oder auf Holz. Man erfährt aus den römischen Inschriften, welche Götter verehrt wurden, welche Personen aus welchen Völkern in den römischen Orten lebten, welche militärischen Einheiten wann wo stationiert waren, welche Kriege und anderen Katastrophen sich abgespielt haben usw.

Inschriften-
Editionen

Die Altertumswissenschaft hat sich schon früh bemüht, die grundsätzlich in lateinischer Sprache abgefassten römischen Inschriften zu sammeln. Das gigantische Quellenwerk heißt *Codex Inscriptionum Latinarum* (Codex der lateinischen Inschriften, abgekürzt CIL). Einzelne Bände betreffen auch die Inschriften aus dem Gebiet des heutigen Deutschland, Österreich und der Schweiz. Der *Codex Inscriptionum Graecarum* (Codex der griechischen Inschriften, CIG) und dessen Nachfolgereihe *Inscriptiones Graecae* (Griechische Inschriften, IG) betrifft Mitteleuropa - von wenigen Ausnahmen abgesehen - nicht, sei aber der Vollständigkeit halber erwähnt. In verschiedenen Gegenden gibt es auch regionale Inschrifteneditionen, die das römische Inschriftenmaterial leicht zugänglich zusammenfassen. In den zahlreichen regionalen und lokalen Museen wird man immer wieder einzelne römische Inschriften im Original bewundern können. Wenn man sich vorher aus den genannten Editionen kundig gemacht hat, kann man derlei Originale nutzbringend in seinen Unterricht einbauen.

Neben der Fülle der römisch-lateinischen Inschriften spielen die Inschriften der keltischen oder germanischen Völker von ihrer Zahl her so gut wie keine Rolle. Bemerkenswert sind germanische Inschriftensteine mit Runen - aber diese kommen hauptsächlich in Skandinavien vor, zum kleineren Teil auch in Norddeutschland. Raritäten sind Runeninschriften auf Holz oder Metall. Berühmt ist hier z. B. die sog. :dorih-Inschrift auf der Lanzenspitze von Wurmlingen aus den Jahren kurz vor 600 - und zwar weil die Endung auch –h (gesprochen –ch) ein sprachgeschichtlich wichtiger Beleg dafür ist, dass damals bereits die Erste Lautverschiebung von k nach ch stattgefunden hatte (sonst müsste es :dorik) heißen.

Deutsche
Inschriften

Die mittelalterlichen Inschriften weckten das Interesse der Wissenschaft erst viel später, als das bei den antiken Inschriften der Fall war. Erst kurz vor dem Beginn des Zweiten Weltkriegs begann man mit einem ähnlich ehrgeizigen und ähnlich groß angelegten Sammelprojekt, wie es der CIL und der CIG waren. Das Projekt erhielt den Titel „Die deutschen Inschriften". Landkreis- oder (bei entsprechend umfangreicher Überlieferung) gar städteweise sollten alle Inschriften des Deutschen Reiches bis zum Jahr 1650 dokumentiert und ggf. übersetzt werden. Das Projekt hatte kaum begonnen, da kam der Zweite Weltkrieg dazwischen. Erst nach vielen Jahrzehnten griff man die Edition der „Deutschen Inschriften" (DI) wieder auf - außer in Deutschland erscheint die gleiche Reihe übrigens auch in Österreich. Ganz anders als in Deutschland und in Österreich wird die Inschriftenedition in der Schweiz gehandhabt. In der Schweiz wurden in der vierbändigen Reihe *Corpus inscriptionum medii aevi Helveticae* bisher nur die relativ wenigen Inschriften bis 1300 erfasst. Es gibt aber Überlegungen, künftig in einer neuen Reihe auch jüngere Inschriften zu erfassen.

Betrieben wird das Projekt der DI von den Inschriftenkommissionen der Akademien der Wissenschaften. Es steckt noch mitten in der Arbeit. Für zahlreiche Kreise und Städte sind die entsprechenden Bände schon erschienen, für viele noch nicht. Der Titel „Die deutschen Inschriften" führt insofern in die Irre, als es sich keineswegs nur um Inschriften in deutscher Sprache handelt. Bis ins 14. Jahrhundert hinein waren die

Inschriften fast alle lateinisch, und das Lateinische blieb bis zum Ende des Editionszeit-
raums – also bis 1650 – häufig. Anders als der CIL und die IG übersetzen die DI aber
alle fremdsprachlichen Texte, was die gesamte Edition benutzerfreundlich macht.

Als Quelle liefern die DI Informationen über Personen, politische Machtverhältnisse,
Bautätigkeiten, Mentalitäten. Für Lehrkräfte kann es grundsätzlich eine lohnende Tätigkeit sein, die Inschriften nach 1650 zu dokumentieren. Insbesondere wenn es sich um
leicht lesbare Kapitalis-Inschriften oder reine Jahreszahlen handelt, kann man hier sogar
Schulklassen als Sammler einsetzen. Die nach 1650 nicht seltenen Fraktur-Inschriften
bereiten dagegen erfahrungsgemäß mehr Probleme.

Schriftformen   In ihren Schriftformen haben Inschriften nur bedingten Bezug zu Handschriften.
Vielmehr kann man bei Inschriften grundsätzlich davon ausgehen, dass bei ihrer Anfer-
tigung größerer Wert auf Exaktheit gelegt wurde als bei Geschäftsschriftgut. Abgesehen
von ganz frühen Kapitalis-Inschriften kann man folgende Inschriften-Typen unterscheiden: romanische Majuskel und Minuskel, gotische Majuskel und Minuskel, verschiedene Kapitalis-Formen seit der Renaissance und dann Frakturschriften, die in der Renaissance beginnen und über das Barock bis ins 19. und 20. Jahrhundert reichen. Romanische und gotische Schriften sind erfahrungsgemäß für Nicht-Fachleute nicht spontan zu
lesen. Leichter tut man sich mit Kapitalis-Schriften. Fraktur taucht in so vielen unterschiedlichen Varianten auf, dass sich allgemeine Aussagen verbieten. Will man im Unterricht auf lokale und regionale Inschriften zurückgreifen, empfiehlt es sich – soweit
nicht bereits eine Edition in der Reihe „Die deutschen Inschriften" vorliegt – erst einmal das zu behandelnde Objekt zu fotografieren, da man auf dann die Inschrift ggf.
auch drehen und auf den Kopf stellen kann, was der Lesbarkeit sehr zugute kommt.

Literatur: Einführungen: Günther KLAFFENBACH, Griechische Epigraphik. Göttingen 1966;
Rudolf M. KLOOS, Einführung in die Epigraphik des Mittelalters und der Frühen Neuzeit,
1980; Ernst MEYER, Einführung in die lateinische Epigraphik, Darmstadt [2]1983; *Editionen:*
Codex Inscriptionum Latinarum, 17 Bde., 13 Ergänzungsbde. Berlin u. a. 1853ff; Codex
Inscriptionum Graecarum. 4 Bde. und Registerband, Berlin 1828-1877; Inscriptiones
Graecae, 49 Bde., Berlin 1873-2007; Die deutschen Inschriften. Hg. v. d. Akademien der
Wissenschaften in Düsseldorf, Göttingen, Heidelberg, Leipzig, Mainz, München und der Ös-
terreichischen Akademie der Wissenschaften in Wien. Wiesbaden u. a. 1938 bis 2009 (bis
Ende 2009: 78 Bde.); Corpus inscriptionum medii aevi Helveticae, 4 Bde., Hg. v. Christoph
JÖRG und Wilfried KETTLER, Freiburg i. Ü. 1977-1997; *als Beispiel für eine regionale Inschriften-
edition sei genannt:* Ferdinand HAUG, Die römischen Inschriften und Bildwerke Württembergs
von Haug und Sixt, Stuttgart [2]1914

4.2.4 Heraldik und historische Symbolkunde

Heraldik ist Wappenkunde, also die Lehre vom Aussehen und der Bedeutung von
Wappen. Wappen sind Erkennungssymbole, die insbesondere in der abendländischen
Kultur erhebliche Bedeutung gewonnen haben. Zwar hat es Erkennungssymbole schon
in der Antike gegeben – erwähnt sei etwa die römische Wölfin oder der römische Adler
–, aber das sind keine Wappen im eigentlichen Sinne.

Wappen: Erkennungszeichen waren im Mittelalter so lange kaum nötig, wie der Kämpfer indi-
Entstehung viduell erkennbar blieb, m. a. W., so lange, wie sein Gesicht durch Helm und Panzerung
nicht verborgen wurde. Im 12. Jahrhundert verdeckten aber Kettenpanzer und Helm
zunehmend das Gesicht des Kämpfers, so dass dieser an seinen Kleidern oder Waffen in
klar sichtbarer Weise kenntlich machen musste. Besonders geeignet für ein solches

Erkennungszeichen war der damals spitz-dreieckige Schild, auf dem seit der ersten Hälfte des 12. Jahrhunderts solche Zeichen auftauchen. Bald brachte man diese Zeichen auch auf der Kleidung an und ergänzte sie durch weitere Zeichen, die am Helm angebracht waren.

Anfangs beschränkten sich die Wappen auf einige besonders repräsentative Tiere (Adler, Löwe, seltener Leopard bzw. Panther, Stier, Eber, Drache, ganz selten Elefant u. a.) und auf einige wenige geometrische Grundformen: Ein senkrechter oder waagrechter Strich, eine diagonal geteilte Farbgebung, ein Kreuz, ein Stern. Die Heraldik hat für solche Grundformen ein eigenes Vokabular geschaffen. Zunächst einmal werden alle heraldischen Zeichen aus der Perspektive des Schildträgers gesehen, d. h. heraldisch links ist vom Betrachter aus gesehen rechts, heraldisch rechts ist vom Betrachter aus gesehen links. Die weiteren Details der heraldischen Terminologie ergeben sich aus den Abbildungen und ihrer Beschriftung. Ursprünglich waren auch alle Wappen farbig. Für die billigere schwarz-weiße Abbildung farbiger Wappen haben die

Ein Adler ist mit das älteste heraldische Symbol – hier der schwarze Adler mit rotem Schnabel und roten Fängen auf goldenem Grund (Reichswappen um 1300).

Heraldiker sog. Tinkturen entwickelt, die Farben symbolisieren (schwarz = schwarz, weiß = Silber bzw. weiß, punktiert = Gold bzw. gelb usw.). Grundsätzlich ist bei den Wappen darauf zu achten, dass nie eine Metallfarbe (Gold oder Silber) mit einer Nicht-Metallfarbe zusammenstößt; die einzige Ausnahme sind die römisch-katholischen Kirchenfarben, die aus Gold und Silber bestehen. Die frühen Wappen dürften alle zweifarbig gewesen sein, eine dritte Farbe tauchte allenfalls marginal auf: So besteht das Reichswappen aus einem schwarzen Adler auf goldenem Grund, lediglich der Schnabel und die Krallen des Adlers sind rot. Die drei Farben sollten im 19. Jahrhundert zu der schwarz-rot-goldenen deutschen Trikolore Anlass bieten (wobei das Zusammenstoßen zweier Nichtmetallfarben in der deutschen Fahne heraldischen Prinzipien eigentlich widerspricht. Eigentlich müsste die Farbfolge schwarz-gold-rot sein, wie in der belgischen Fahne). Ursprünglich trugen nur Hochadelsgeschlechter eigene Wappen. Abhängige Ministerialengeschlechter oder seit dem 13. Jahrhundert Niederadelsfamilien trugen anfangs das Wappen ihrer hochadligen Herren, nach und nach allerdings in Farbe und Form variierend. So erscheinen beispielsweise Ministerialen der Markgrafen von Baden, die selbst einen von heraldisch rechts nach links absteigenden roten Schrägbalken auf goldenem Grund trugen, mit rotem Schrägbalken auf silbernem Grund,

Grundformen, Motive

Ministerialen, Niederadel

Die Wappen der Schweizer Kantone, in der Mitte das Bundeswappen der Schweizerischen Eidgenossenschaft.

blauem Schrägbalken auf goldenem Grund, mit heraldisch links nach rechts absteigenden Schrägbalken, mit rotem Querbalken auf goldenem Grund usw.

Ähnliche Wappenbilder

Verwandte Hochadelsgeschlechter hatten oft gleiche Wappenbilder in unterschiedlichen Farben. So hatten die Grafen von Württemberg 3 schwarze Hirschgeweihstangen

Das Wappen der Grafschaften Württemberg und Mömpelgard.

Das Wappen des Herzogtums Württemberg 1495.

auf goldenem Grund, die eng verwandten Grafen von Landau drei blaue Hirschgeweihstangen auf goldenem Grund. Wappenähnlichkeit kann also sowohl Verwandtschaft als auch Zugehörigkeit zu einem Gefolge anzeigen und ist insofern ein wichtiges Indiz für politische Zusammenhänge, wenn andere Quellen fehlen.

Städte hatten ursprünglich keine eigenen Wappen, sondern trugen die Wappen ihrer Herren: Reichsstädte fast immer den Reichsadler, Landstädte das Wappen ihrer Landesherren. Im Laufe der Zeit ergaben sich – analog zu den Verhältnissen bei Verwandtschaft oder Gefolge – gewisse Variationen in Farbe und Form, aber das Grundbild enthielt doch immer das ursprüngliche Zeichen.

Allianzwappen

Da die wenigen zur Verfügung stehenden repräsentativen Tiere und geometrischen Grundformen und Farben recht schnell vergeben waren, mussten bei jüngeren Wappen auch weniger klare Formen verwendet werden. Eine andere Eigentümlichkeit der jüngeren Entwicklung ist auch die Entstehung sog. kombinierter Wappen oder Allianzwappen. Deren Ursprung ist leicht verständlich: Ein Adliger wurde per Heirat Erbe der in Manneslinie erloschenen Familie seiner Ehefrau. Um nun seine Rechtsansprüche auf das Erbe der Frau zu untermauern, nahm er das Wappen seiner Frau in sein eigenes auf: Die Grafen von Württemberg erscheinen, nachdem sie 1398 die Grafschaft Mömpelgard (Montbéliard) erheiratet hatten, oft mit einem Doppelwappen, in dem die drei württembergischen Hirschgeweihstangen auf goldenem Grund und die beiden silbernen Barben (Fische) von Mömpelgard auf rotem Grund kombiniert wurden. Solche Zweier-Allianzwappen konnten im Laufe der Zeit immer mehr erweitert werden: Das württembergische Herzogswappen von 1495 war geviertelt und enthielt zusätzlich auch noch die Reichssturmfahne und die schwarz-goldenen Rauten von Teck. Bis zum Ende des Alten Reiches 1806 kamen noch zahlreiche weitere territoriale Erwerbungen hinzu, die allesamt in das zunehmend kleinteiligere und unübersichtlichere württembergische Allianzwappen Eingang fanden. In noch ausgeprägterer Weise stellte das Wappen der Habsburger ein buntes Bild aller Länder und Herrschaften dar, die das Haus Habsburg im Lauf der Jahrhunderte erworben hatte. Im Vollwappen der Habsburger waren schließlich auch die württembergischen Hirschgeweihstangen vertreten – denn von 1520–1534 stand Württemberg unter habsburgischer Herrschaft, und auch wieder verlorene Länder blieben im Wappenbild erhalten, um so für alle Eventualitäten der Zukunft eine Art fortbestehenden Rechtsanspruch zu dokumentieren.

Im Laufe der Zeit verloren die Wappen auch ihren exklusiv adligen Charakter: Wie erwähnt, war der Niederadel spätestens im 13. Jahrhundert wappenführend. Im weiteren Verlauf des Spätmittelalters erwarben auch viele bürgerliche Geschlechter das Recht zur Wappenführung. Wappenführung muss also keineswegs bedeuten, dass ein bürgerliches Geschlecht geadelt wurde. Heute darf sich jeder ein Wappen zulegen. Dieses muss lediglich, um offiziell anerkannt zu werden, in die Deutsche Wappenrolle eingetragen werden.

Bürger

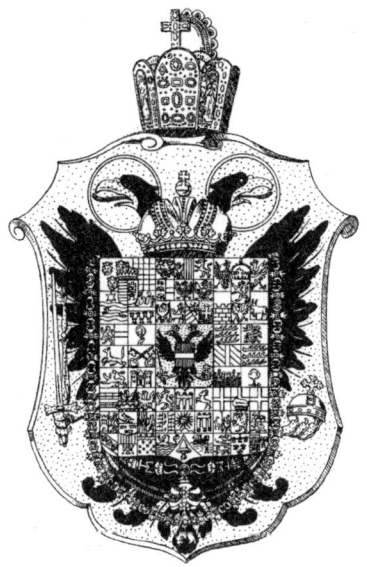

Erwähnt werden müssen noch die sog. „sprechenden Wappen". Bei ihnen bildet das Wappenmotiv sozusagen den Namen des Geschlechts ab. Solche sprechenden Wappen kamen durchaus auch im Hochadel vor – die Grafen von Löwenstein führen einen Löwen, der über drei Berge bzw. Steine schreitet, als Wappen – sind aber im Niederadel und im Bürgertum häufiger: Die Metzgerfamilie, die ein Metzgersbeil, oder die Musikerfamilie, die eine Trompete im Wappen führt, sind typische Beispiele.

Sprechende Wappen

Das Wappen des Hauses Habsburg um 1800 – ein durch viele Einzelwappen unübersichtlich gewordenes Allianzwappen.

Da Wappen auch an zahlreichen Gebäuden, auf alten Grabsteinen oder – besonders aktuell – auf Fahnen vorkommen, ist man als Geschichtslehrer oder -lehrerin bei außerschulischen Terminen immer wieder mit heraldischen Fragen konfrontiert und sollte entsprechend kundig sein. Heraldik ist also alles andere als ein für den schulischen Alltag irrelevantes Orchideenfach.

Unmittelbar an die Heraldik schließt sich die Historische Symbolkunde an. Zwar sind mit dem Ende des Alten Reiches 1806 die Wappen keineswegs verschwunden – jedes deutsche oder österreichische Bundesland, jeder schweizerische Kanton, jede Stadt und natürlich der jeweilige Gesamtstaat führen ein Wappen –, aber die Bedeutung der Wappen ist hinter anderen Symbolen doch zurückgetreten. Die wichtigsten Erkennungszeichen heutiger Staaten sind nicht mehr die Wappen, sondern die Fahnen bzw. Flaggen. Definitorisch sind Fahnen Einzelstücke, Unikate, Flaggen sind in Serie hergestellt.

Historische Symbole

Fahnen als Erkennungszeichen insbesondere militärischer Einheiten hat es zwar schon im Mittelalter und in der frühen Neuzeit gegeben. Im 16. und 17. Jahrhundert war das „Fähnlein" sogar die offizielle Bezeichnung für militärische Einheiten, und in den Bundschuhaufständen und im Bauernkrieg marschierten die Bauernhaufen oft unter handgemalten Fahnen mit dem Bauernsymbol des Bundschuhs auf. Die Französi-

Fahnen und Flaggen

sche Revolution markiert in der Wappen- und Symbolentwicklung einen merklichen Einschnitt. Zum einen wurde die vertikal blau-weiß-rot gestreifte Fahne zum National-symbol, zum andern wurde diese Trikolore nun massenweise hergestellt und damit zur Flagge. In der schwarz-rot-goldenen Variante, bei der sich bald eine horizontale Anord-nung der Farben durchsetzte, verfügten auch die deutschen Demokraten seit dem Vor-märz über eine Trikolore. Das österreichische Rot-Weiß-Rot ist keine Revolutionsfahne (die österreichischen Demokraten traten 1848 noch unter Schwarz-Rot-Gold an), son-dern durch die Übernahme der alten Farben der Habsburgermonarchie bedingt. Die Schweiz mit ihren bis ins Mittelalter zurückreichenden demokratischen Traditionen hat sich dem Trend zur Trikolore als Nationalflagge nie angeschlossen, sondern führt – abgeleitet von der ähnlichen Flagge des Urkantons Schwyz – das berühmte weiße Kreuz auf rotem Grund.

Trikoloren   Für die Farbenwahl der nationalen Trikoloren konstruierte man mehr oder minder stimmige Begründungen: So soll die französische Trikolore auf das Rot-Blau der Stadt Paris kombiniert mit dem königlichen Weiß zurückgehen, das deutsche Schwarz-Rot-Gold leitete man vom schwarzen Reichsadler mit rotem Schnabel und roten Fängen auf goldenem Grund ab (oder von der schwarzen Uniform der Lützower Jäger mit roten Aufschlägen und goldenen Knöpfen in den Befreiungskriegen 1813/14), während das österreichische Rot-Weiß-Rot auf die Zeit der Kreuzzüge zurückgehen soll, als am blut-rotverschmierten ursprünglich weißen Gewand des Herzogs von Österreich dort ein weißes Band übriggeblieben sei, wo der Gürtel saß. Da dem 1867 entstehenden Nord-deutschen Bund und dem daraus 1871 entsprossenen Deutschen Reich das Schwarz-Rot-Gold mit gutem Grund als zu demokratisch suspekt schien, wählte man mit Schwarz-Weiß-Rot eine völlig neue Nationalflagge, die das Schwarz-Weiß Preußens mit dem Rot der Hansestädte kombinierte.

Die Nationalsozialisten haben diese Farben übernommen, aber mit dem heidnischen Glücks- und Sonnensymbol des schwarzen Hakenkreuzes in weißem Kreis auf rotem Grund kombiniert.

Revolutionäre Bewegungen   Überhaupt rückten die wichtigsten neuen sozialen und politischen Bewegungen des 19. und 20. Jahrhunderts wieder von den Trikoloren ab. Unter den Kommunisten wurden Hammer und Sichel und bald auch der Rote Stern zu Symbolen gewählt, als Flagge führte man entweder eine einfarbig rote Flagge oder eine Flagge mit den genann-ten, nun gelb gezeichneten Symbolen auf rotem Grund. Übrigens hatten auch die Nati-onalsozialisten die flächenmäßig dominierende rote Farbe ihrer oben beschriebenen Hakenkreuzflagge in bewusster Anlehnung an das Rot der Kommunisten gesucht. Der italienische Faschismus führte das namengebende Rutenbündel der *fasces*, die ihrerseits auf ein altrömisches Symbol höchster Amtsgewalt zurückgriffen.

Literatur: – *Heraldik:* Jürgen ARNDT, Lothar MÜLLER-WESTPHAL (Hg.), Wappenbilderord-nung. Symbolum armorialium ordo, 2 Bde. Neustadt an der Aisch 1990-1996; Donald L. GALBRAITH, Léon JÉQUIER, Handbuch der Heraldik, München 1989; Walter LEONHARD, Das große Buch der Wappenkunst. Entwicklung, Elemente, Bildmotive, Gestaltung, Augs-burg ⁴2001; Otfried NEUBECKER, Heraldik. Wappen – ihr Ursprung, Sinn und Wert, Luzern 1990, Reprint München 2002; Otfried NEUBECKER, Großes Wappen-Bilder-Lexikon der bürgerlichen Geschlechter Deutschlands, Österreichs und der Schweiz, Augsburg 1997; Gert OSWALD, Lexikon der Heraldik, Mannheim u. a. 1985; Leonhard WALTER, Das große Buch der Wappenkunst. Entwicklung, Elemente, Bildmotive, Gestaltung, München 1976; – *Symbo-le, Fahnen, Flaggen:* Gordon CAMPBELL, Idrisyn O. EVANS, The Book of Flags, Oxford ⁷1981; Christian F. PEDERSEN, Wilhelm PETERSEN, Internationales Wappen- und Flaggenlexikon in Farben, bearb. von Karl FACHINGER, Berlin 1970; Hans REICHARDT, Harry D. SCHURDEL,

Fahnen und Flaggen, Augsburg [10]1988; Harry D. SCHURDEL, Flaggen und Wappen: Deutschland, Augsburg 1995; Paul WENTZKE, Die deutschen Farben, 1927 (Reprint 1955)

4.2.5 Sphragistik: Siegelkunde

Sphragistik oder Siegelkunde ist noch mehr eine Spezialwissenschaft als die Paläographie, die Epigraphik und die Heraldik. Dabei berühren sich Heraldik und Sphragistik nicht selten. Was aber ist ein Siegel? Ein Siegel ist ein Beglaubigungssymbol, durch das Dokumente, insbesondere Urkunden, überhaupt erst Rechtskraft erlangten. Bei Briefen, die keinen Dokumentencharakter hatten, war das Siegel – mit dem der Brief häufig verschlossen wurde – das Zeichen, dass der Verfasser diesen Brief auch tatsächlich geschrieben und dass ihn außer dem Adressaten noch niemand gelesen hatte.

Das Material der Siegel war im Mittelalter und in der Neuzeit meist braunes oder gelbliches Bienenwachs, später auch eingefärbtes rotes oder grünes Siegelwachs. Besondere Urkunden hatten oft Siegel aus Blei – so meist die Papsturkunden – oder gar (bei Urkunden von außergewöhnlicher Bedeutung) – aus Gold. Man spricht dann auch von Blei- oder Goldbullen.

Wachs, Blei, Gold

In die Wachssiegel drückte der Aussteller der Urkunde oder des Briefes seinen Siegelstempel ein. Solche Siegelstempel waren oft recht groß, bei Kaiserurkunden wurden bei kreisrunder Form oft Durchmesser von etwa 10 cm erreicht. Viel kleiner waren Siegelringe, die erst im Laufe des Spätmittelalters und der Frühen Neuzeit aufkamen. Im Laufe der Zeit variierte auch die Form der Siegel und ihr Anbringungsort: Neben die großen kreisrunden Siegel traten im 13. Jahrhundert dreieckige Siegel in Form eines Schildes, neben denen dann im 14./15. Jahrhundert wieder kleinere kreisrunde Siegel auftauchten. Bis weit ins 12. Jahrhundert hinein war es üblich, die Siegel direkt auf dem Pergament der Urkunde anzubringen, dann hängte man das Siegel an Pergamentbändchen oder bunten Schnüren von meist etwa 5–15 cm Länge, die mit einem Schnitt durch das Urkundenpergament gezogen und auf diese Weise befestigt waren, unten an die Urkunden dran. Originell ist dabei, dass auf der Rückseite der Siegel bis heute häufig die tief eingepressten Fingerkuppen der Personen vorhanden sind, die die Urkunden ausgestellt haben. Manchmal erkennt man sogar noch die Fingerlinien von Personen, die seit vielen Jahrhunderten tot sind, man hat also quasi noch die Fingerabdrücke. Blei- und Goldbullen wurden nicht mit einem Siegelstempel angefertigt, sondern waren jeweils Sonderanfertigungen (wobei die päpstliche Kanzlei angesichts der riesigen Zahl der von ihr verwendeten Bleibullen diese in Serie herstellen und auf Vorrat bereithalten ließ).

Wachs-, Blei- und Goldsiegel sind heute nicht mehr in Gebrauch. In Form des „Dienstsiegels" begegnet man dem Begriff aber immer noch: Im Verwaltungsdeutsch ist ein Dienstsiegel heute ein Stempel – und in der Tat werden heutige amtliche Dokumente immer noch erst dann gültig, wenn sie ein solches Dienstsiegel aufweisen.

Dienstsiegel, Stempel

Mit der Heraldik ist die Sphragistik insofern verwandt, als seit dem 12. Jahrhundert fast alle Siegel Wappenbilder aufweisen. Genau dasselbe Zeichen, das der Adlige oder die Stadt auf ihren Schilden oder Fahnen führte, erschien auch auf den Siegeln. Wappen sind auf Siegeln sogar besonders häufig überliefert – denn Schilde und Fahnen aus dem Mittelalter sind kaum noch erhalten, Siegel dagegen in großer Zahl.

Bedeutung　　　　Die Fähigkeit, Siegel zu erkennen und richtig zuzuordnen, ist ein wichtiger Aspekt der äußeren Quellenkritik. Bei den häufigen Versuchen, im Mittelalter Urkunden zu fälschen, mussten die Fälscher oft auch Siegel fälschen. Da aber ein Fälscher des Hochmittelalters meist nicht mehr so recht wusste, wie die Siegel des Frühmittelalters ausgesehen hatten, kamen beim Fälschungsversuch Siegel heraus, die heutige Historiker rasch als Fälschung erkennen können.

Im Studium und in der Schule wird man es selten mit Siegeln zu tun haben. Man sollte aber auch hier über einige Grundkenntnisse verfügen und sollte sich insbesondere darüber klar sein, dass sie als Stempel mit Rechtsbedeutung bis in die Gegenwart weiter existieren.

Literatur: Wilhelm EWALD, Siegelkunde, 1914 (Reprint 1978, = Below-Meineckes Handbuch); Eckart HENNING, Zum gegenwärtigen Stand der Siegelforschung in Deutschland und Österreich, in: BDLG 120 (1984), S. 549-562; Eckart HENNING, Siegel und Wappen 1982–1986, in: ebd., 125, 1989, S. 300–304; Erich KITTEL, Siegel, Braunschweig 1970; Konrad KRIMM, Herwig JOHN, Bild und Geschichte. Studien zur politischen Ikonographie. FS für Hansmartin Schwarzmaier zum 65. Geburtstag, Sigmaringen 1997; Otto Adalbert POSSE, Die Siegel der deutschen Kaiser und Könige von 751 bis 1806, 4 Tafelbde., 1 Textbd. Dresden 1909-13, Reprint 1981

4.2.6 Numismatik und Geldgeschichte

Etwas häufiger wird man im Studium und insbesondere in der Schule historischem Geld – z. B. in Form von Inflationsgeld – begegnen. Die Numismatik beschäftigt sich im engeren Sinne mit dem Geld und seiner Geschichte, vornehmlich mit den Münzen, denn Geld in Papierform ist eine vergleichsweise junge Angelegenheit.

Münzen und Chronologie　　　Insbesondere für Epochen, für die wenige schriftliche Quellen vorliegen – also lange Phasen des Altertums, dann insbesondere für das gesamte Frühmittelalter, aber auch noch für Teile des Hoch- und Spätmittelalters – ist der Quellenwert von Münzen erheblich. Denn oft sind Münzen die einzigen Fundstücke überhaupt. Ihr Quellenwert liegt darin, dass sie meist – z. B. durch die Abbildung einzelner Herrscher – genau datierbar sind, und entsprechend sind Münzfunde im Zusammenhang anderer archäologischer Funde und Befunde besonders wertvoll. Sie erlauben dann eine klare zeitliche Einordnung der anderen, meist nicht eindeutig datierbaren Grabungsergebnisse.

Geldgeschichte　　　Im weiteren Sinne spricht man bei der Beschäftigung mit Geld und Münzen nicht von Numismatik, sondern von Geldgeschichte. Die eigentliche Numismatik ist eine Spezialwissenschaft, in der „normale" Historiker rasch am Ende ihrer Kompetenz angelangt und auf die Hilfe hoch spezialisierter Fachleute angewiesen sind. Auch begegnet man numismatischen Spezialproblemen im Alltag der historischen Arbeit eher selten. Dagegen wird man mit Aspekten der Geldgeschichte viel häufiger konfrontiert, ja sie spielen mit ihren wirtschaftsgeschichtlichen Aspekten sogar eine ganz zentrale Rolle. Konkret sieht das so aus, dass einem nicht nur alte Münze als Fundstücke begegnen, sondern Nennungen von Geldbeträgen in schriftlichen Quellen. Da ist dann die Rede von Sesterz, Taler, Gulden, Pfund, Mark, Schilling, Batzen, Groschen, Heller, Pfennig usw. Nun sind einem einzelne Begriffe durchaus noch geläufig: Mark, Pfennig, Schilling und Gulden waren ja bis vor wenigen Jahren noch gängige Währung in Deutschland, Österreich und den Niederlanden, das Pfund ist es bis heute in Großbritannien – aber man kann leicht vermuten, dass die aktuellen Währungen dieses Namens nicht iden-

tisch mit denen früherer Jahrhunderte sind. Andere Begriffe sind aus unserer Erfah-
rungswelt völlig verschwunden. Den Taler gibt es seit langem nicht mehr, sieht man
einmal davon ab, dass der heutige Dollar etymologisch vom Wort Taler abgeleitet ist.

Wer auf die Erwähnung von Geldbeträgen trifft, muss einige Grundtatsachen der
Geldgeschichte wissen. Im Folgenden soll auf die ganz unüberschaubare Geldgeschichte
der Griechen und anderer Völker der vormittelalterlichen Zeit nicht weiter eingegangen
werden. Die einzige Ausnahme ist das Geldsystem des Imperium Romanum, nicht
zuletzt auch weil Teile der Währung der Römer Vorbildcharakter für das gesamte Mittelalter hatten. Selbstverständlich war auch das Geld der Römer im Lauf der Jahrhunderte vielfältigen Veränderungen ausgesetzt, aber es lassen sich doch einige Grundtatsachen festhalten: Die am weitesten verbreitete Münze der Römerzeit war der Sesterz,
ursprünglich eine Silbermünze, seit der Zeit Caesars aber auch in Bronze bzw. Messing
ausgemünzt. Um den Sesterz herum baute sich ein Münzsystem auf, das auf Vielfachen
oder Bruchteilen des Sesterzes beruhte. In der Kaiserzeit galten folgende Münzen und
Umrechnungswerte: Größte Münzeinheit war der Aureus, eine Goldmünze, die 25
(Silber-)Denare wert war. Der Denar seinerseits galt 4 (Messing-)Sesterzen, der Sesterz 2
(Messing-)Dupondii, ein Dupondius wiederum 2 (Kupfer- oder Bronze-)Asse, ein As 2
(Messing-)Semisses, ein Semis 2 Quadrantii.

Imperium
Romanum

Die Grundlagen der mittelalterlichen Geldgeschichte gehen auf Karl den Großen zurück, der aus einem Pfund Silber 240 Pfennige schlagen ließ, wobei ein Pfund damals
408 g entsprach. Den Pfennig sah man als identisch mit dem *denarius* des untergangenen
Imperium Romanum an, weshalb sich der Pfennig in den Quellen meist mit dem Kürzel
d abgekürzt findet (*denarius*). Als Zähleinheit zwischen Pfund und Pfennig gab es den
Schilling. Abgekürzt sind Pfund und Schilling in den Quellen meist als lb (lat. *libra*) und
ß. Insgesamt war also 1 lb = 20 ß = 240 d oder 1 ß = 12 d. Diese Umrechnung war in
Großbritannien bis 1971 üblich, bevor man sich auch dort zum Übergang zu einer
Dezimaleinteilung des Pfundes entschloss. Der auf den Pfennig aufgeprägte Geldwert
entsprach ursprünglich genau dem Metallwert des Pfennigstückes: 1,7 g Silber war ein
Pfennig, und der Besitzer einer solchen Münze hätte seinen Pfennig also auch einschmelzen können.

Silberwährung

Nennwert und Sachwert der Münze waren also ursprünglich identisch. Man redet in
diesem Falle von Kurantgeld. Heute sind Nennwert und Metallwert einer Münze (und
erst recht nicht eines Geldscheines) längst nicht mehr identisch. Der Sach- bzw. Metallwert eines eingeschmolzenen Eurostückes entspricht nur noch Bruchteilen eines Cents,
aber keinesfalls dem eines Euros. Wenn das einzelne Eurostück trotzdem einen gewissen
Wert besitzt, der weit über den Metallwert hinausgeht, so liegt dies in der Tatsache
begründet, dass die Staaten, in denen der Euro die Währung ist, für den Wert es einzelnen Eurostücks garantieren und sozusagen Kredit geben. Man redet in diesem Falle von
Kreditgeld.

Kurant- und
Kreditgeld

Die unter Karl dem Großen einzig geprägte Münze war allerdings der Pfennig, d. h.
Pfund und Schilling waren zunächst reine Recheneinheiten. Im Laufe der Jahrhunderte
änderte sich die Zahl der aus einem Pfund Silber geschlagenen Pfennige immer wieder.
Dies ist aber ein derart komplizierter Sachverhalt, dass es unmöglich ist, die vielen zeitlichen und regionalen Varianten in einer kurzen Übersicht darzustellen. Wichtiger sind
einige andere Geldeinheiten, die im Laufe der Zeit auftauchen. Ergänzend zum Pfund
tauchte bereits im Frühmittelalter die Mark auf, die man ursprünglich mit zwei Dritteln

Pfund und Mark

des Pfundwertes (1 Mark = 16 Schilling = 192 Pfennige) ansetzte. Eine Tendenz bei der Änderung der Pfennigzahl pro Pfund oder Mark ist allerdings ziemlich allgemein festzustellen:

Münzverschlechterung

Grundsätzlich versuchte man aus einem Pfund Silber eine immer größere Pfennigzahl zu schlagen, d. h. der einzelne Pfennig war je länger desto weniger wert. Für den münzausgebenden Herrn kam eine Münzverschlechterung, die als eine Form der Geldentwertung bzw. Inflation immer zu Lasten der Münznutzer ging. einer Haushaltssanierung gleich. Um eine größere Pfennigzahl aus einem Pfund schlagen zu können, gab es als Alternative zu einem geringeren Gewicht der Pfennige auch die Möglichkeit, deren Silbergehalt durch Legierung mit Kupfer oder anderen unedlen Metallen zu verringern. Der Effekt war derselbe wie bei der Gewichtsverringerung: Das Geld war weniger wert. Um das höherwertige alte Geld aus dem Verkehr zu ziehen, gab es häufig sog. Münzverrufungen, d. h. die münzausgebenden Herren erklärten das alte Geld für ungültig, zogen es ein, ließen es einschmelzen und – mit geringerem Gewicht und/oder mit unedlem Metall legiert – wieder neu schlagen und ausgeben. Die Pfennige wurden im 12. und 13. Jahrhundert derart leicht und dünn, dass man sie häufig als sog. Brakteaten ausprägte. Brakteaten sind ganz dünne Blechmünzen, die nur auf einer Seite ein Prägebild tragen, das allerdings, weil sie so dünn sind, auf der anderen Seite als Negativbild wieder auftaucht. Ein besonderer Coup der Staufer Ende des 12. Jahrhunderts war auch die Ausgabe einer neuen Münze, des in Schwäbisch Hall geprägten Hellers. Der Heller, der oft mit dem Wert eines halben Pfennigs gerechnet wurde, war schlechteres Geld als der Pfennig – und schlechteres Geld verdrängte immer das bessere. Wegen seines Erfolgs wurde er seit dem 14. Jahrhundert auch in den königlichen Münzstätten Frankfurt, Speyer, Nürnberg und Ulm geprägt, dann auch in etlichen nichtköniglichen Münzstätten.

Goldwährung

Nachdem über viele Jahrhunderte Silber die Grundlage des europäischen Münzsystems gewesen war und das rare Gold als Basis für Münzen keine Rolle gespielt hatte, kamen seit dem 13. Jahrhundert, erstmals seit dem Ende des Imperium Romanum auch wieder Goldmünzen auf. Der Staufer Friedrich II. ließ diese wieder schlagen. Aber erst mit dem Gulden entstand, parallel zu weiterhin existierenden Silberwährung, im Spätmittelalter auch eine weit verbreitete Goldwährung. Da eine wichtige Münzstätte des Guldens anfangs Florenz war, bürgerte sich für den Gulden meist die Abkürzung fl (= Florenen) ein. Die Umrechnung der Silberwährung in die Goldwährung war schwierig und wechselte oft. Anfangs war 1 fl mehr als 5 lb wert. Im 16./17. Jahrhundert findet sich in Süddeutschland die Faustregel, dass man 1 ½ lb mit 1 fl gleichsetzte.

Taler

Da der Gulden ein Äquivalent in Silber benötigte, entstand u. a. der Guldengroschen, der seit Ende des 15. Jahrhunderts in Tirol geprägt wurde. Seine Hauptprägestätte wurde dann aber seit 1519 das böhmische Joachimsthal, wo man reiche Silbervorkommen entdeckt hatte. Für die dort geschlagene Münze setzte sich die Bezeichnung Taler durch. Er gewann zwischen 1566 und 1750 besondere Bedeutung dadurch, dass er im Reich mit 25,9 g Silber pro Münze als eine Art Leitwährung diente, wodurch aber die Währungsvielfalt der einzelnen Länder des Reiches nicht beseitigt werden konnte. In Form des Maria-Theresien-Talers fand er fast weltweite Verbreitung und wurde z. B. im arabischen (!) Bereich noch bis Mitte des 20. Jahrhunderts als gängige Währung verwendet. Der eigentliche Reichstaler wurde 1750 im österreichisch-süddeutschen Raum vom Konventionstaler abgelöst, einer besonders großen Münze, die dem Wert von 10 Talern entsprach, während in preußisch-norddeutschen Bereich der preußische (Reichs-)Taler dominierte. Der preußische Taler setzte sich dann 1857 auch im Süden durch. Er wurde nach der Einführung der Reichsmark bis 1907 als Äquivalent von 3 Mark gerechnet.

Wenn bisher immer wieder die Rede davon war, dass Münzen „geschlagen" wurden, dann entspricht dies exakt der Produktionsweise von Münzen: Der Münzmeister oder Münzer legte den Edelmetallrohling auf eine Negativform aus härterem Metall, den Unterstempel, setzte eine zweite Negativform, dem Oberstempel, oben drauf und schlug auf diesen dann mit seinem Münzhammer. Die Münzbilder auf beiden Seiten waren bei dieser Produktionsweise meist nicht in einer Achse ausgerichtet. Eine maschinelle Münzprägung, die auf den Hammerschlag des Münzers verzichtete, wurde erst im 19. Jahrhundert allgemein üblich. Erst seit dieser Zeit sind die Achsen beider Münzseiten identisch und die Münzen machen einen erheblich gleichmäßigeren Eindruck.

Technik der Geldherstellung

Bereits aus den oben genannten Umrechnungsvarianten wird deutlich, dass es im gesamten Mittelalter und in der Frühen Neuzeit zahlreiche - man kann ohne Weiteres sagen: zahllose - Veränderungen bezüglich der Währungen und der Umrechnungen gab. Ursprünglich war das keineswegs so. Karl der Große hatte ein einheitliches Münzsystem für sein gesamtes Reich geschaffen. Auch in der Folge war das Recht, Münzen zu schlagen und auszugeben, theoretisch ein exklusives Recht allein des Königs bzw. Kaisers, also ein Regal. In Frankreich und England, wo früh ein starkes Königtum entstand, blieb das Münzrecht im Großen und Ganzen auch in der Hand des Königs. Anders waren die Verhältnisse im Heiligen Römischen Reich deutscher Nation, wo im weiteren Verlauf des Mittelalters das König- bzw. Kaisertum geschwächt wurde. Anfangs verliehen die Könige das Münzrecht nur an verschiedene andere Fürsten. Münzbild und Silbergehalt blieben anfangs königlich überwacht, seit dem 12./13. Jahrhundert erschienen dann aber auch die Bilder der nichtköniglichen Münzherren auf den Münzen, seit dem 14./15. Jahrhundert bestimmten die Landesherren auch den Silbergehalt. Das Resultat war ein völlig unübersichtliches Währungssystem, das bis zum Ende des Heiligen Römischen Reichs 1806 fortdauerte - und z. T. noch darüber hinaus. Alle Versuche, dem Währungschaos gegenzusteuern - z. B. durch Münzkonventionen innerhalb der zehn Reichskreise - hatten nur begrenzten Erfolg.

Münzrecht

Seit dem 17. Jahrhundert kamen neben den Münzen auch Banknoten in Gebrauch. Sie wurden erstmals von der Bank of England ausgegeben. Ursprünglich waren sie nichts anderes als Bescheinigungen dafür, dass man (Münz-)Geld oder Gold an sicherer Stelle hinterlegt hatte und dass die Aufbewahrer (Banken) gegen die papierne Bescheinigung den darauf jeweils genannten Betrag an Münzen oder Gold auszahlen würden. Da die Banken bald sahen, dass nie alle Münzen oder alles Gold abgehoben wurden, gaben sie mehr Banknoten aus, als Münzen bzw. Gold eingelagert waren. Dem englischen Vorbild folgte man 1668 erst in Schweden, im 18. Jahrhundert dann - ohne Erfolg - in Frankreich und seit 1765 in verschiedenen deutschen Staaten. Faktisch waren die Banknoten seit langem Zahlungsmittel, wenn auch dann und wann mit schlechtem Ruf (wie z. B. während der Französischen Revolution, als Massen von wertlosen Assignaten - einer Art Banknoten - ausgegeben wurden). Offizielles Zahlungsmittel wurden die Banknoten erst im 19. Jahrhundert (England 1833, Deutschland 1875 bzw. 1909). Man hatte erkannt, dass man, um eine Inflation zu vermeiden, Banknoten nicht in beliebiger Menge ausgeben konnte, wie das bei den Assignaten geschehen war,

Banknoten

sondern dass ein gewisser Prozentsatz an Deckung durch Edelmetalle oder Sachwerte vorhanden sein musste. Die reine Golddeckung wurde dann allerdings in allen maßgeblichen Ländern in den ersten Jahrzehnten des 20. Jahrhunderts aufgegeben, in Großbritannien 1931. Ein Abschluss dieser Entwicklung war hier die Weltwirtschaftskonferenz von 1933.

Kaufkraft

Eine im Zusammenhang mit der Geldgeschichte immer wieder gestellte Frage lautet ganz naiv, wie viele heutige Euro denn irgendein Gulden-, Taler- oder Pfundbetrag vergangener Jahrhunderte wert sei. Diese Frage kann zur allgemeinen Enttäuschung nicht beantwortet werden. Die Kaufkraft des heutigen Geldes wird bekanntlich im Zusammenhang mit den Lebenshaltungskosten gesehen, die über den seit den 1950er Jahren üblichen Warenkorb ermittelt werden. Es ist schon problematisch, die Warenkörbe der Nachkriegsjahrzehnte mit denen von heute zu vergleichen, weil heutzutage viele als selbstverständlich angesehene Produkte damals noch gar nicht existierten, während andere - z. B. Brennholz - heute gar nicht mehr in den Warenkörben auftauchen. Wenn es also schon kaum möglich ist, Warenpreise und Kaufkraft im Abstand eines halben Jahrhunderts miteinander zu vergleichen, dann gilt dies um so mehr für einen Kaufkraftvergleich, der die Gegenwart mit der Zeit vor etlichen Jahrhunderten in Relation setzen will. Außerdem gibt es für die Frühe Neuzeit, das Mittelalter und das Altertum überhaupt keine nach den heutigen volkswirtschaftlichen Kriterien zusammengestellten Warenkörbe.

Auch der Versuch, die Kaufkraft anhand einzelner Produkte zu vergleichen, führt nicht weiter. Wenn eine Kuh in Südwestdeutschland um 1540 4 Gulden kostete, dann taugt der Vergleich mit der Gegenwart wenig. Denn erstens einmal hat der Normalbürger der Gegenwart mit Kühen nichts mehr zu tun, und zweitens wäre auch für einen Bauern des beginnenden 21. Jahrhunderts eine Kuh schwer mit einer Kuh des 16. Jahrhunderts zu vergleichen: Die damaligen Rinder waren einerseits erheblich kleiner und leistungsschwächer als ihre heutigen Artgenossen, andererseits dürfte die Einzelkuh aber insbesondere für weniger wohlhabende Bauern eine viel größere Rolle gespielt haben als heute für den Durchschnittslandwirt. Und wenn ein Haus in 16. Jahrhundert mit 20-50 Gulden veranschlagt war, besagt auch das wenig: Handelte es sich um einen steuerlichen Einheitswert, wie er heute auch noch bei Häusern erhoben wird oder um einen Kaufpreis? Außerdem: Das heutige Haus besitzt einen kalt-warmen Wasseranschluss und Bäder, eine elektrische Einrichtung, eine Zentralheizung, u. U. eine aufwändige Wärmeisolation etc. - es ist also mit dem Haus des 16. Jahrhunderts, das all dies nicht hatte, kaum vergleichbar.

Epocheninterne Vermögensvergleiche

Summa summarum: Man kann also historische Wertangaben und Geldbeträge nicht in heutige umrechnen. Man kann nur innerhalb einer Epoche vergleichen und dann z. B. am Gesamtvermögen einzelner Menschen, wie es z. B. in Abgaben- und Steuerlisten erhoben wurde, feststellen, wer zu den Reicheren und wer zu den Ärmeren gehörte. Hier ist die sozialhistorische Forschung seit langem aktiv und liefert ständig neue Erkenntnisse.

Literatur: Walter HOLTZ, Lexikon der Münzabkürzungen. Mit geschichtlich-geographischen Erläuterungen, München 1981; Tyll KROHA, Großes Lexikon der Numismatik, Gütersloh 1997; Elisabeth NAU, Numismatik und Geldgeschichte, in: BDLG 118 (1982), S. 322–382; 126 (1990), S. 359–419; 127 (1991), S. 329–362; Michael NORTH (Hg.), Geldumlauf, Währungssysteme und Zahlungsverkehr 1300–1800, Köln 1989; DERS., Das Geld und seine Geschichte. Vom Mittelalter bis zur Gegenwart, München 1994; Michel NORTH (Hg.), Von Aktie bis Zoll. Ein historisches Lexikon des Geldes, München 1995; Günther von PROBSZT, Österreichische Münz- und Geldgeschichte. Von den Anfängen bis 1918. 2 Bde. Wien ³1994; Friedrich von SCHRÖTTER (Hg.): Wörterbuch der Münzkunde, Berlin 1930; DERS., Aufsätze zur deutschen Münz- und Geldgeschichte des 16.-19. Jahrhunderts (1902-1938), Leipzig 1991; Wolfgang TRAPP, Kleines Handbuch der Münzkunde und des Geldwesens in Deutschland, Stuttgart 1999 (RUB 18026); Harald WITHÖFT, Münzfuß, Kleingewicht, Pondus Caroli und die Grundlegung des nordeuropäischen Maß- und Gewichtswesens in fränkischer Zeit. Ostfildern 1984; – *allgemein:* Zeitschrift für Numismatik

4.2.7 Genealogie: Familiengeschichte

Familiengeschichte scheint in der Gegenwart auf den ersten Blick eine historisch und politisch belanglose Angelegenheit von allenfalls privatem Interesse zu sein. Doch dieser Eindruck täuscht. Es fällt schon bei oberflächlicher Betrachtung auf, dass in Amerika unter den Präsidenten zweimal der Familienname Bush und einige Jahrzehnte zuvor der Familienname Roosevelt auftaucht – einmal Vater und Sohn, das andere Mal Onkel und Neffe. Die Familie Kennedy stellte einen Präsidenten und eine ganze Anzahl weiterer herausragender Politiker, bis hin zum angeheirateten Gouverneur von Kalifornien, Arnold Schwarzenegger. In Nordkorea herrscht in zweiter Generation die Diktatorenfamilie Kim und versucht derzeit die dritte Generation zu platzieren. Weitere Beispiele könnten angefügt werden: Es zeigt sich, dass sogar in unserem Zeitalter, in dem – zumindest in den westlichen Kulturen – Führungspositionen angeblich nur durch die Bestenauslese des demokratischen Systems besetzt werden, in vielen Fällen Familien und ihre Geschichte eine ganz unerwartet große Rolle zu spielen scheinen.

In weiter zurückliegenden historischen Epochen ist der Zusammenhang zwischen Familiengeschichte und Politik noch viel offensichtlicher als heute. Im Imperium Romanum waren die großen Gestalten der späten Republik eng miteinander versippt – was sie freilich keineswegs hinderte, sich u. U. bis aufs Blut zu bekämpfen. In der Kaiserzeit spielten dann verwandtschaftliche Beziehungen unter den Dynastien der Julier bzw. Claudier und der Flavier eine entscheidende Rolle, und noch unter den Adoptivkaisern versuchte man mit der Hilfskonstruktion der Adoption eine genealogische Kontinuität zwischen den einzelnen Kaisern zu schaffen. Das Mittelalter und die Frühe Neuzeit können als die klassischen Epochen der an Familienzusammenhängen orientierten Politik schlechthin gelten. Könige und Kaiser in ganz Europa gehörten mehr oder minder lange herrschenden Dynastien an, und unterhalb der Ebene der Monarchen strukturierte sich der gesamte Adel familial. Entsprechende Strukturen finden sich auch im Bürgertum und unter den Bauern, wo allerdings wegen der schlechteren Quellenlage Details erst später zu erkennen sind als beim Adel.

Die Genealogie ist nun diejenige Wissenschaft, die solche Familien- und Verwandtschaftszusammenhänge erforscht und damit häufig erst die politischen Zusammenhänge erkennbar, zumindest aber verständlich macht. Erweitert man die Genealogie über die Verwandtschaftsbeziehungen hinaus zu Untersuchungen von Personenkreisen, die in politischer oder wirtschaftlicher Hinsicht miteinander verbunden waren, spricht man von Prosopographie. Über viele Jahrhunderte kann man aber feststellen, dass prosopographische Beziehungen und genealogische Beziehungen weitgehend identisch waren. Welche politische Brisanz z. B. in dem heute privat scheinenden Vorgang einer Eheschließung steckt, lässt sich an zahlreichen Beispielen illustrieren: Der Aufstieg der Staufer, die zuvor nur ein Grafengeschlecht unter vielen waren, begann durch die Heirat

Bedeutung der Genealogie

Salier, Staufer, Habsburger

Friedrichs von Staufen mit Agnes, der Tochter des Salierkaisers Heinrichs IV. Diese Heirat öffnete ihnen den Weg zur schwäbischen Herzogsherrschaft, und ihre Salierabstammung legitimierte ihren Anspruch auf den Königs- und Kaiserthron nach dem Ende der Salier. Ähnlich spektakulär war etliche Jahrzehnte später die Heirat des Staufers Heinrich VI. mit Konstanze von Sizilien, wodurch das unteritalienische Königreich an die Staufer fiel und das Papsttum in Rom in eine fatale Zangenlage geriet. Unter den Habsburgern gewannen genealogische Verbindungen geradezu sprichwörtliche Bedeutung: *Bella gerant alii, tu felix Austria nube!* (Andere führen Krieg, du glückliches Österreich heirate!). Damit wird ein zentraler Aspekt der Vormoderne zum Ausdruck gebracht, denn tatsächlich waren es eher die Heiraten der großen Dynastien, die zum Zusammenschluss verschiedener Länder führten und weniger häufig die Kriege – und das Haus Habsburg bzw. Österreich war bei dieser Heiratspolitik besonders begünstigt. Am berühmtesten und am meisten die Landkarte und das europäische Mächtesystem verändernd war unter den habsburgischen Ehen zunächst die Heirat König Maximilians mit Maria von Burgund und dann die Ehe von Maximilians Sohn Philipp dem Schönen mit Johanna von Spanien. Die erste Ehe brachte den Habsburgern das riesige burgundische Erbe ein, die zweite das spanische Weltreich. Man könnte eine fast beliebige Zahl ähnlicher Beispiele bei den verschiedensten Dynastien quer durch Europa hinzufügen.

Erbfolgekriege

Eine unmittelbare Folge der durch Heiraten und innerdynastische Erbgänge bedingten Herrschaftsbildung waren – beim Erlöschen einer Dynastie – die Erbfolgekriege unter den mehr oder minder erbberechtigten Verwandten. Insbesondere die Zeit des 17. und 18. Jahrhunderts war eine Periode, in der ein Erbfolgekrieg dem andern folgte.

Ererbte oder erworbene Eigenschaften?

Die früher weit verbreitete angeblich biologisch bedingte und genealogisch zu rekonstruierende Vererbung besonderer Begabungen, wie man sie etwa in Gelehrten- oder Musikerfamilien beobachten kann, spielt heute nur noch eine untergeordnete Rolle. Man beobachtet vielmehr die Sozialisation der Menschen, die in Gelehrten- oder Musikerfamilien mindestens ebenso sehr dazu beigetragen hat, welche Berufe von den Nachkommen ergriffen wurden. Aber auch zur Untersuchung der Sozialisation ist die Genealogie eine grundlegende Hilfswissenschaft, denn wenn man die familiären Verhältnisse nicht kennt, kann zu den sozialisierenden Aspekten wenig ausgesagt werden.

Wie aber erforscht die Genealogie Familien- und Verwandtschaftszusammenhänge? Dazu gibt es zwei Methoden: erstens von der Gegenwart oder einem bestimmten Zeitpunkt in der Vergangenheit ausgehend rückwärtsschreitend auf der Suche nach den Vorfahren, zweitens von einem bestimmten Zeitpunkt aus vorwärtsschreitend auf der Suche nach den Nachkommen.

Ahnentafel

Bei der Suche nach den Vorfahren (Aszendenz) gilt das Interesse selten ausschließlich der männlichen Linie, häufiger dagegen allen Vorfahren. Die Ermittlung aller Vorfahren führt zur Erstellung einer Ahnentafel. In der Ahnentafel verdoppelt sich die Ahnenzahl von Generation zu Generation: Jeder Mensch hat zwei Eltern, vier Großeltern, acht Urgroßeltern, sechzehn Ururgroßeltern usw. Verringert wird die tatsächliche Zahl der Ahnen allerdings durch Verwandtschaftsehen, die z. B. zwischen Onkel und Nichte, Cousins und Cousinen (oft auch solchen zweiten Grades) irgendwann in jeder Familie auftauchen und eher die Regel als die Ausnahme waren. Bei Cousins und Cousinen ist ein Großelternpaar identisch, entsprechend haben Kinder aus einer solchen Verbindung weniger Ahnen. Man bezeichnet dieses Phänomen als Ahnenschwund.

Die Suche nach allen Ahnen ist keineswegs bloße intellektuelle Spielerei: Im Adel war es über viele Jahrhunderte üblich, nur solche Personen als Adlige anzuerkennen, die in einer sog. Ahnenprobe nachweisen konnten, dass über mehrere Generationen alle Vorfahren ebenfalls dem Adel entstammten. Die Ahnenprobe war auch die Voraussetzung für eine Karriere im geistlichen Bereich: In eines der vornehmen Domstifte und auch in viele Klöster und Stifte wurde man nur aufgenommen, wenn man eine entsprechend lückenlose Abstammung nachweisen konnte. Die Nationalsozialisten haben mit dem „Ariernachweis", mit dem man i. d. R. zurück bis zu den Großeltern eine „arische" Abstammung nachweisen musste, im Prinzip eine ähnliche Regelung wie bei der Ahnenprobe einzuführen versucht (und damit die Genealogie als Wissenschaft in nicht geringen Verruf gebracht).

Die Suche nach den Nachkommen (Deszendenz) ist im Prinzip sehr viel verwickelter als die mathematisch klar strukturierte Suche nach den Vorfahren. Denn die Ehepartner können ja mehrmals verheiratet gewesen sein (was in vergangenen Jahrhunderten ebenfalls eher die Regel als die Ausnahme war). Aus jeder Ehe können Nachkommen (Söhne und Töchter) hervorgegangen sein, und die Kinder aus jeder Ehe können wieder eine schwer zu überblickende Zahl von Verbindungen und Kindern gehabt haben. Gibt es dann noch – was ebenfalls außerordentlich häufig vorkam - außereheliche Kinder, wird eine Zusammenstellung der Nachkommen nach wenigen Generationen derart unübersichtlich, dass sie kaum noch darzustellen ist. Es entstand dann das, was man außerhalb von Genealogenkreisen häufig etwas ungenau als Stammbaum bezeichnet – eine Benennung, die Fachleute meiden. Sie reden korrekter von einer Nachkommentafel.

Nachkommen- oder Stammtafel

Eben weil eine vollständige Nachkommentafel rasch ganz unübersichtlich wird, konzentriert man sich meist nur auf die Verfolgung einer männlichen (agnatischen) Linie; die Verfolgung auch der weiblichen (kognatischen) Linien ist zwar vom biologischen Verwandtheitsgrad her ebenso berechtigt, sie spielte jedoch in einer an männlichen Abstammungslinien orientierten Gesellschaft nur eine untergeordnete Rolle. Es ist also keineswegs ein unzeitgemäßes, männerorientiertes Macho-Gehabe, wenn nur die männlichen Linien verfolgt werden. Vielmehr entspricht dies der gesellschaftlichen Realität vergangener Jahrhunderte. Dabei ist ein wichtiges Resultat genealogischer Forschung, dass eine agnatische Vererbung keineswegs immer maßgeblich war. Bis in die Zeit des 11. Jahrhunderts und z. T. darüber hinaus, war der Adel als maßgebliche soziale Schicht offenbar nicht in agnatischen Familien organisiert, sondern in kognatischen Sippen, in denen die weibliche Verwandtschaft dieselbe Bedeutung hatte wie die männliche. Erst im Laufe des Hochmittelalters bildete sich dann eine fast völlige Orientierung am Mannesstamm heraus – obwohl es auch da immer wieder spektakuläre Ausnahmen gab, z. B. beim Aussterben der Habsburger im Mannesstamme mit dem Tod Karls VI. 1740. Dessen Tochter Maria Theresia schaffte es aber, die Familie und das dazugehörige Reich fortzuführen, wenn man die Familie nach Maria Theresias Mann Franz von Lothringen auch, agnatischer Benennungspraxis folgend, gelegentlich korrekterweise als „Lothringen-Habsburg" bezeichnet.

Agnatisch und kognatisch

Literatur: Allgemeine Werke: Neidhard BULST (Hg.), Medieval lives and the historian. Studies in Medieval Prosopography. Proceedings of the First International Interdisciplinary Conference on Medieval Prosopography, University of Bielefeld, 3–5 December 1982, Michigan 1986; Kilian HECK (Hg.), Genealogie als Denkform in Mittelalter und früher Neuzeit, Tübingen 2000; Eckart HENNING, Taschenbuch für Familiengeschichtsforscher, Neustadt an der Aisch

[13]2005; – *einzelne Dynastien:* Winfried GLOCKER, Die Verwandten der Ottonen und ihre Bedeutung in der Politik. Studien zur Genealogie des sächsischen Kaiserhauses, Köln u. a. 1989; Donald C. JACKMAN, The Konradiner. A Study in Genealogical Methodology, Frankfurt/M. 1990 (Studien zur europäischen Rechtsgeschichte 47); – *Übersichtswerke:* Wilhelm Karl Prinz zu ISENBURG, fortgeführt v. Frank Baron FREYTAG VON LORINGHOVEN, Europäische Stammtafeln. Stammtafeln zur Geschichte der europäischen Staaten, Berlin u. a. 1936-1978, NF hg. v. Detlev SCHWENNICKE, Marburg 1979-2002; Walter MÖLLER, Stamm-Tafeln westdeutscher Adelsgeschlechter im Mittelalter, 3 Bde., Darmstadt 1922-1936; NF 1950-1951; Andreas THIELE, Erzählende genealogische Stammtafeln zur europäischen Geschichte. 4 Bde., Frankfurt/M. 1992-1996; Wilhelm WEGENER, Franz TYROLLER, Genealogische Tafeln zur mitteleuropäischen Geschichte, Göttingen 1957-1969; – *Zeitschrift:* Familiengeschichtliche Blätter. Hg. von der Zentralstelle der deutschen Personen- und Familien-Geschichte. 1903/05-1944, NF seit 1962.

4.2.8 Historische Geographie: Landschafts- und Kartenkunde

Die historische Kartenkunde untersucht die Entwicklung der Herstellung und Gestaltung, der Nutzung und Sammlung von Karten. Als interdisziplinäre historische Hilfs- oder Grundwissenschaft arbeitet sie mit Methoden und Verfahren aus der Wissenschaftsgeschichte, der historischen Geographie, der Kultur- und Kunstgeschichte und dem Vermessungswesen.

Die Kartengeschichte erforscht die Entstehung und Überlieferung einzelner Karten, Globen und Panoramen. Die historische Geographie fragt nach einzelnen Karten zu Grunde liegenden Weltbildern. Die Geschichte der Kartografie beschäftigt sich mit Karten aus verschiedenen kulturellen Räumen und Zeiten sowie mit unterschiedlichen Reproduktions- und Druckverfahren.

Älteste Kartenbilder

Die ältesten Kartenbilder stammen aus der Ur- und Frühgeschichte. Eine Wandmalerei aus dem türkischen Catal Hüyük zeigt eine neolithische Siedlung aus der Zeit um 6200 v. Chr. mit Häusern und Bergen. Aus dem akkadischen Nuzi (Jorgan südwestlich von Kirkuk im Irak) hat sich eine über 4000 Jahre alte Tontafel erhalten, die Berge, Flüsse und Städte des nördlichen Mesopotamien wiedergibt. Die berühmte Himmelscheibe von Nebra von ca. 1700 v. Chr. gilt als weltweit älteste Himmelsdarstellung. Eine Tontafel aus Babylonien von ca. 1500 v. Chr. enthält einen mit sumerischer Keilschrift versehenen Stadtplan von Nippur mit Stadttor, Gebäuden und dem Euphrat. Eine Papyruskarte aus Ägypten aus der Zeit von ca. 1300 v. Chr. zeigt nubische Goldminenfelder. Eine babylonische Keilschrifttafel aus dem 6. Jahrhundert v. Chr. ist mit einer Weltkarte aus dem 6. Jahrhundert v. Chr. versehen.

Kartografische Zeugnisse der Antike

Die griechische Antike brachte zahlreiche kartografische Zeugnisse hervor. Anaximander soll um 541 v. Chr. eine Weltkarte entworfen haben, die Hekataios von Milet ca. 50 Jahre später für seine Arbeiten verwendete, darunter eine exakte Reisebeschreibung der ihm bekannten Erdteile. Auch von Herodot stammt eine Anleitung für das Zeichnen einer Weltkarte, die Nordeuropa, das Kaspische Meer, Westindien und im Süden die Sahelzone umfassen sollte. Um Christi Geburt schrieb Strabon eine siebzehnbändige „Geographie", die auch eine Weltkarte enthielt. Um 200 v. Chr. berechnete Eratosthenes von Kyrene auf der Basis des Sonneneinstrahlwinkels und des Winkelsatzes den Erdumfang. Katos von Mallos soll um 150 v. Chr. einen Globus entworfen haben. Claudius Ptolemäus übernahm die Idee der Kugelgestalt der Erde und entwarf eine Weltkarte, deren Erdumfang er aber ein wenig zu klein angab. Die Römer zeichneten vor allem Straßenkarten. Berühmt ist die sog. *Tabula Peutingeriana*, die Umzeichnung einer römischen Straßenkarte aus dem Besitz des Augsburger Patriziers Konrad Peutinger mit Angaben über Militärstationen und Entfernungsangaben in Meilen. Das europäische Mittelalter kannte als Kartentypen die *Mappae mundi* (Weltbildkarten), Portolankarten und Ptolemäus-Karten.

Da die Welt als *Universitas christiana* gedacht wurde, verschwammen der Makrokosmos des Weltalls und der Mikrokosmos des Menschen miteinander. So erscheinen die mittelalterlichen *Mappae mundi* zugleich als wohlgeordnete wie zum Teil auch als ungewöhnlich inhaltsreiche Karten. Ferner zeichneten die Kartographen keine (politischen) Grenzen ein, die den Leib Christi, also die Erde selbst, und die Einheit der *terra Christiana* zerschnitten hätten. Da perspektivische Projektionsverfahren im Mittelalter unbekannt waren, stellten die Kartographen die Erde als Planiglob dar, d. h. sie gaben die Erdkugel mittels zweier Kreisflächen wieder. Während die erste Scheibe die T-förmig angeordneten Erdteile enthält, zeigt die zweite Scheibe, also die Rückseite, oft einen vierten Kontinent als *terra (australis) incognita*, der nicht zur christlichen Ökumene gerechnet wurde. Die ältesten *Mappae mundi* aus dem 8. Jahrhundert zeigen als Illustrationen zu theologischen oder anderen Werken das didaktisch reduzierte christliche Weltbild. Diese sog. T-Karten sind geostet. Der *Tanais* (Don), der Nil und die Ägäis trennen Asien in der oberen Hälfte der Karte von Europa in der linken und Afrika in der rechten unteren Hälfte, wobei die drei Kontinente den drei Söhnen Noahs Sem, Japhet und Ham zugeschrieben werden (Noachidenkarte). Eine solche Karte findet sich als Beigabe der Schrift *De natura rerum* von Isidor von Sevilla aus der Zeit um 630. Auf den im 12. Jahrhundert aufkommenden Klimatenkarten wurde eine Ordnung der Erde in Klimazonen und damit in bewohnbare und unbewohnbare Räume vorgenommen. So teilt die im 13. Jahrhundert im Zisterzienserkloster Salem entstandene Karte die Erde in fünf Klimazonen ein, die durch kaltes, gemäßigtes, heißes und kaltes Klima geprägt sind. Die größte und bedeutendste *Mappa mundi* ist die Ebstorfer Weltkarte aus der ersten Hälfte des 13. Jahrhunderts, die im Kloster Ebstorf bei Lüneburg entstanden ist. Als großformatige Radkarte mit ca. 1500 Zeichnungen und 1224 erklärenden Texten zeigt sie auf ca. 12,74 Quadratmetern eine differenzierte Darstellung der Ökumene, die den Erdkreis vom Paradies im Osten (oben) bis zu den Säulen des Herakles (Gibraltar) im Westen abbildet, der vom ringförmigen Ozean mit 12 Winden umgeben ist. Jerusalem liegt als Nabel der Welt im Zentrum der Karte. Sie lässt sich als mittelalterliches Bilderlexikon begreifen, das in sich den Heilsweg zu Christus aufzeigen soll, sich aber zugleich als Bilderbibel, Weltchronik, Tierfibel, Legenden- und Sagensammlung, Anekdoten- und Unterhaltungsbuch, als geographischer Atlas und welfisches Herrschaftszeichen versteht. Ebenfalls zu den *Mappae-mundi*-Karten werden die ovalen Beatuskarten gerechnet, die nach Beatus von Liébana († 798) benannt sind.

Portolankarten sind Seekarten, die kein Weltbild vermitteln sollen, sondern der Navigation dienen. Ein Portolan (it. *portolano*, lat. *portus* = Hafen) ist ein nautisches Buch, welches Landmarken, Leuchttürme, Strömungen und Hafenverhältnisse beschreibt. Portolankarten sind von einem ganzen Netz von sich kreuzenden Linien überzogen, die die Navigation erleichtern sollen und enthalten Umrisse von bekannten Küstenlinien. Aus dem letzten Viertel des 13. Jahrhunderts stammt die Pisaner Karte und von 1375 der nicht weniger berühmte Katalanische Weltatlas. Insbesondere in den Seestädten Venedig, Genua und Lissabon sowie auf Mallorca entstanden viele dieser Karten. Die

Mappae mundi

Portolankarten

ältesten Portolankarten, die die ganze Welt abbilden, sind die von Piri Reis (1513) und Diego Ribero (1529).

Globen und Weltkarten der Renaissance

Als in der Renaissance die Begeisterung für die klassische Antike erwachte, wurde auch die Geografie des Claudius Ptolemäus wiederentdeckt und ins Lateinische übersetzt. Neue Weltkarten (*Tabulae novae*) wie die des Sebastian Münster entstanden und bereiteten der langen *Mappae-mundi*-Tradition ein Ende. 1492 fertigte Martin Behaim seinen berühmten Erdapfel an, der noch nicht Amerika und Australien enthält. Ab dem 16. Jahrhundert wurden die geografischen Karten immer genauer. 1507 zeichnete Martin Waldseemüller zusammen mit Matthias Ringmann eine große Weltkarte und veröffentlichte die berühmte „Einführung in die Kosmographie“. Auf seiner Weltkarte findet sich zum ersten Mal die Bezeichnung Amerika, die auf den italienischen Geografen Amerigo Vespucci zurückgeht, der mit seinem Buch *Mundus Novus* die Geografie Südamerikas begründete. 1569 erschien die Weltkarte Gerhard Mercators (*Nova et aucta orbis terræ descriptio ad usum navigantium emendate accomodata*), die als erste kartografische Darstellung eine Zylinderprojektion nutzt, die entlang der Zylinderachse – also in Nord-Süd-Richtung – verzerrt ist, um eine winkeltreue Abbildung zu erreichen. Dabei wurde eine große Flächenverzerrung der Polarregionen in Kauf genommen. Nur ein Jahr später brachte Abraham Ortelius den ersten Weltatlas, das *Theatrum Orbis Terranum* heraus. Als neuer Kartentyp erscheinen auch die Vogelschauperspektiven europäischer Städte des Kartografen Matthäus Merian (1593-1650). Hinzu kamen in der Frühen Neuzeit Straßenatlanten und Stadtpläne.

Landesaufnahmen in der Neuzeit

Das 19. Jahrhundert war die Zeit der großen Landesaufnahmen. Die 1798 erfundene Lithografie machte es möglich, Karten auch farbig zu drucken. Die „Topographische Karte des Kantons Zürich“ erschien zwischen 1843 bis 1851 als eine der ersten farbigen Karten. Der Geograf August Petermann gab ab 1855 im Verlag Justus Perthes in Gotha die Zeitschrift „Petermanns Geographische Mitteilungen“ heraus, die in kurzer Zeit eine Spitzenstellung innerhalb der Kartografie erreichte. Ab 1817 wurden die Atlanten von Adolf Stieler bei Perthes in Gotha, „Andrees Allgemeiner Handatlas“ bei Velhagen & Klasing in Bielefeld, Meyers großer Handatlas im Bibliographischen Institut in Hildburghausen (später in Leipzig) und die Schulatlanten von Westermann in Braunschweig veröffentlicht. Grundlegend neu waren Geländedarstellungen mittels Höhenschichtenlinien. Die digitale Kartografie löste dann in jüngster Zeit die klassische Kartendarstellung ab.

Kartografiegeschichte

Die Erforschung der Kartografiegeschichte nahm ihren Anfang im 19. Jahrhundert. Die Technik der Lithographie ermöglichte die rationelle Reproduktion alter Karten. Der Portugiese Manoel Francisco de Santarém (1839) und der finnisch-schwedische Wissenschaftler Adolf Erik Nordenskiöld gaben die Werke *Facsimile-atlas to the early history of cartography* (1889) und *Periplus* (1897) heraus. Der Russe Leo Bagrow begründete 1935 die Zeitschrift *Imago Mundi*, die bis heute hin erscheint. Hinzu kam 1990 die deutschsprachige *Cartographica Helvetica*. Als grundlegendes Hilfsmittel wäre das „Lexikon zur Geschichte der Kartographie“ zu erwähnen. Das von Ingrid Kretschmer, Johannes Dörflinger und Franz Wawrik stammende Werk behandelt in alphabetischer Ordnung wichtige Einzelaspekte des Themas. Die thematische Gliederung des von John Brian Harley und David Woodward erstmals 1986 herausgegeben Lexikons *The history of cartography* ist noch nicht abgeschlossen.

Die historische Kartografiedidaktik beschäftigt sich mit Geschichtskarten und historischen Karten. Unter einer „Geschichtskarte" versteht man eine kartografisch-abstrakte und schematische Abbildung, die die Realität im Hinblick auf ein bestimmtes Darstellungsinteresse reduziert und vereinfacht. Sie ist ein maßstäblich verkleinertes Grundrissbild, das mit Symbolen einen geografischen Raum darstellt und einen Sachverhalt aus den Bereichen der Politik, Wirtschaft oder Kultur wiedergibt. Unter einer „historischen Karte" versteht man zumeist eine alte Karte, also eine Karte aus einer vergangenen Epoche, die als mentalitätsgeschichtliche Quelle Auskunft über Weltbilder und Denkhorizonte ihrer Zeit gibt, also ikonographische Quellen darstellen. Die Grenzen zwischen Geschichtskarten und historischen Karten verlaufen aber fließend, da auch eine Geschichtskarte eine historischer Karte sein oder zu dieser werden kann.

Kartografiedidaktik

Geschichtskarten lassen sich nach dem Kartentyp (Analysekarte, Synthesekarte, Komplexkarte), der Kartenform (Wandkarte, Handkarte, Textkarte etc.), der Kartengattung (Weltkarte, Erdteilkarte, Länder- und Regionalkarten) und der Kartenart (Karte zur politischen Geschichte, zur Wirtschaftsgeschichte, zur Kulturgeschichte) unterscheiden und enthalten einen Titel, eine Legende, einen Maßstab und eine Signatur. Im historischen Lernen dienen Karten der mentalen Verortung von Inhalts- und Raumstrukturen. Nach einer Orientierungs- und Informationsphase folgt eine Verarbeitungs-, Interpretations- und Wertungsphase. Dabei erschweren oft die Komplexität der Darstellung und die Überfrachtung mit Informationen den Zugang. Hinzu kommt ihr statischer Charakter, da eine Karte nur historische Zustände zu einem bestimmten Zeitpunkt verdeutlichen kann.

Kartentypen

Didaktisch gesehen erlauben Geschichtskarten das Erkennen von geografischen Voraussetzungen, geopolitischen Macht- und Einflussräumen, territorialen Veränderungen, klimatischen Bedingungen oder siedlungs- und bevölkerungsgeschichtlichen Verschiebungen. In mentalitätsgeschichtlicher Hinsicht geben Karten oft Weltbilder wieder. So verweisen die Zonenkarten des Mittelalters Menschen in bestimmte Lebensräume, werden geografisch bedingte Besonderheiten (z. B. Rheingrenze als Streitpunkt zwischen Deutschland und Frankreich) oder rassistisches Gedankengut (nationalsozialistische „Weltanschauung") zur Legitimierung von bestehenden nationalen („natürlichen") Grenzen oder deren angestrebten (gewaltsamen) Veränderung herangezogen und gelten Sprache und „Volkstum" als Unterscheidungskriterium der Abgrenzung. So versuchen etwa Karten in deutschen Geschichtslehrbüchern der Weimarer Zeit politische Ziele im Zusammenhang mit der Revision der Ostgrenze durch einen direkten Zugriff auf die mittelalterliche Ostsiedlung zu rechtfertigen, indem sie zwischen dem „Deutschen Volksboden", dem „Deutschen Kulturboden", dem „Gebiet der deutschen Handelssprache" unterscheiden oder „Das deutsche Sprachgebiet und seine politische Zersplitterung" beklagen. Daher produzieren Geschichtskarten bewusst oder unbewusst individuelle Geschichtsbilder, wie Detlef Mittag betonte:

Anwendung

> „Dabei spielen Geschichtskarten deshalb eine besondere Rolle, weil sie geschichtliche Ereignisse, Prozesse und Strukturen im Raum darstellen, sich also als geographisch-historische Medien präsentieren. Sie tragen damit als anschauliche und vor allem einprägsame Unterrichtsmaterialien nicht nur zu Orientierung bei, sondern bieten sich auch als Folien für die Produktion von Geschichtsbildern an."

Auf Karten, in denen die eigene Nation im Zentrum abgebildet ist, erscheinen die benachbarten Länder zwangsläufig als Randstaaten. Ferner überwiegt die

Merkatorprojektion, in der Europa in der Mitte liegt, die kartographische Darstellung der Welt. Geschichtskarten können nur einen bestimmten Zeitraum darstellen. Länder gehören nach Hans-Dietrich Schulz als „Sinnkonstruktionen" der politischen Welt an, d. h. es gibt keine natürlichen geografischen Grenzen, die notwendigerweise politische Grenzen begründen.

Dynamische und statische Grenzen

Geschichtskarten unterscheiden in der Regel nicht zwischen „dynamischen" und „statischen" Grenzen. Keine Grenze hat eine anhaltende historische Bedeutung, sondern ist das Ergebnis eines zeitabhängigen friedlichen oder gewaltsamen politischen Prozesses, d. h. Europa verändert und entwickelt sich, man findet alte Nationen und neue Staaten, gefestigte und neu entstehende Grenzen nebeneinander. Der französische Geograf Michael Foucher stellte in seinem Werk *Fragments d'Europe* („Bruchstücke Europas") Europa als „zersprungenen Spiegel" dar und beschrieb, wie Grenzen als „in Räume geschriebene Zeiten" sich über die Jahrhunderte hinweg veränderten.

Grenzen

Geboten scheint auch eine nähere Bestimmung des Terminus „Grenze". Wir können zwischen natürlichen Grenzen (Ödland, Flüsse, Seen, Gebirge), wandernden Grenzen (Dorfetter, Grenzbefestigungen, nationale Grenzen), religiösen Grenzen und Grenzen im Kopf unterscheiden. Zu begrüßen wären für das historische Lernen auch europäische Geschichtsatlanten, die in multiperspektivischer Weise nationale Konfliktherde aus den jeweiligen Perspektiven der beteiligten Staaten zeigen; das Schulbuch „Lernen, wie die anderen Geschichte erzählen" von Dan Bar-On und Sami Adwan stellt den Nahostkonflikt aus Sicht beider Parteien dar. Während die Kartografiegeschichte die Grundlagen der systematischen Erforschung liefert, wird die Kartografiedidaktik also die möglichen Auswirkungen von Karten auf das reflektierte Geschichtsbewusstsein von Lernenden untersuchen.

Literatur: zur Karte: Johannes DÖRFLINGER, Geschichtskarte, in: Ingrid KRETZSCHMAR u. a. (Bearb.): Lexikon zur Geschichte der Kartographie. Von den Anfängen bis zum Ersten Weltkrieg. Band C. Die Kartographie und ihre Randgebiete. Wien 1986; Karl FILSER, Karten, in: Waltraut SCHREIBER (Hg.): Erste Begegnungen mit Geschichte: Grundlagen des historischen Lernens, Neuried 1999, S. 431-458 (Bayerische Studien zur Geschichtsdidaktik 1); Michael FOUCHER, Fragments d'Europe, Paris 1993, S. 41; DERS., Fronts et frontières. Un tour du monde géopolitique, Paris 1994; Paul KLÄUI, Die Karte als Hilfsmittel der historischen Forschung, in: Zeitschrift für schweizerische Geschichte, Band 30 (1950), S. 244-262; Frank MEIER, Regionale und universale Perspektiven auf der Ebstorfer Mappa mundi – ein Beispiel aus der Kartographiedidaktik, in: Karl PELLENS u. a. (Hg.), Historical Consciousness and History Teaching in a Globalizing Society. Geschichtsbewusstsein und Geschichtsunterricht in einer sich globalisierenden Gesellschaft, Frankfurt/M. u. a. 2001, S. 217-237 *(in didaktischer Hinsicht, mit weiterführender fachwissenschaftlicher Literatur)*; DERS., Das Bild Polens nach dem Ersten Weltkrieg in den Geschichtslehrbüchern der Weimarer Republik, in: Zeitgeschichte 27 (2000), S. 108-137; Detlef MITTAG, Schulgeschichtsatlanten – eine Quelle ethnozentrischer Selbstbilder, in: Internationale Schulbuchforschung. Zeitschrift des Georg-Eckert-Instituts für internationale Schulbuchforschung, 21 (1999), S. 217-234; Werner VATHKE, Kartenarbeit, in: Handbuch Medien im Geschichtsunterricht, hg. von Hans-Jürgen PANDEL und Gerhard SCHNEIDER, Düsseldorf 1985, S. 145-184; Michael SAUER, Karten und Kartenarbeit im Geschichtsunterricht, in: GWU 51 (2000), S. 37-46; Hans Dietrich SCHULZ, Land – Volk - Staat. Der geographische Anteil an der Erfindung der Nation, in: GWU 51 (2000), S. 4-16; Uta WEINBRENNER, Europas Grenzen. Anregungen zu ihrer Darstellung in Schulbüchern für Geographie, in: Internationale Schulbuchforschung. Zeitschrift des Georg-Eckert-Instituts für internationale Schulbuchforschung 18 (1996), S. 65-79.

4.2.9 Archäologie

Die Archäologie ist eine junge Wissenschaft. Lange Zeit wusste man nicht, wie man mit den materiellen Hinterlassenschaften der Menschen umgehen sollte. So schreibt 1589 der Geologe Petrus Albinus in seiner „Meissnischen Land- und Bergchronika" über alte Urnen:

> „Die Lausitzer bei Lübben nennen sie gewachsene Töpfe, denn eines Theils des gemeinen Volkes nichts anderes denken, als sollen sie in der Erde gewachsen seyn, gleichwie sie sich in Thüringen nicht anders bereden lassen, als haben sie die Zwerg gebraucht und hinter sich verlassen [...]. Die Letzteren seyen der Meinung, da sie nur im Sommer können gegraben werden, derhalben sie außerhalb der Sommerzeit in die 15, 18, 20 Schuh tief in der Erde liegen sollen; im Sommer aber und bald umb Pfingsten nicht über eine Elle tief."

Die steinzeitlichen Hügelgräber hielt man lange Zeit für Bauwerke von Riesen und nannte sie daher „Hünengräber". Noch 1806 beklagte der dänische Professor Rasmus Nyerup die Unkenntnis über die älteren Epochen der Menschheitsgeschichte:

> „Denn alles, was aus der ältesten, heidnischen Zeit stammt, schwebt für uns gleichsam in einem dichten Nebel, in einem unermesslichen Zeitraum. Wir wissen, dass es älter ist als das Christentum, doch ob es ein paar Jahre oder ein paar Jahrhunderte, ja vielleicht um mehr als ein Jahrtausend älter ist, darüber lässt sich mehr oder weniger nur raten."

Das Wort Archäologie stammt aus dem Griechischen (*archaios* = alt und *–lógos* = Lehre) und lässt sich mit Altertumskunde übersetzen. Die Archäologie untersucht als „Wissenschaft des Spatens" die materiellen Hinterlassenschaften des Menschen. Unterschieden wird heute zwischen der prähistorischen Archäologie, auch Ur- und Frühgeschichte genannt, der klassischen Archäologie, der provinzialrömischen Archäologie, der Mittelalterarchäologie, der vorderasiatischen Archäologie, der Ägyptologie, der christlichen Archäologie, der Archäologie der Neuen Welt (Altamerikanistik), der Keltologie und der Neuzeit- und Industriearchäologie. *(Begriff und Einteilung)*

Die Anfänge der europäischen Altertumsforschung liegen in der Renaissance und sind Teil der Begeisterung für die klassische Antike. In England erschien 1586 die *Britannia*, ein Katalog der sichtbaren Altertümer des Autors William Camden (1551-1632). Bernard de Montfaucons gab 1719 das zehnbändige Werk *L'Antiquité expliquée* heraus. Der erste Grabungsbericht wurde 1685 während der Ausgrabung einer neolithischen (jungsteinzeitlichen) Grabkammer in Cocherel bei Evreux (Départment Haute-Normandie) angefertigt. Die ersten größeren Ausgrabungen fanden in Pompeji und Herkulaneum statt, die 79 n. Chr. vom Vesuv verschüttet worden waren. Nachdem Pompeji Ende des 16. Jahrhunderts beim Bau einer Wasserleitung entdeckt wurde, begannen 1748 die ersten Ausgrabungen. 1762 erschienen die „Sendschreiben von den herkulanischen Entdeckungen" von Joachim Winkelmann, der als Vater der klassischen Archäologie gilt. 1802 gab es den ersten Lehrstuhl für klassische Archäologie an der Christian-Albrechts-Universität Kiel. Der französische Archäologe Auguste Ferdinand François Mariette (1882-1881) leitete mehr als 30 Ausgrabungen in Ägypten und gründete den Vorläufer des ägyptischen Nationalmuseums in Kairo. Der Kieler Professor Johann Daniel Major führte um 1690 Ausgrabungen an Hügelgräbern in Dänemark durch. 1653 wurde im belgischen Tournai das reich ausgestattete Grab des Frankenkönigs Childerich entdeckt. Michele Mercati (1541-1593) untersuchte Steinwerkzeuge. Seine Ergebnisse erschienen aber erst 1717. Die Pyramidenbegeisterung gipfelte im *(Anfänge der europäischen Altertumsforschung)*

Feldzug Napoleons 1798, in dessen Heer sich auch der Wissenschaftler Jean-François Champoillon befand, dem es 1822 gelang mit Hilfe des Rosetta-Steins die Hieroglyphen zu entziffern. Viele gefundene Artefakte wanderten zwischen dem 16. und 18. Jahrhundert in fürstliche „Kunst- und Raritätenkabinette", bevor sie Aufnahme in die im 19. Jahrhundert gegründeten Museen fanden.

Dreiperioden-system
Der dänische Kurator Christian Jürgensen Thomsen teilte um 1836 in seinem „Drei-Perioden-System" die Vor- und Frühgeschichte der Menschheit in drei Phasen ein, in die Steinzeit, die Bronzezeit und die Eisenzeit. Unter der Frühgeschichte versteht man die Zeiträume, in der es im Unterschied zur Vorgeschichte schon schriftliche Quellen gibt. Dabei verlaufen die Grenzen zwischen der Vorgeschichte und der Geschichte fließend. So endet in Ägypten die Vorgeschichte um 3000 v. Chr., in Griechenland um 750 v. Chr., in Niedersachsen um 800 n. Chr., in Dänemark um 1000 n. Chr. und in Osteuropa erst um 1200 n. Chr. 1865 unterschied John Lubbock zwischen den Epochen der Altsteinzeit („Paläolithikum") und der Jungsteinzeit („Neolithikum"), denen er geschlagene und geschliffene Steinwerkzeuge zuordnete.

Relative Chronologie
Der Schwede Oscar Montelius (1843-1921) schuf ein System der differenzierten Typologie zur Einordnung (Periodisierung) von Fundstücken und legte so die Grundlagen einer relativen Chronologie. Die relative Chronologie trifft Aussagen darüber, welche Fundstücke im Verhältnis zueinander älter oder jünger sind. Montelius unterschied zwischen Wohnplatzfunden (Siedlungsfunden), Grabfunden, Depotfunden und Zufallsfunden. Einen Fund bezeichnete er „als die Summe von denjenigen Gegenständen, welche unter solchen Verhältnissen gefunden worden sind, dass sie als gleichzeitig niedergelegt betrachtet werden müssen". Die „typologische Methode" geht davon aus, dass menschliche Artefakte wie Werkzeuge und Waffen eine Entwicklung durchmachen, die rein technischer Natur sein können, aber sich auch auf Änderungen im Geschmack oder im Stil zurückführen lassen.

Absolute Chronologie
Die absolute Chronologie versucht mittels der archäologisch-historischen Methode oder einer naturwissenschaftlichen Methode eine genaue Datierung eines gefundenen Gegenstandes in Bezug auf einen Kalender, etwa den christlich-gregorianischen Kalender, vorzunehmen. Münzen mit dem Konterfei eines Kaisers oder Königs erlauben Archäologen wie Historikern eine jahrgenaue Datierung. Importbeziehungen menschlicher Produkte von Land zu Land können ebenfalls Erkenntnisse für die absolute Datierung liefern. Schließlich lassen sich über Aneinanderreihungen von archäologischen Funden eines von Menschen verfertigten Gegenstandes nicht nur Aussagen zur relativen Chronologie, sondern auch ungefähre absolute Datierungen vornehmen. Die 1946 von Willard Frank Libby entwickelte Radiokarbonmethode (C 14-Methode) misst den Zerfall des radioaktiven Kohlenstoffisotops C 14 nach dem Tode eines Organismus, wobei nach 5730 +/- 40 Jahren (ursprünglich 5568 +/- 30 Jahren) nur noch die Hälfte des C 14 vorhanden ist und nach weiteren 5730 Jahren nur noch ein Viertel und so fort. Der zeitliche Anwendungsbereich erstreckt sich zwischen 300 und 60.000 Jahren. Die von Andrew E. Douglass begründete Dendrochronologie untersucht die Dicke der Jahrringe (Wachstumsbreiten) von Bäumen und kann so bei gewissen Baumarten in bestimmten Regionen, etwa der Eiche, für die letzten 12.483 Jahre exakte Datierungen von Holz vornehmen (Hohenheimer Jahrringkalender). Durch Überlappung der Jahrringbreiten von Holzscheiben derselben Baumart aus verschiedenen Zeiten erhält man eine charakteristische Wachstumskurve, die es bei fortschreitender zeitlicher Verlänge-

rung zurück erlaubt, neue Holzfunde exakt zu datieren (Jahrringchronologie). Hinzu gekommen sind mittlerweile die Thermolumineszenzdatierung für Keramik, die Kalium-Argon-Methode für Gestein und die DNA-Analyse für Knochen. Wichtige Erkenntnisse zur Einordnung archäologischer Funde und Befunde liefern auch die Archäozoologie, die Archäobotanik (Pollenanalyse), die Paläoklimatologie, die Paläopathologie, die Archäoastronomie und andere Hilfswissenschaften.

Grundsätzlich unterscheiden Archäologen zwischen Funden und Befunden. Waren die ersten Archäologen eher Schatzgräber, so gewannen seit der zweiten Hälfte des 19. Jahrhunderts die Befunde, also der Fundzusammenhang, zunehmend an Bedeutung. Ferdinand Keller untersuchte 1853/54 eine Feuchtbodensiedlung am Zürichsee. Auch am Bodensee (Unteruhldingen, Horn-Staad) sowie am Bodensee wurden „Pfahlbausiedlungen" ausgegraben und in dem berühmten Pfahlbaudorf in Unteruhldingen rekonstruiert. In der zweiten Hälfte des 19. Jahrhunderts entdeckte man mehrere französische steinzeitliche Höhlenfundplätze und Höhlenmalereien (Gorge d'Enfer, Laugerie Haute, La Madeleine, Le Moustair). Für Furore sorgten 1879 die großartigen Wandmalereien in der Höhle von Altamira. 1846 fingen die Ausgrabungen in der Eisenzeitkultur in Hallstatt an, und 1858 führte Oberst Schwab die ersten Ausgrabungen in La Tène am Neuenburgersee (Schweiz) durch. Seit dem wird die Eisenzeit in eine ältere Phase, die Hallstattzeit, und in eine jüngere Phase, die La-Tène-Zeit, unterteilt.

Funde und Befunde

Heinrich Schliemann (1822-1890) brachte es zum sicherlich bekanntesten klassischen Archäologen des 19. Jahrhunderts. Seine ersten Ausgrabungen fanden 1869 auf Ithaka und 1871 am Hissarlik statt, wo er das Troja Homers vermutete. Schliemann fand bedeutende Artefakte, darunter der berühmte „Schatz des Priamos". Da er die stratigraphische, schichtenorientierte Methode anwandte und seine Ausgrabungen zum Teil fotografierte, brachte er die noch in den Kinderschuhen steckende Ausgrabungstechnik voran. Howard Carter (1873-1939) entdeckte 1922 das Grab des ägyptischen Pharaos Tut-anch-Amun und machte mit diesem sensationellen Fund Schlagzeilen. Thor Heyerdal, der 1947 mit dem „Kontiki"-Floß von Südamerika nach Polynesien gelangte, begründete die experimentelle Archäologie.

Schliemann, Carter, Heyerdal

1904 legte Sir William Matthew Flinders Petrie (1853-1942) seine vier Prinzipien in seinem Werk „Methoden und Ziele der Archäologie" dar. Er betonte die Sorgfalt im Umgang mit den auszugrabenden Monumenten und die Rücksichtnahme auf potenzielle künftige Archäologen, die peinliche Sorgfalt bei der Durchführung der Ausgrabung und die Registrierung jedes Details, die detaillierte Vermessung und Kartierung sowie die komplette Veröffentlichung der Resultate. Auf der 1922 begonnenen Ausgrabung am Gräberfeld von Assini (Argolis) wurde bereits der Aushub gesiebt und eine Dokumentation erstellt. Gustav Kossinna (1858-1931) entwickelte die Siedlungsarchäologie weiter, wobei er die kulturelle Rolle der Germanen stark hervorhob. Gero von Merhart betonte nach 1950 die Bedeutung der strengen Erfassung, Systematisierung und Katalogisierung.

Flinders Petrie, Kossinna

Die archäologischen Ausgrabungsmethoden wurden schrittweise verändert und verbessert. Das ist auch notwendig, da jede Ausgrabung eine (kontrollierte) Zerstörung des Befundes darstellt. Weitaus die meisten Ausgrabungen in Deutschland sind Not- oder Rettungsgrabungen, die im Zuge von Baumaßnahmen notwendig werden. Hin und wieder kommen auch Lehrgrabungen im Rahmen des Studiums vor. Bevor eine Ausgrabung beginnen kann, findet zunächst eine archäologische Voruntersuchung statt, bei

Ausgrabungs-technik

der Suchgräben angelegt, das auszugrabende Areal aus der Luft fotografiert, Bohrungen oder magnetische Sondierungen vorgenommen werden. Das bekannteste Beispiel einer Sondierungsgrabung ist der „Schliemanngraben" im Hügel von Hisarlik (Troja). Im Unterschied zur Schatzgräberei stehen die Befunde (unbewegliche Strukturen, Bodenkonsistenzen) im Mittelpunkt. Dann wird das Gelände exakt vermessen. Die Ausgrabung selbst besteht aus eigenen Schnitten (Zeichnung im Maßstab 1 : 100), die zumeist nach natürlichen (evidenten) Schichten ausgegraben werden (stratigraphische Methode). Diese sind aus menschlicher Tätigkeit heraus entstanden und liegen über dem gewachsenen Boden bzw. dem gewachsenen Stein, der nicht von menschlicher Siedlungstätigkeit beeinflusst wurde. Nachdem eine Erdschicht herausgenommen wurde, wird das Profil (Wand) und das Planum (Fläche) mit der Maurerkelle sauber abgezogen, mit dem Tachymeter oder Theodoliten vermessen (Koordinatennetz), fotografiert und mit Buntstiften im Maßstab 1 : 10 (Profil) bzw. 1 : 20 (Fläche) abgezeichnet. Jede Schicht in einem Ausgrabungsschnitt bekommt eine eigene Nummer, die auch auf den Funden vermerkt wird, und wird vermessen und in der Höhe einnivelliert. Dabei geht man von in der Höhe bekannten Messpunkten, etwa Kanaldeckeln, aus. Schrittweise entsteht so ein genaues Abbild der aufeinander folgenden Schichten, die mittels einer stratigraphischen Matrix (Harris-Matrix) erfasst werden. So lässt sich später der Gang der Ausgrabung nachvollziehen. Kaum noch angewandt wird die Grabung nach künstlichen (willkürlichen) Schichten (Planagrabung). Bei der Planagrabung (lat. *planum* = Ebene) werden Abstiche von definierter Stärke unabhängig vom Verlauf der Kulturschichten ausgehoben. Im Unterschied zur stratigraphischen Ausgrabung entstehen dabei ebene Flächen. Verhältnismäßig neu ist die Prospektion mittels geophysikalischer Methoden (Bodenradar, Geoelektrik, elektromagnetische Induktion, geomagnetische Kartierung, Bodenradar), die nicht zu einer Zerstörung des Befundes führt. Eine Sichtungsgrabung lässt die eigentlichen Fundschichten unberührt und birgt nur Funde.

Archäologie und Geschichtswissenschaft

Da sich die archäologischen Interpretationen auch der geisteswissenschaftlichen Methode bedienen, ergeben sich enge Verbindungen zur Geschichtswissenschaft. Dennoch gibt es nur eine Geschichte, ist daher etwa die nur archäologische zu erfassende Epoche der Vorgeschichte Teil der Geschichte. Archäologische Befunde reichen weiter in die Vergangenheit zurück und liefern gerade für die älteren Epochen genauere Aufschlüsse zur Siedlungsgeschichte als schriftliche Quellen. Dies gilt auch für den Alltag der Menschen. Mittelalterliche Quellen überliefern in erster Linie Rechtszustände. Oft bleibt die Sozialgeschichte, das tägliche Leben, ausgeblendet. Gegenstände des täglichen Bedarfs haben viele Ausgrabungen zu Tage fördern können. Mittelalterliche Abfallgruben und Kloaken erweisen sich als wahre Fundgruben, da sich im feuchten Milieu unter Luftabschluss auch organische Stoffe wie Holz und Leder teilweise erhalten haben. Ohne Ausgrabungen wüssten wir kaum etwas über Ernährungsgewohnheiten und Gesundheitszustand vergangener Menschen. Dennoch sind Archive im Boden vielfach durch Baumaßnahmen bedroht.

Literatur: Zu den Zitaten ist jeweils zu vergleichen: Hans Jürgen EGGERS, Einführung in die Vorgeschichte, München [2]1974; – *zur Archäologie allgemein:* Marion BENZ, Christian MAISE, Archäologie, Stuttgart 2006; Johannes BERGEMANN, Orientierung Archäologie – was sie kann, was sie will, Reinbek 2000; Reinhard BERNBECK, Theorien in der Archäologie, Tübingen, Basel 1997; Jeorjios Martin BEYER, Archäologie. Von der Schatzsuche zur Wissenschaft, Darmstadt 2010; Jörg BIEL, Handbuch der Grabungstechnik, Stuttgart 1994; Egon GERSBACH, Ausgrabung heute, Stuttgart 1998; Paul G. BAHN (Hg.): Archaeology, Cambridge

1996; Marion BENZ, Christian MAISE, Barry CUNLIFFE, Illustrierte Vor- und Frühgeschichte Europas, Frankfurt/M. 2000; Hans Jürgen EGGERS, Einführung in die Vorgeschichte, München 1986 (Nachdruck des Werkes von 1959); Manfred K. H. EGGERT, Prähistorische Archäologie. Konzepte und Methoden, Tübingen 2005; DERS., Archäologie. Grundzüge einer Historischen Kulturwissenschaft, Tübingen 2006; Günter P. FEHRING, Einführung in die Archäologie des Mittelalters, Stuttgart 2000; Uta von FREEDEN, Siegmar von SCHNURBEIN (Hg.), Spuren der Jahrtausende. Archäologie und Geschichte in Deutschland, Stuttgart 2003; Wilfried MENGHIN, Dieter PLANCK (Hg.), Menschen, Zeiten, Räume. Archäologie in Deutschland, Stuttgart 2002; Hans MOMMSEN, Archäometrie, Stuttgart 1986 (Teubner Studienbücher); Colin RENFREW, Paul G. BAHN, Archaelogy – Theories, Methods and Practice, London [5]2005 (deutsch: Helmut SCHAREIKA, Basiswissen Archäologie. Theorien – Methoden – Praxis, Mainz 2009; Alain SCHNAPP, Die Entdeckung der Vergangenheit. Ursprünge und Abenteuer der Archäologie (aus dem Französischen von Andreas Wittenburg, Stuttgart 2009; Bruce TRIGGER, A History of Archaelogical Thought, Cambridge 1990; Dieter VIEWEGER, Archäologie der biblischen Welt, Göttingen [2]2006; *Zeitschriften:* Archäologie in Deutschland; Archäologie der Schweiz; – *zur Dendrochronologie:* Peter KLEIN, Dieter ECKSTEIN, Die Dendrochronologie und ihre Anwendung, in: Spektrum der Wissenschaft, Heidelberg 1988, 1, S. 56–68; Fritz H. SCHWEINGRUBER, Der Jahrring. Standort, Methodik, Zeit und Klima in der Dendrochronologie, Bern, Stuttgart 1983; R. R. COOK, L. A. KAIRIUKSTIS, Methods of Dendrochronology. Applications in the Environmental Sciences. Kluwer Academic Publishers, Boston, London 1991; M. G. L. BAILLIE, A Slice through Time. Dendrochronology and Precision Dating. London 1995; – *zur Radiokarbon-Methode:* Willard F. LIBBY, Radiocarbon Dating, Chicago 1952;.

5. Abkürzungen

ADB	Allgemeine deutsche Biographie
AdS	Archäologie der Schweiz
AHW	Aufriß der Historischen Wissenschaften
AiD	Archäologie in Deutschland
AKG	Archiv für Kulturgeschichte
BDLG	Blätter für deutsche Landesgeschichte
CAH	Cambridge Ancient History
CIG	Codex Inscriptionum Graecarum
CIL	Codex Inscriptionum Latinarum
CMH	Cambridge Modern History
DA	Deutsches Archiv für Erforschung des Mittelalters
DI	Die deutschen Inschriften
DNP	Der Neue Pauly – Enzyklopädie der Antike
FS	Festschrift
GG	Geschichte und Gesellschaft. Zeitschrift für Historische Sozialwissenschaft
Geschichte lernen	(unterrichtspraktisches Magazin)
GPD	Geschichte, Politik und ihre Didaktik. Zeitschrift für historische Bildung, Beiträge und Nachrichten für die Unterrichtspraxis
GWU	Geschichte in Wissenschaft und Unterricht
HRG	Handwörterbuch zur deutschen Rechtsgeschichte
HZ	Historische Zeitschrift
IBZ	Internationale Bibliographie der geistes- und sozialwissenschaftlichen Zeitschriften
IG	Inscriptiones Graecae
LAW	Lexikon der Alten Welt
LexMA	Lexikon des Mittelalters
LGFU	Landesgeschichte in Forschung und Unterricht
LThK	Lexikon für Theologie und Kirche
MedGG	Medizin, Gesellschaft und Geschichte. Jahrbuch des Instituts für Geschichte der Medizin der Robert-Bosch-Stiftung
MEW	Marx/Engels, Gesammelte Werke
MGH	Monumenta Germaniae Historica
MIÖG	Mitteilungen des Instituts für Österreichische Geschichtsforschung

MÖSTA	Mitteilungen des Österreichischen Staatsarchivs
NCMH	The New Cambridge Medieval History
ND	Neudruck
NDB	Neue deutsche Biographie
NF	Neue Folge
Praxis Geschichte	(unterrichtspraktisches Magazin)
RAC	Reallexikon für Antike und Christentum
RE	Realenzyklopädie der classischen Altertumswissenschaften
RGA	Reallexikon der Germanischen Altertumskunde
RGG	Die Religion in Geschichte und Gegenwart
SZG	Schweizerische Zeitschrift für Geschichte
Traverse	Zeitschrift für Geschichte (Schweiz)
TRE	Theologische Realenzyklopädie
VfZ	Vierteljahrshefte für Zeitgeschichte
VSWG	Vierteljahrschrift für Sozial- und Wirtschaftsgeschichte
ZBLG	Zeitschrift für Bayrische Landesgeschichte
ZfGD	Zeitschrift für Geschichtsdidaktik
ZGO	Zeitschrift für die Geschichte des Oberrheins
ZHF	Zeitschrift für Historische Forschung des Spätmittelalters und der Frühen Neuzeit
ZRG GA	Zeitschrift der Savigny-Stiftung für Rechtsgeschichte, Germanistische Abteilung
ZRG KA	Zeitschrift der Savigny-Stiftung für Rechtsgeschichte, Kanonistische Abteilung
ZRG RA	Zeitschrift der Savigny-Stiftung für Rechtsgeschichte, Romanistische Abteilung
ZWLG	Zeitschrift für Württembergische Landesgeschichte

6. Autorennachweis

Frank Meier: Was ist Geschichte? Geschichte als Wissenschaft vom Geschehen
Sandra Triepke: Geschichtskultur und Erinnerungskultur
Frank Meier: Bedeutung der Geschichte: Erfahrungs- und Zukunftswissenschaft
Frank Meier: Der Verlust der Einheit: historische Zweigwissenschaften
Geschichte und Darstellung
Frank Meier: Geschichtsschreibung: Von Aristoteles bis zur Schule der Annales
Markus Daumüller: Geschichte denken und darstellen: Rekonstruktion und Dekonstruktion
Frank Meier: Geschichte bewerten: Von der Sachanalyse zum Werturteil
Geschichte und Forschung
Sabine Bietenhader: Von der historischen Frage zur Erkenntnis
Eva Luise Wittneben: Geschichte finden:
Nachschlagewerke, Handbücher und Bibliographien
Sabine Bietenhader: Geschichte recherchieren: Vom Archiv bis zur Zeitung
Waldemar Grosch: Geschichte im Internet: Suchmaschinen und einschlägige *websites*
Geschichte und Grund- bzw. Hilfswissenschaften
Gerhard Fritz: Quellen: Einteilung. Aussagekraft und Möglichkeiten der Interpretation
Gerhard Fritz und Frank Meier: Historische Grund- bzw. Hilfswissenschaften

Im Kapitel 4.2 stammen die Abschnitte zur Historischen Chronologie, zur Paläographie, zur Epigraphik, zur Heraldik und Historischen Symbolkunde, zur Sphragistik, zur Numismatik und Geldgeschichte und zur Genealogie von Gerhard Fritz, die Abschnitte zur Historischen Geographie und zur Archäologie von Frank Meier.

Rechtenachweis:
Der Text auf Seite 67 wurde mit freundlicher Genehmigung von Random-House, Deutschland entnommen aus: Melita Maschmann: Fazit. Mein Weg in die Hitler-Jugend, 1963.